믿음을 두드려 인생을 바꾼다

매트릭스
리임프린팅 2

TRANSFORM YOUR BELIEFS, TRANSFORM YOUR LIFE:
EFT TAPPING USING MATRIX REIMPRINTING
by Karl Dawson with Kate Marillat

Copyright ⓒ 2014 by Karl Dawson and Kate Marillat

Originally published in 2014 by Hay House Inc. USA

All rights reserved.

Korean translation copyright ⓒ 2017 by Gimm-Young Publishers, Inc.

This Korean edition arranged with Hay House UK Ltd. through Amo Agency.

믿음을 두드려 인생을 바꾼다
매트릭스 리임프린팅 2

1판 1쇄 인쇄 2017. 6. 22.
1판 1쇄 발행 2017. 6. 29.

지은이 칼 도슨 · 케이트 마릴랫
옮긴이 박강휘

발행인 김강유
편집 고정용 | 디자인 윤석진
발행처 김영사
등록 1979년 5월 17일(제406-2003-036호)
주소 경기도 파주시 문발로 197(문발동) 우편번호 10881
전화 마케팅부 031)955-3100, 편집부 031)955-3250 | 팩스 031)955-3111

이 책의 한국어판 저작권은 아모에이전시를 통한 저작권사와 독점 계약한 김영사에 있습니다.
저작권법에 의해 한국 내에서 보호를 받는 저작물이므로 무단전재와 무단복제를 금합니다.

값은 뒤표지에 있습니다.   ISBN 978-89-349-7841-1 03180

독자 의견 전화 031)955-3200
홈페이지 www.gimmyoung.com   카페 cafe.naver.com/gimmyoung
페이스북 facebook.com/gybooks   이메일 bestbook@gimmyoung.com

좋은 독자가 좋은 책을 만듭니다.
김영사는 독자 여러분의 의견에 항상 귀 기울이고 있습니다.

이 도서의 국립중앙도서관 출판시도서목록(CIP)은 서지정보유통지원시스템 홈페이지
(http://seoji.nl.go.kr)와 국가자료공동목록시스템(http://www.nl.go.kr/kolisnet)에서
이용하실 수 있습니다.(CIP제어번호 : CIP2017014763)

TRANSFORM
YOUR BELIEFS
TRANSFORM
YOUR LIFE

믿음을 두드려 인생을 바꾼다

매트릭스
리임프린팅2

칼 도슨 · 케이트 마릴랫 | 박강휘 옮김

김영사

이 책을 전 세계의 모든
매트릭스 리임프린팅 전문가들에게 바칩니다.
이 책이 우리 바람을 훨씬 뛰어넘어 멋진 작품으로 탄생한 것은
전부 여러분의 열정과 헌신 덕분입니다.

옮긴이 서문

혁신적인 치유 기법 '매트릭스 리임프린팅'을 다룬 칼 도슨의 첫 번째 책《매트릭스 리임프린팅Matrix Reimprinting using EFT》(2010, Hay House)을 국내에 번역 소개한 지 반년 남짓 지났다. 그 전에 나는 이미 EFT나 매트릭스 리임프린팅을 통해 나 자신의 치유뿐 아니라 나를 찾아온 많은 내담자의 치유 사례를 체험하면서 이 치유법의 놀라운 효력을 확인했지만, 한편으로 국내에서는 낯선 기법이라 일반 독자들에게 어떻게 가닿을지 염려가 없지 않았다. EFT의 효과는 국내에도 많이 알려진 상태였으나, '통합 에너지 장unified energy field'을 뜻하는 '매트릭스'와 '새로운 기억을 각인한다'는 '리임프린팅'이라는 용어가 한국의 독자들에게 언뜻 난해한 인상을 주지 않을까 하는 우려가 있었던 것이다.

하지만 막상 책이 나오자 출판사를 통해 연락을 해온 독자들이 적지 않았다. 매트릭스 리임프린팅으로 상담을 받고자 하는 일반인들도 있었고, 기법을 익히려는 전문 상담가들도 있었다. 당연하게도, 그들은 모두 매트릭스 리임프린팅이 책에서 읽은 것처럼 실제로도 아주 쉽고 안전하며 굉장한 치유력을 가진 기법임을 확인했다.

에너지의 장場에 기억을 새로 쓴다

매트릭스란 양자역학이 제시한 개념으로, 이에 따르면 우리는 모두 에너지로 이루어져 있으며 우리를 포함한 우주 전체가 하나의 에너지망으로 연결되어 있다고 할 수 있다.

일반 심리학에서는 유년기에 겪은 트라우마와 그로 인해 갖게 된 믿음이 잠재의식에 저장되어 이후 삶을 이끄는 사고방식에 그대로 반영된다고 보고 있다. 매트릭스 리임프린팅은 그러한 기억과 신념이 개인의 두뇌가 아닌 매트릭스에, 에너지 의식 홀로그램Energy Consciousness Hologram: ECHO이라는 형태의 영상 정보로 저장됨을 전제한다. 즉 매트릭스 리임프린팅을 통해 우리는 에코ECHO와 소통하여 부정적인 과거 영상의 자리에 긍정적인 새로운 영상을 다시 새겨 넣을 수 있다는 것이다.

무엇이 달라졌을까?

2006년 이미 세계적인 EFT 전문가로 이름나 있던 칼 도슨은 상담 과정에서 내담자의 반응으로부터 우연히 착안하여 '매트릭스 리임프린팅' 기법을 만들었고, 주제별 세부 지침들을 정비하여 4년 뒤 첫 책인《매트릭스 리임프린팅》을 펴냈다. 첫 책에서 칼은 매트릭스 리임프린팅에 대한 기본 지식과 작용 원리를 소개하고, 실제 사례들을 통해 주요 심신 건강 문제의 해결 과정을 다루었다. 대표적으로 알코올 및 약물중독과 같은 나쁜 습관에서 벗어나는 리임프린팅, 인간관계를 회복하는 리임프린팅, 출생과 유년기 트라우마를 극복하는 리임프린팅, 그리고 만성질환이나 중증 질환 환자의 회복을 돕는 리임프린팅 기법 등을 자세히 설명하였다.

칼 도슨은 이후로도 계속 기법에 대한 사례와 결과를 얻어나갔고, 그렇게 경험이 쌓이면서 부정적 믿음negative belief이나 제한적 믿음limiting belief을 긍정적 믿음으로 바꾸는 것이 근본적인 치유의 핵심이라는 것이 더욱 분명해졌다. 기법은 더욱 다듬어졌고 단순해졌으며, 내담자들이 가지고 있는 '핵심 믿음'에 대한 실용적인 지식은 다양하고 풍부해졌다. 그 결과물이 이번에 나온 두 번째 책《매트릭스 리임프린팅2 믿음을 두드려 인생을 바꾼다》이다. 얼핏 첫 번째 책의 '업그레이드판'으로 느껴질 수도 있겠으나, 정확히는 매트릭스 리임프린팅의 핵심 포인트를 심화한 책이라고 할 수 있다. 즉 인생 전체에 영향을 미치는 부정적 · 제한적 믿음은 대개 어린 시절 겪은 트라우마에 의해 잠재의식에 입력되는데, 부모의 잘못된 양육 방식이 이것의 가장 큰 원인이라는 데 주목한다.

예를 들어 부모 스스로가 리임프린팅 작업을 통해 어린 시절의 자기 에코를 만나 그 아이가 무엇을 느끼고 무엇을 필요로 하는지 깨달을 수 있다. 자기의 어린 에코가 경험하고 가지게 된 믿음을 이해하면 자신의 양육 방식이 아이에게 어떤 영향을 주는지도 자연스럽게 이해하게 된다. 부모의 의식 상태는 행동과 분위기만으로도 아이들에게 전달되어 영향을 주기 때문에 부모가 먼저 자신이 가지고 있는 부정적 믿음으로부터 벗어나는 것이 중요하다. 부모의 믿음과 행동이 아이의 잠재의식 속에 깊이 각인되면 평생 자식의 잠재의식을 지배하기 때문이다. 결국 의식 있는 양육이란 부모의 믿음을 바꾸는 것이며, 그렇게 믿음을 재프로그래밍하는 것이 매트릭스 리임프린팅이다.

마음의 고통에서 벗어나자

그 밖에도 만성 스트레스나 우울증, 불안증의 극복 방법과 긍정적 믿음을 리임프린팅하는 방법이 소개되어 있다. 또 일반적인 치료의 과정을 거쳐도 잘 회복되지 않는 육체적 고통을 다루는 방법을 보여준다. 그러한 통증에는 반드시 통증을 일으킨 상황과 관계된 느낌, 감정, 생각, 믿음이 잠재되어 있는데, 메타-헬스 분석법을 통해 통증 부위와 관련된 핵심 주제를 찾아내고 그 주제와 관련된 기억을 찾아 매트릭스 리임프린팅으로 해소하면 통증의 회복이 빨라지거나 통증이 완전히 해소되기도 한다. 그리고 신체적 폭력, 성적 학대나 집단 따돌림을 당한 피학대자들이 자기비하, 무력감, 나약함, 수치심 등 자기부정적 믿음으로부터 회복하도록 돕는 과정 또한 단계적으로 잘 설명하고 있다. 사랑하는 이의 죽음 또는 상실로 인한 애도 반응을 극복하는 과정을 돕는 리임프린팅도 매우 유용하다. 또 급작스러운 공포를 일으킨 환경 속에 있었던 원인물질이 나중에 심한 알레르기 증상의 원인이 되었음을 밝히고 리임프린팅을 통해 기억 속 공포의 대상을 제압하거나 제거하거나 변형시켜 두려움을 극복함으로써 알레르기가 완화되거나 완전히 없어지는 사례를 보여준다. 그 밖에도 자기의 신체 이미지를 사랑하고 미래의 목표를 달성하기 위한 리임프린팅 또한 독자들을 위한 멋진 선물이다.

문제는 '믿음'이다

인생살이의 모든 문제는 우리의 잠재의식 속에 입력되어 있는 자기부정적 믿음 프로그램이 작동하는 데서 온다. 매트릭스 리임프린팅은 그 프로그램을 확인하고 삭제하여 긍정 프로그램으로 재입력하는 탁월한 자기치유 방법이다. 다른 심리치유 모델에서도 부정적 믿음을 다루기는 하지만 매트릭스 리임프린팅만큼 믿음의 변화가 신속하고 명쾌하게 일어나지는 않는다. 그 치유 모델들을 일반인이 혼자서 자기치유에 활용하는 것도 매우 어렵다. 매트릭스 리임프린팅의 가장 큰 장점은 전문가가 아니라도 누구나 쉽게 책을 읽고 따라할 수 있으며 그 효과를 직접 경험할 수 있다는 것이다.

책을 읽는 모든 분들이 자신의 발목을 잡고 있는 부정적 믿음으로부터 자유로워지시길, 더 나아가 그 경험을 주변의 사람들과 나누어 더 많은 분들이 트라우마로부터 벗어나 긍정의 힘을 찾아가는 행복을 누리시기를 진심으로 기원한다.

2017년 6월 박강휘

차
례

1부 매트릭스 리임프린팅 뒤에 숨겨진 마법

칼과 나는 여러 해 동안 마치 깜깜한 밤바다에 떠있는 배들 같았다. 각종 콘퍼런스와 행사에서 계속 서로 엇갈린 것이다. 심지어 함께 영화〈초이스 포인트Choice Point〉를 촬영하게 됐을 때도 우리 두 사람은 5분 차이로 서로 엇갈렸다.

그러던 우리 두 사람이 드디어 만나게 된 것은 출판사 헤이하우스Hay House가 개최한 한 콘퍼런스에서였다. 둘 다 맨 앞줄에 앉아 우리가 영웅처럼 동경했던 브루스 립턴 박사의 강연에 열심히 귀 기울이다가 서로를 알게 된 것이다. 강연회가 다 끝난 뒤 나는 칼과 함께 매트릭스 리임프린팅Matrix Reimprinting과 브루스 립턴 박사에 대해 많은 얘기를 나누었는데, 매트릭스 리임프린팅 요법은 과학자인 내게도 너무 와닿았다.

그로부터 몇 년도 지나지 않아 나는 매트릭스 리임프린팅 정례 대회에 발표자로 참석했는데, 리임프린팅 기법에 대한 청중들의 큰 관심과 열의에 깊은 감명을 받았다. 당시 그 방 안에는 200명이 넘는 사람들이 모여 대단한 열기를 내뿜고 있었다. 자신의 행복과 다른 사람들의 행복을 위해 매트릭스 리임프린팅 기법을 사용하는 사람들의 공동체가 단 몇 년 사이에 눈에 띄게 늘어났던 것이다.

나를 비롯한 사람들이 매트릭스 리임프린팅에 매력을 느끼는 이유는 그것이 서로 동떨어져 있는 믿음의 힘, 플라시보 효과, 과학적인 증거들, 그리고 몸과 마음의 트라우마 저장 방식 등을 연결해 만든 종합적인 요법이기 때문이다. 나는 초창기부터 칼의 노력을 지지해왔으며, 특히 이 책에서 매트릭스 리임프린팅 효과를 뒷받침해주는 안토니 스튜어트 교수와 엘리자베스 보스 박사의 연구 결과를 읽는 건 과학자인 나로선 말할 수 없이 큰 기쁨이기도 하다.

우리의 믿음 체계에 대한 이해는 과학자이자 저술가인 내 활동의 토대이다. 나는 그간 늘 플라시보 효과에 큰 매력을 느껴왔다. 가짜 약을 먹고 있으면서 진짜 약을 먹고 있다고 믿음으로써 사람들의 건강이 좋아진다는 건 얼마나 놀라운 일인가. 칼과 케이트 역시 누구보다 그 점을 잘 이해하고 있으며, 그래서 독자들에게 사람의 믿음 체계가 어떻게 형성되는지를 아주 쉽게 잘 설명해줄 수 있다. 믿음은 물처럼 유동적이어서, 어떤 순간 힘과 추진력이 생기기도 한다. 생명에 필요한 혈액 같기도 하다. 그러나 만일 보트나 노 없이 믿음의 거센 급류에 휩쓸릴 경우, 우리는 그걸로 끝장날 수도 있다. 근본적으로 믿음은 우리 삶의 모든 부분을 건들며, 어떤 상황에서 보이는 우리의 행동과 반응의 중심에는 믿음의 체계와 또 우리가 어린 시절의 경험과 우리 부모와 문화에서 배우는 것들이 자리 잡고 있다.

그러나 여기 희소식이 있다. 우리가 어떤 믿음들을 갖고 있든, 매트릭스 리임프린팅으로 그 믿음들을 바꿀 수 있고, 또 그 결과 우리의 생물학적 상태까지 바꿀 수 있다. 믿음에 초점을 맞춘 요법을 택하는 것이 첫걸음이다. 내가 보기에, 우리가 매트릭스 리임프린팅 안에서 스스로를 진단하고 과거의 자아와 연결한다는 것은 너무도 중요한 일이다.

이 책에서 칼과 케이트는 통증과 우울증, 학대 같은 심각한 삶의 암초들을 조심스레 또 지혜롭게 헤쳐나가는 데 필요한 모든 것을 독자들에게 제공한다. 이 책에는 거미 공포증 얘기, 아이를 잃은 뒤 매트릭스 리임프린팅을 통해 다시 아이와 연결될 수 있었던 엄마의 얘기, 백만 달러의 보너스를 받게 된 은행가의 얘기 등 매트릭스 리임프린팅이 얼마나 효과가 있는지를 잘 보여주는 경험적 근거들로 가득 차 있다.

매트릭스 리임프린팅은 배우기 쉽고 아주 실용적이며 과학적으로 뒷받침되고 있다. 간단히 말해, 당신이 당신 자신의 긍정적인 면들을 믿고 싶다면, 이 책이야말로 당신이 봐야 할 책이다. 당신 자신의 믿음 체계를 바꿀 수 있다면, 현실의 경험도 바꿀 수 있다.

– 데이비드 R. 해밀턴 박사
《마음이 몸을 치유한다 How Your Mind Can Heal Your Body》의 저자

들어가는 글

우리의 생각은 워낙 빨라 따라잡기가 어렵다. 그런데 무엇보다 먼저 우리는 왜 특정한 생각을 '생각하거나' 특정한 방식으로 '느끼는' 것일까?

우리의 사고방식을 지배하고 감정의 연료가 되며 몸 안의 화학 변화를 일으키고 외부 세계에 대한 기본적인 반응과 끌림을 만들어내는 것은 우리의 핵심 믿음 core belief 들이라는 것을 신과학 new science 이 입증하고 있다.

칼 도슨은 사람이 어떤 트라우마를 갖고 있든, 결국 그 사람의 핵심 믿음들이 그 사람의 삶 안에 있는 모든 것들을 좌지우지한다는 걸 경험을 통해 잘 알고 있다. 매트릭스 리임프린팅이라는 혁명적인 기법이 탄생한 지 7년이 지났다. 이후 수천 건의 사례 연구가 나오고 그 기법을 훈련한 사람이 수백 명에 달하는 지금, 매트릭스 리임프린팅 전문가들은 이제 핵심 믿음들에 집중해 자신과 고객들의 삶을 근본적으로 변화시키고 있다.

왜 이 책을 읽어야 하는가?

—

이 책은 여러분에게 매트릭스 리임프린팅 기법을 자세히 소개해, 여러분이 그 어떤 핵심 믿음도 삶의 긍정적인 힘으로 바꿀 수 있게 도와줄 것이다. 우리는 여러분에게 매트릭스 리임프린팅의 기초를 설명하고, 또 이 자아수용 툴을 최대한 잘 이용하는 방법도 설명할 것이다. 우리의 목표는 여러분에게 삶의 중요한 부분들을 자세히 살펴볼 수 있게 해줄 양방향 스타일의 가이드북을 제공하는 것이다. 우리는 이 분야에서 활동하고 있는 전 세계의 많은 매트릭스 리임프린팅 전문가들을 만나 조언을 들었고, 매트릭스 리임프린팅 기법을 제대로 익히고 적용하는 데 필요한 최신 정보와 기법, 자원 등을 제공할 수 있다.

칼 도슨이 사샤 알렌비Sasha Allenby와 함께 쓴 최초의 매트릭스 리임프린팅 책인 《매트릭스 리임프린팅 Matrix Reimprinting Using EFT》(김영사, 2016)은 우리의 모든 행동과 경험들을 좌우하는 것이 바로 우리의 믿음들이라는 사실을 알리는 데 초석이 되었다. 이 책《매트릭스 리임프린팅2 믿음을 두드려 인생을 바꾼다》에는 성공에 이르게 해주는 흥미로운 아이디어들과 사례 연구들로 가득하다. 이 책에서 우리는 과거의 스트레스와 통증, 학대 등에서 벗어나 미래를 위해 할 수 있는 일들(자신의 몸을 잘 이해하고 목표를 설정하고 목적의식을 갖는 등)로 옮아가는 여정에 오르게 된다.

당신이 매트릭스 리임프린팅에 대해 전혀 모른다거나 또는 그것이 어린 시절부터 발휘하는 변화의 힘에 대해 전혀 모른다 해도, 이 책은 어떤 문제에 관해서건 당신이 자신을 위해 또는 당신 고객들을 위해 차근차근 핵심 믿음들을 변화시키는 데 도움을 줄 것이다. 핵심 믿음을 찾는 일은 탐정이 범인을 찾는 일과 비슷하다. 사람들이 문으로 걸어 들어와 단도직입적으로 "난 정말 사랑할 만한 가치가 없는 믿음을 갖고 있어요"라고 말하는 경우란 거의 없고, 대개 "인간관계가 깨졌어요"라고 말하기 때문이다. 핵심 믿음을 찾아내 변화시키는 일을 하기에 앞서 먼저 어떤 에너지가 들어와 삶의 다른 부분들에 영향을 주었는지를 찾아야 하는 것은 바로 그 때문이다.

매트릭스 리임프린팅의 전신이자 함께 변화하고 있는 EFT, 즉 감정 자유 기법Emotional Freedom Technique은 즉흥적일 때도 있지만 대개는 체계적인 기법이다. 따라서 개인적으로 직접 해보는 것을 권하며 성공 가능성을 높이기 위해 도움이 될 여러 가지 팁을 제공한다.

칼은 지난 7년간 트레이너들의 도움을 받아 심리 치료사, 십대 청소년, 의사, 벽돌공, 교사, IT 전문가, 헤어드레서, 과학자, 카운슬러 등등 전 세계적으로 3,000명이 넘는 매트릭스 리임프린팅 전문가들을 양성했다. 그야말로 각계각층의 사람들이 이 기법을 배우러 왔다. 그의 매트릭스 리임프린팅 기법은 우리 현실의 심령 에너지적인 측면과 질병의 트라우마 이론, 몸-마음 시스템에 대한 최신 연구 등을 하나로 통합하고 있다. 또한 전통적인 대화 치료 및 내면 여행 요법에도 의존하고 있으며, 동양 침술에서부터 샤머니즘에서의 영혼 소환요법 및 게슈탈트 요법Gestalt therapy에 이르는 25가지 이상의 요법들과도 관련이 있다. 당신은 그 매트릭스 리임프린팅 기법을 사용하기 위해 어떤 요법에 대한 배경 지식이나 양자물리학 학위를 갖고 있을 필요는 없으며, 그저 배우고 변화하고 새로운 사고방식을 찾겠다는 마음과 열의만 있으면 된다.

매트릭스 리임프린팅 기법은 어떻게 변화해왔는가?

—

설사 이미 이 기법에 익숙한 전문가라 해도 걱정할 필요는 없다. 달라진 건 없다. 오히려 그 접근방식이 더 잘 다듬어지고 더 단순해졌다. 앞서 나온 책《매트릭스 리임프린팅》에서는 여러 가지 다른 규칙들을 강조했지만, 이제 이 책에서는 단 한 가지 규칙만 강조하고 있다.

칼은 EFT와 양자물리학, 끌어당김의 법칙 Law of Attraction 등의 힘이 합쳐진 자신의 매트릭스 리임프린팅 기법이 이제 더 완벽해졌다고 확신한다. 그러나 그는 모든 매트릭스 리임프린팅 전문가들에겐 앞서 나온 책《매트릭스 리임프린팅》이 여전히 필요하다고 강조한다. 그 책은 중독과 출생 트라우마, 심한 트라우마, 중증 질병 같은 문제들에 대해 소중한 통찰력을 제공해주기 때문이다.

그럼 칼은 대체 어떻게 이 매트릭스 리임프린팅 기법을 개발해낸 것일까?

칼을 만나보자

—

칼 도슨은 영국 북부 볼턴에서 성장한 아주 솔직담백한 사람이다. 훈련생들은 에너지 관련 수련에 대한 그의 현실적인 접근방식을 좋아한다. 아주 평범한 어린 시절과 학창 시절을 보낸 그는 대학에 들어가 전기 공학을 전공하게 되지만, 철학 강의를 들으면서 더 많은 시간을 보내는 경우가 많았고, 그러다 결국 1년 만에 대학을 그만두었다. 이후 4년간 그는 공장에서 화물 운반대를 수리하며 일했고, 21세가 되던 해에 끊임없이 '이제 그만하고 너 혼자 여행을 떠나라'라고 말하는 내면의 소리들을 듣게 된다.

얼마 후 그는 어느 해변에 갔다가 아주 심오한 영적 경험을 하게 된다. "만나는 사람들의 영혼 깊은 곳이 다 들여다보이는 듯했어요. 그 전까지만 해도 전혀 알지 못했던 우주의 진실 같은 것과 마주하게 된 거예요." 그러나 이와 같은 영적 재능은 몇 개월 만에 갑자기 사라졌고, 그러면서 그의 삶에는 휑한 구멍이 생겼다. 이후 몇 년간 그는 그때의 깊은 영적 연결감을 되찾기 위해 필사적인 노력을 했다.

그러다 결혼을 해 두 아이를 낳았지만, 어느 정도 시간이 흐른 뒤 결혼생활은 망가졌다. 칼은 허구한 날 과음을 하고 담배를 피며 폐인처럼 지냈고, 그러면서 자신감도 잃었고 자기 가치도 잃었다. 당연히 건강도 망가졌다. 먼저 허리와 목 그리고 어깨에 끊임없는 통증이 왔다. 시력도 나빠졌고 심한 알레르기와 기타 민감성 질환들에 시달리다가, 결국 대장암 검사까지 받게 됐다. 에너지는 완전히 바닥이 났다. 마침내 결혼생활이 파탄에 이르렀고, 그는 심한 우울증에 빠졌다. 그러나 우연의 일치 같은 일련의 일들을 거쳐, 태국의 한 조용한 시골에서 단식을 하게 되고, 그때 처음 감정 자유 기법 EFT: Emotional Freedom Technique 또는 '태핑'tapping(가볍게 두드림'의 뜻 – 역자 주)을 만나게 된다.

그는 당시의 일을 이렇게 기억한다. "이후 몇 달간 모든 게 좋은 쪽으로 변하기 시작했어요. 허리는 아주 좋아졌고, 안경도 쓸 필요가 없게 됐어요. 에너지와 열정이 늘어났고, 자신감도 높아졌죠."

모든 중요한 일이 다 그렇듯이, 그 모든 게 하룻밤 사이에 일어난 건 아니지만, 어쨌든 칼은 이후 몇 년 만에 삶에 대한 애정을 되찾았다. 그리고 다른 많은 사람들과 마찬가지로, 그 역시 이런 대단한 기법을 다른 사람들과 공유하고 싶었고, 그래서 EFT 전문가 및 트레이너가 되기 위한 교육을 받았으며, 곧 수백 명의 고객을 상대하면서 자기 자신만의 기법들을 개발하고 다듬어나갔다.

2006년에 칼은 마침내 EFT 창시자 개리 크레이그 Gary Craig가 치르는 아주 엄격한 이론 및 실기 테스트를 통과해 전 세계에 29명밖에 없는 EFT 마스터가 되었다. 그 이후 그는 전구에 불이 번쩍 들어오는 듯한 깨달음의 순간을 맞았고, 그 길로 바로 《매트릭스 리임프린팅》에 나오는 다양한 기법들과 매트릭스 리임프린팅 기법을 개발하기 시작했다.

칼은 그 다양한 기법들의 정수를 모아 하나의 '클래식한' 매트릭스 리임프린팅 기법을 탄생시켰다. 그 기법 덕에 우리를 가로막고 있는 믿음들을 이해하고 받아들이고 변화시킬 수 있게 되었으며, 그 결과 우리가 진정으로 원하는 삶을 살 수 있게 되었다.

케이트를 만나보자
—

케이트는 숲이 우거진 런던 교외 지역에서 성장했다. 9살이 되던 해에는 자신이 직접 쓴 글로 학교에서 상도 받았다. 그때 그녀는 작가가 되기로 마음먹었다. 그러나 그녀는 자신이 살아오면서 대체로 괜찮은 사람이 아니었다고 느꼈고, 그래서 늘 자신을 '나쁜 여자애'라고 생각하는 마음의 그림자를 가지고 있었다.

가족들은 그녀에게 많은 애정과 관심을 쏟았지만, 그녀는 자신에 대한 그런 부정적인 느낌을 떨칠 수 없었고, 여러 상황을 거치면서 자신의 그런 믿음을 더 굳혔다. 16세가 되어서도 그녀는 자해를 하고 마리화나를 피웠으며 또 거의 매 주말마다 1급 약물들을 복용했다. 그리고 한밤중에 일기장에 미친 듯이 낙서를 해대는 것 외에 글쓰기는 일절 하지 않았다.

고등학교를 떠난 뒤 그녀는 새로운 꿈을 좇기로 마음먹었다. 비서가 되기로 한 것이다. 그러나 9개월 만에 그녀는 자신이 정말 하고 싶은 일은 남의 편지를 타이핑하는 게 아니라 자신의 글을 쓰는 거라는 사실을 깨닫게 되었다. 한참 거울을 들여다본 뒤에, 그녀는 이후 3년간 대학에서 영어와 미디어 관련 글들을 읽으면서 보냈다. 그 대학의 과정에는 문예 창작 수업도 포함되었다.

마침내 좋은 성적으로 대학을 졸업했음에도, 그녀는 여전히 자신은 작가가 될 수 없다고 믿었고, 그래서 기업체에 입사해 이후 6년을 술집과 클럽들에 맥주를 팔러 다녔다. 십대 시절부터 줄곧 무언가에 의존해 온 그녀에게, 술은 법적으로도 문제없는 도피처일 수 있었다. 그러나 그녀의 마음속에 숨어있는 아홉 살 난 소녀는 여전히 자신의 글쓰기 재능을 인정받고 싶어 했다. 그 재능이야말로 자신이 괜찮은 사람이라고 느끼게 해주는 유일한 것이었으니까. 그러나 계속 승진을 해 출세하겠다는 일념으로 그녀는 모든 소망을 단호히 무시했다.

만일 2009년에 그녀의 마음에 큰 상처를 준 일련의 사건들이 일어나지 않았다면, 그래서 글쓰기 꿈을 되찾을 계기가 주어지지 않았다면, 그녀는 아마 계속 그런 상태로 살아갔을 것이다. 그렇게 해서 그녀는 드디어 2009년에 소설을 쓰기 위해 당당히 파리를 향해 떠났다. 그러나 스스로에게 준 6개월의 안식 기간 동안, 질릴 정도로 크루아상을 먹어가며 6만 자 정도나 되는 글을 쓰고 나서도 그녀는 여전히 자신이 책을 출간하기는커녕 글을 쓸 수 있다는 확신조차 갖지 못했다. 결국 그녀는 맥주 회사로 되돌아왔지만 여전히 자신에 대해 부정적인 믿음들을 떨치지 못했다. 그러다가 '당신이 꿈꾸고 있는 작가가 되라'라는 제목의 색다른 글쓰기 과정에 대한 광고를 보게 되었다. 글쓰기의 정신적인 측면을 집중 고찰하는 과정이라고 했다. 그녀는 곧바로 수강 신청을 했다.

그리고 그녀가 EFT를 처음 접하게 된 것도 바로 그 과정에서였다. EFT 요법을 처음 접한 날 밤 그녀는 약간 멍한 상태로 집에 돌아왔다. "그 기이한 요법을 처음 접했는데 어쨌든 느낌이 좀 달랐어요. 뭐랄까 스스로에 대한 믿음이 좀 더 강해졌다 할까요?"

EFT와 매트릭스 리임프린팅에 몰입하게 된 그녀는 그다음 해에 하루에 한 갑씩 피워대던 흡연 습관을 끊었고, 약물 사용도 줄였으며, 회사 일을 그만두고 프리랜서 작가로 자기 길을 걷기 시작했다. 그리고 한 달도 채 안 돼 유명 출판사들이 그녀에게 계약을 요청했다.

그녀는 드디어 마음의 눈을 뜨고 자신의 믿음들과 직면하게 됐고, 다른 사람들도 그렇게 될 수 있게 도와주고 싶어 2010년 초에 칼에게 EFT 훈련을 받았다. 처음 5일 동안은 자신의 과거와 직면하면서 내내 울며 보냈지만, 이후 3년간 그녀는 성공적인 작가의 길을 걸었고 여러 권의 전자책을 출간했다. 그녀는 또 EFT 그룹들을 지도해왔고 수백 명의 고객들을 도왔으며 'EFT 창의성' 워크숍들을 주관했다. 또한 매트릭스 리임프린팅과 EFT, 그리고 최면 출산법을 혼용해, 자신의 아들을 마취 없이 무통 분만하기도 했다. 그녀 자신의 말을 빌리자면, 그 일은 그녀의 삶에서 '가장 기쁘고 강력한 영적 경험'이었다.

이 책을 당신 나름의 방법으로 활용하라

첫 번째 매트릭스 리임프린팅 책은 전 세계적으로 1만 5,000부가 팔렸고 9개 언어로 번역되었다. 많은 매트릭스 리임프린팅 전문가들이 그 책을 참고한다고 한다. 이 책에서는 최신 자료들을 제공해, 매트릭스 리임프린팅에 대한 최근 소식과 단순화된 매트릭스 리임프린팅 기법, 그리고 이에 대한 과학적 근거를 공유하고자 한다.

이 책의 내용은 여러 해 동안 EFT 요법을 사용해온 심리학자가 읽어도 좋을 만큼 자세하지만, 동시에 자기치유나 에너지 심리학을 처음 접하는 사람들이 봐도 좋을 만큼 단순하기도 하다.

지금 손에 쥐고 있는 이 강력한 도구를 통해 여러분의 핵심 믿음들을 면밀히 살펴본 뒤 생각 패턴들을 바꿀 수 있으며, 그 결과 '끌어당김의 법칙'을 제대로 활용할 수 있게 될 것이다. 그리고 또 스스로 믿고 있는 것들과 끌어당기는 것들을 바꿀 수 있다면, 여러분은 집단의식을 비롯한 모든 것을 바꿀 수 있게 된다.

여러분이 해결하고 싶어 하는 삶의 문제들을 자세히 들여다보고 해결책을 찾을 수 있게 이 책을 만들었지만, 먼저 여러분 자신의 믿음들을 살펴보고 또 물론 정통 매트릭스 리임프린팅 기법에 대해서도 알아보기를 바란다.

이 책을 읽으면서 여러분의 풍요로운 내면 풍경도 둘러보길 바란다. 온갖 꽃과 나무와 약초들로 가득한 알록달록한 들판들도 있고 굽이쳐 흐르는 강들도 있고 빠른 속도로 흘러가는 개울들도 있고, 여러분의 내면 풍경은 그야말로 아주 복잡한 것이 자연 풍경과 닮은 데가 있다. 이런 풍경이 내면적으로 서로 연결되어 있는데, 여러분이 거기에 댐을 쌓거나 해서 전체 풍경에 영향을 주게 될 수도 있다. 또는 한 지역에 무성하게 자란 잡초들을 제거해 그것들이 더 이상 다른 지역들로 퍼지지 않게 할 수도 있다.

여러분의 내면 풍경은 살아서 자라나고 있고 계절에 따라 또 여러분의 생각에 따라 변화하는데, 매트릭스 리임프린팅은 여러분에게 그 내면 풍경을 돌보는 데 필요한 도구들을 마련해준다. 그 도구들을 활용해 여러분은 내면 풍경을 아름답게 가꾸고 한때 잡초가 무성했던 곳에 새로운 믿음의 꽃씨들을 뿌릴 수도 있다.

정성껏 정원을 가꿔본 사람들은 잘 알겠지만, 아름답고 건강한 정원을 가꾸고 유지하자면 사랑과 관심과 헌신이 필요하다. 여러분은 마음속에 열대우림처럼 풍요로운 숲을 가꿀 준비가 됐는가?

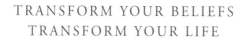

TRANSFORM YOUR BELIEFS
TRANSFORM YOUR LIFE

TRANSFORM YOUR BELIEFS

TRANSFORM YOUR LIFE

1부

매트릭스 리임프린팅 뒤에
숨겨진 마법

1
믿음의
힘

"인간이 마음자세를 변화시킴으로써 자기 삶의 외적인 면들까지 변화시킬 수
있다는 발견이야말로 우리 세대에서 일어난 혁명들 가운데 가장 위대한 혁명이다."
- 윌리엄 제임스William James

당신의 믿음들은 당신의 마음 내면의 풍경 속을 흘러가는 강들과 같다.
그 강들은 비옥한 땅을 위한 생명줄이나 다름없으며 땅에서 자라는 모
든 것들에 영향을 준다. 그런데 당신은 스스로에 대해 어떤 믿음을 갖
고 있는가? 당신은 자신이 좋은 부모라고 생각하는가? 자신의 직장 일
을 제대로 잘하고 있다고 생각하는가? 자신이 똑똑하고 부유하며 재능
이 있다고 생각하는가? 아니면 당신의 삶에서 지금보다 더 많은 걸 이룰
수도 있다고 믿는가? 당신은 또 자신이 얼마나 건강하다고 생각하는가?
세상을 안전한 곳이라고 보는가? 세상은 사랑으로 가득 찬 곳인가? 그
리고 당신은 지금도 끝없이 달콤한 로맨스를 꿈꾸고 있는가?

　당신은 어쩌면 태어나서 아직 이런 질문들을 받아본 적이 없을 것이

며, 그래서 어떻게 답해야 좋을지 모를 수도 있다. 믿음은 물처럼 유동적이어서, 계속 움직이고 변화한다. 믿음은 우리 마음속에 새로운 길들을 내며, 그 안에 더 많은 에너지가 흐를수록 길들은 더 단단히 다져진다. 그래서 거친 급류들도 자유자재로 다룰 수 있게 된다.

우리는 우리 자신에 대해 또 우리를 둘러싼 세상에 대해 수많은 믿음들을 가지고 있다. 어떤 믿음들은 힘이 돼주고 어떤 믿음들은 그렇지 못하다. 그러나 한 가지 분명한 건, 그 모든 믿음이 우리 삶에 영향을 준다는 것이다.

믿음 체계의 절대적인 힘은 대증요법에서 사용하는 플라시보placebo 효과를 통해 잘 알 수 있다. 가짜 약은 꼭 알약 형태일 필요는 없으며, 크림이나 주사 또는 심지어 수술 형태를 취할 수도 있다. 그러나 어쨌든 가짜 약을 믿기만 한다면 우리의 건강은 눈에 띄게 좋아진다. 그간 연구원들은 플라시보 효과를 알아보기 위해 가짜 약의 색깔이나 복용량을 바꾼다거나 브랜드명을 붙인다든가 하는 다양한 방법을 써봤다. 흥미롭게도, 복용량을 늘릴 경우 플라시보 효과 또한 더 커졌다. 빛나는 박스와 캡슐 형태의 가짜 약이 정제 형태보다 효과가 있고, 주사는 그보다 훨씬 더 효과가 있다.

보건 당국은 플라시보 효과를 잘 알고 있다. 영국 보건성은 이렇게 이야기한다. "플라시보 효과는 우리의 기대와 믿음이 우리 몸 안에서 실제 어떤 변화를 일으킬 수 있는지를 잘 보여준다. 물론 우리는 아직도 그 현상을 완전히 이해하지 못하고 있다. 다만 한 가지 분명한 건, 플라시보 효과가 모든 종류와 방식의 상황에서 일어난다는 것이다."

한 통증 완화 연구를 예로 들어보자. 연구 주최 측은 학생들에게 트라이베리케인trivaricaine이라는 이름의 새로운 진통제에 대한 연구에 참여하게 될 거라고 말했다. 그 진통제는 피부에 바르는 갈색 로션이었다. 약 냄새까지 났지만, 실은 그 내용물이 순전히 물과 요오드, 타임오일thyme oil뿐인 가짜 약이었다. 물론 학생들에게는 완전히 비밀이었다.

그 '약'을 테스트하는 연구원은 흰 실험실 가운을 걸치고 장갑까지 꼈다. 학생들의 경우, 한쪽 집게손가락엔 트라이베리케인를 바르고 다른 쪽 집게손가락엔 아무것도 바르지 않았다. 그런 다음 양쪽 집게손가락에 돌아가며 한 번씩 가벼운 자극을 주었다.

그 결과 학생들은 가짜 약을 바른 집게손가락에 훨씬 통증을 덜 느꼈다고 답했다. 학생들은 그 '약'이 통증을 없애줄 거라 기대했고, 실제로 통증을 덜 느낀 것이다. 트라이베리케인은 가짜 진통제였지만, 기대와 믿음이 실제로 진통 효과를 낸 것이다.

이는 플라시보 효과의 위력을 보여주는 수많은 임상 실험들 중 하나에 지나지 않는다. 기본적으로 믿음은 그만한 힘이 있다. 의료 당국자들 역시 이런 사실을 잘 알고 있다. 2013년 3월에 783명의 의사들을 상대로 환자의 치료를 위해 가짜 약(의사 자신도 의학적 가치가 전혀 없다고 알고 있는)을 써본 적이 있는지에 대한 설문조사를 실시한 적이 있다. 그랬더니 놀랍게도 무려 97퍼센트의 의사들이 환자에게 가짜 약을 처방한 적이 있다는 답을 했다. 또한 의사 100명 중 한 명은 적어도 일주일에 한 번씩 환자에게 가짜 약을 권했다고 했다.

플라시보 효과의 위력은 하버드 의대 교수인 어빙 커시Irving Kirsh 박사 덕에 더 잘 알려지게 된다. 그는 연간 110억 달러어치나 팔리는 항우울제의 효과에 의문을 제기했다. 1998년에 이루어진 한 연구 과정에서, 그는 정보공개법을 이용해 미국 제약회사들이 내놓은 항우울제에 대한 미발표 임상 실험 자료들을 입수했다. 그 자료와 자신이 알아낸 사실들을 취합한 결과, 그는 항우울제가 48회 실험 중 20회만(절반이 채 안 됨) 가짜 약보다 약효가 뛰어났으며, 항우울제와 가짜 약 간에는 임상학적으로 유의미한 수준의 차이가 없다는 걸 밝혀냈다. 피실험자들에게 직접적인 영향을 주고 그래서 그들의 몸에 변화를 준 것은 가짜 약에 대한 믿음이었던 것이다.

플라시보placebo는 라틴어로 '기쁨을 주겠다'라는 뜻이라고 한다. 그 반대어인 노시보nocebo는 라틴어로 '해를 끼치겠다'라는 의미이다. 그러니까 예를 들어 의사나 교사 같이 권위 있는 사람으로부터 뭔가 부정적인 얘기를 듣게 될 경우, 그 말을 그대로 믿기 때문에 플라시보 효과처럼 강력한 위력을 발휘하게 된다는 것이다. 마찬가지로 의사한테 얼마 살지 못한다거나 어떤 병에 걸릴 위험이 높다는 말을 들을 경우, 그 말을 그대로 믿어 실제로 그렇게 될 가능성이 있다는 것이다.

반대로, 자신에 대한 의학적 진단을 믿지 않기로 마음먹고 매트릭스 리임프린팅 등 다양한 기법을 이용해 스스로를 치유했다는 사람들에 대한 얘기도 많다.

우리의 믿음들은 어디에서 오는가?
—

그렇다면, 그 강력한 믿음들은 대체 어디서 오는 걸까?
우리가 어떻게 믿음 체계를 구축하는지를 이해하려면 마법의 숫자 6을 생각하면 된다. 그러니까 우리가 핵심 믿음들을 형성하는 데는 6가지 방법이 있으며, 그 핵심 믿음의 대부분이 6세가 되기 전에 형성된다는 것이다.

왜 하필 6세 이전일까? 어떤 연구에 따르면, 2세 이전에는 사람의 뇌파가 주로 델타delta 뇌파 상태이고, 2세부터 6세까지는 세타theta 뇌파 상태이다. 이들은 나중에 우리가 각성한 상태에서 사용하게 될 뇌파들에 비해 낮은 전기 에너지 수치를 가지고 있다. 델타 뇌파는 가장 느린 뇌파로, 주로 가장 깊은 명상 상태에서 나오는 뇌파이다. 그에 반해 세타 뇌파는 최면술사들이 사람들을 최면에 빠뜨릴 때 나오는 뇌파로, 깊은 휴식, 창의성, 가벼운 잠, 꿈 등과 관계가 많다.

자연은 지혜롭게도 인간을 아무 의식적인 기억들이 없는 상태로 태어나게 만들었다. 그러니까 우리는 온갖 기억과 믿음들을 받아들일 준비가 되어있는 빈 서류 보관함 같은 상태로 태어난다. 세상 모든 걸 담을 수 있는 준비를 갖추고 태어난다는 얘기이다. 그렇게 해서 우리는 태어난 지 6년 만에 핵심 믿음들의 대부분을 형성하게 되고, 다음과 같은 경험들을 하게 될 경우 그 경험들이 우리 잠재의식 속에 단단히 자리 잡게 되는 것이다.

트라우마를 안겨준 경험에서 이끌어낸 결론들

트라우마, 즉 정신적 외상을 안겨준 경험을 하게 될 경우 우리는 그 경험에서 이끌어낸 결론들을 우리의 잠재의식 속에 집어넣음으로써, 비슷한 상황이 재현될 때 자동적으로 그 경험이 되살아나게 된다.
우리는 여러 해 동안 사람들이 각종 믿음의 틀을 관리하는 걸 도왔다. 그러다 보니 사람들의 믿음이 트라우마 그 자체에 의해서는 물론 그 트라우마에서 이끌어낸 결론들에 의해서도 형성된다는 걸 잘 안다. 예를 들어, 열 명이 다 같이 쓰나미를 경험한다 해도, 그 트라우마로 말미암아 자신에 대해 갖는 믿음은 서로 다르다. 어떤 사람은 '그럴 수도 있지'라고 생각하지만, 또 어떤 사람은 '내겐 늘 안 좋은 일은 생겨' 또는 '난 참 운이 없어'라고 생각하는 것이다. 이런 현상은 똑같은 전투에 참가한 군인들 경우도 마찬가지여서, 그들은 대개 그 전투에 대해 서로 다른 믿음을 갖는다. 똑같은 전투에 참가하고도, 어떤 군인들은 심한 외상 후 스트레스 장애PTSD를 경험하고 또 어떤 군인들은 그걸 잘 극복하는 것이 다 이런 이유 때문이다.

학습 경험

우리가 강력한 학습 경험을 하게 될 경우 그 경험은 곧바로 우리의 잠재의식으로 들어가게 되며, 그래서 우리는 굳이 그걸 다시 학습할 필요가 없게 된다. 걷기나 말하기 같은 기본적인 기술들은 복합적인 학습 경험이다. 그러나 우리는 또 우리에게 영향을 주는 새로운 정보를 토대로 계속 또 다른 잠재의식 프로그램들을 만들어낸다.

최면 후 암시

우리가 최면 등에 의해 의식이 변화된 상태에 있으면서 어떤 암시를 받게 된다면, 그것은 자동적으로 우리의 잠재의식 속으로 들어간다. 우리는 의사나 교사 또는 우리에게 영향력을 행사할 수 있는 위치에 있고 그래서 우리에게 무력감을 느끼게 할 누군가의 앞에서 그런 최면 상태에 빠질 수 있다. 그러니까 최면 후 암시 상태로 들어갈 수 있다는 말이다. 바로 이런 이유 때문에 노시보 효과에 주목해야 한다. 누군가 '힘 있는' 사람이 한 말들은 우리에게 힘이 되어줄 수도 있고 해를 끼칠 수도 있는 것이다.

가르침

우리는 또 학생 입장일 때 다른 사람들로부터 영향을 받기 쉽다. 아마 많은 사람들이 이 말에 공감할 텐데, 그건 학창 시절 교사로부터 제대로 노력을 하지 않는다거나 주위가 산만하다거나 문제 학생이라는 말을 들었을 때 어땠는지를 잘 기억할 것이기 때문이다. 이런 부정적인 암시들에 부모들이 보게 될 학교 성적표까지 보태지면, 그 학생은 배우고 가르치는 것과 관련된 트라우마가 생기게 된다.

무의식적 모방

우리는 태어나서 처음 몇 년간 너무 많은 것들을 부모를 모델 삼아 배운다. 부모가 우리에게 어떻게 하라고 시키는 일들이 아니라 부모가 직접 하는 일들을 보고 그대로 모방하는 것이다. 이런 모방은(이를테면 유명 인사나 직장 동료들을 모방함으로써) 평생 계속되지만 어린 시절에 특히 그 정도가 심한데, 그것은 어린 시절 우리는 '스폰지처럼' 뭐든 빨아들이는 세타 뇌파 상태에 있어, 모든 게 곧바로 잠재의식 데이터베이스에 저장되기 때문이다.

반복

반복은 모방과도 관련이 있다. 한 가지 행동을 반복하다보면, 그게 그대로 잠재의식 속으로 들어가게 되기 때문이다. 또한 이는 확신의 효과가 잠시뿐인 이유이기도 하다. 단순히 긍정적인 확신을 한두 번 하는 건 별 게 아니지만(그 순간 조금 더 기분이 나아지는 것 외에는), 지속적인 확신을 하면 우리 뇌 속의 좁은 길들에 변화가 생기게 된다. 이른바 신경 가소성(인간의 뇌가 경험에 의해 변화되는 능력 – 역자 주)이 생기게 되는 것이다.

이 분야의 전문가인 생화학자 데이비드 해밀턴David Hamilton은 자신의 연구와 자신의 저서 《마음이 몸을 치유한다How Your Mind Can Heal Your Body》(불광출판사, 2012)를 통해 우리의 모든 생각이 뇌 구조에 아주 미세한 변화를 일으킨다는 걸 보여주고 있다. 우리의 신경 연결들(뇌 세포들 사이를 연결해주는 신경 통로들)은 특정한 생각을 계속 반복할 때 더 발달한다. 그렇게 확신과 반복 그리고 시각화를 통해, 우리의 생각들은 뇌의 물리적 구조를 변화시키는 것이다.

우리가 어린 시절의 뇌파 상태의 중요성과 믿음이 잠재의식화되는 6가지 방식을 제대로 이해할 경우, 왜 의사들과 대중요법 사이에 강력한 믿음 체계가 그렇게 중요시되는지를 쉽게 이해할 수 있다. 부모들은 아이가 뭔가 몸이 안 좋을 때 의사에게 데려간다(트라우마를 갖게 되는 경험). 의사는 부모가 한 마디 한 마디 빼놓지 않고 경청하는 권위 있는 인물이다(최면 후 암시와 무의식적 모방). 의사는 아이에게 약을 주며 그걸 먹으면 몸 상태가 더 나아질 거라고 말한다(학습 경험). 이 사이클은 어린 시절 내내 계속된다(반복). 그러니 플라시보를 둘러싼 믿음 체계가 가장 강력하면서도 테스트하기도 가장 쉬운 믿음 체계라는 건 전혀 놀랄 일도 아니다.

믿음의 유연성

물과 마찬가지로 믿음은 유연성이 있다. 그래서 믿음은 추진력을 끌어모으고 방향을 바꾸고 새로운 개천들로 갈라져 나간다. 우리에겐 갈라져 나가고 일반화되는 핵심 믿음들이 있다. 그 믿음들은 그때그때 우리 삶에서 일어나는 일들에 따라 앞으로 뒤로 서로 연결된다.

2013년 자기변혁 코치이자 베스트셀러 작가인 아리엘 에식스Arielle Essex가 한 매트릭스 리임프린팅 회의에서 자신의 고객에 대한 얘기를 꺼냈다. 그녀의 고객인 루카스는 공황 발작 증상으로 고통받고 있었다. 아리엘과 그는 치료를 위해 함께 노력하면서 그의 믿음들이 서로 어떻게 연결되는지를 아래와 같이 보기 쉽게 정리했다.

믿음 연결고리들

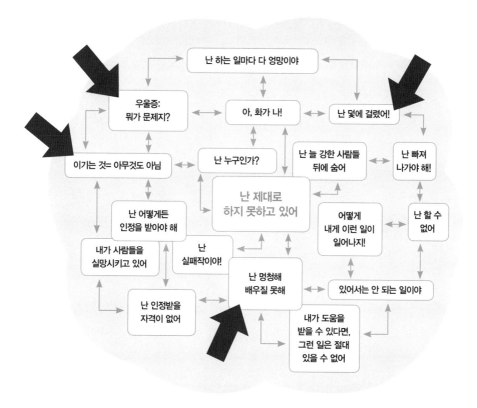

루카스는 장남이다. 그의 아버지는 지역 학교의 교장이자 아주 열정적인 스포츠맨이었다. 그는 학업과 스포츠 분야 양쪽 모두에서 성공해야 한다며 루카스를 몰아세웠다. 그러나 루카스는 학업이나 스포츠 분야에 재능이 없었고, 그래서 늘 자신이 아버지를 실망시키고 있고 뭐 하나 '제대로 하지 못하고 있다'고 느꼈다. 그는 또 아버지가 자신을 인정해주지 않는다고 느꼈고 그래서 언젠간 인정을 받아야 한다는 조바심도 있었다.

그러면서 루카스는 '어떻게든 인정을 받아야 한다'는 믿음을 갖게 됐고, '난 사람들을 실망시키고 있어'라든가 '난 멍청해, 배우질 못해'라며 일반화하기에 이르렀다. 그리고 성인이 되어서도 계속 자기회의감에 시달렸다. 그는 늘 '인정을 받으려' 필사적이었고, 그러면서도 설사 어떤 목표를 달성해도 자신에 대한 믿음을 가질 수 없었다. 물론 어린 시절에 아버지가 주입해놓은 고정관념 탓이었다. 그래서 그는 자주 자신이 어떤 '덫에 걸렸다'고 느꼈다. 이런 믿음들은 또 분노 같은 격한 감정들을 불러일으켰으며 우울증에도 걸리게 했다.

누구나 살아가면서 수많은 믿음들을 갖게 된다. 그러나 우리가 그것들을 찾거나 그것들이 우리를 찾기 전까지는 대개 그 믿음들을 인식하지 못한다. 루카스의 경우 공황 발작을 일으킬 지경에까지 이르렀기 때문에 간절히 도움을 필요로 했던 것이다. 물론 사태가 그 지경에까지 이르지 않게 하는 게 최선일 것이다. 그렇다면 우리의 믿음들은 대체 어디에 있고, 우리는 어떻게 그 믿음들에 접근할 수 있는 것일까?

두 가지 마음

　우리 모두는 서로 연결되어 있는 놀라운 두 가지 마음을 갖고 있다. 먼저 지금 이 책을 읽고 있는 당신의 마음은 의식적인 마음이다. 의식적인 마음은 스스로를 의식할 수 있다. 또한 우리의 모든 바람과 욕구를 담고 있는 창의적인 마음이다. 의식적인 마음은 시간 제약을 받지 않는다. 다음 주에 있을 데이트나 며칠 전에 있었던 약속을 생각해보자. 당신의 마음은 종종 이미지를 동원해가며 창의적인 방식으로 당신에게 이런저런 정보를 분주히 제공할 것이다. 자의식을 가진 이 마음은 우리에게 스스로를 분석할 능력도 준다.

　또 다른 마음은 잠재의식이다. 문자 그대로 말하자면 '의식 밑에 있는 의식'으로, 각종 프로그램과 믿음들로 가득 차 있는 일종의 데이터베이스이다. 의식적인 마음이 아주 창의적이라면, 잠재의식은 습관적이며 우리로 하여금 일상생활을 제대로 해나가게 해준다. 일종의 서류 보관함 같기도 한 이 잠재의식 안에는 걸어다니고 키보드를 두드리고 문을 잠그고 양치질을 하고 전화를 하는 등 일상적인 모든 행동들에 대한 정보가 들어있다. 우리가 매일 일상적으로 하는 행동은 수천 가지에 달한다. 그 많은 정보를 일일이 다 의식적인 마음에 담아두고 참고할 수는 없다. 걸어야 할 일이 있을 때마다, 어떤 근육들을 수축해야 하고 어디에 압력을 가해야 하며 또 어떤 순서로 움직여야 하는지를 생각해야 한다고 상상해보라. 다행히도, 우리 잠재의식은 몇 년 전에 이미 이 모든 정보를 익혀 서류 보관함에 넣어두었고, 그래서 무의식적으로 그 정보를 끄집어내 사용할 수 있는 것이며, 그동안 우리의 의식적인 마음은 창의적인 생각을 할 수 있다. 걷겠다는 생각만 하면 잠재의식이 다 알아서 필요한 프로그램을 돌려주는 것이다.

아주 강력한 의식적인 마음

잠재의식은 보통 평판이 좋지는 않지만, 걷기 예에서 보았듯, 일상생활을 제대로 하려면 그 잠재의식이 꼭 필요하다. 과학적인 연구 결과에 따르면, 모든 일상적인 생각들 가운데 단 5퍼센트에 대해서만 창의적인 의식적인 마음을 사용하고 나머지 95퍼센트에 대해서는 잠재의식을 사용한다고 한다. 놀랍지 않은가? 사실상 거의 모든 걸 좌지우지하는 것이 우리의 잠재의식이며, 우리의 삶을 결정짓는 것도 결국 잠재의식인 것이다.

더욱 놀라운 사실이 있다. 과학자들이 인간의 인지 활동을 측정해보았더니, 의식적인 마음은 초당 40비트의 정보밖에 처리 못하지만, 잠재의식은 초당 무려 4,000만 비트의 정보를 처리할 수 있었던 것. 그러니까 특정 시점에서 인간의 잠재의식은 놀랍게도 의식적인 마음보다 100만 배나 더 많은 정보를 흡수할 수 있다는 것이다. 예를 들어, 당신이 어떤 식당에 있는데 누군가 안경을 떨어뜨렸다고 하자. 그 순간 당신의 의식적인 마음이 40가지 정보를 포착한다면, 당신의 잠재의식은 당신 접시에 담겨있던 음식의 냄새에서부터 식당 매니저의 얼굴 표정, 당신이 입고 있던 옷 등등에 이르기까지, 무려 4,000만 가지 정보를 받아들이는 것이다.

음식을 주제로 좀 더 얘기해보자. 당신이 아주 고급스런 디너 파티에 초대받았는데, 바닷가재가 주요리로 나온다고 가정해보자. 당신은 아직 바닷가재를 먹어본 적이 없고, 그래서 바닷가재 살을 빼먹는 데 쓰는 낯선 도구들을 어떻게 쓰는지가 아주 궁금하다. 그래서 당신은 그 도구들의 사용법을 물어보거나 다른 사람들이 그 도구들을 써서 바닷가재 살을 빼먹는 걸 보면서 바닷가재 먹는 법을 배운다.

몇 달 후 당신은 다른 디너 파티에 참석하는데, 이번에도 다시 바닷가재가 메뉴에 들어있다. 이번 경우 당신은 마치 구글에서 검색어를 입력해 사진까지 포함된 해당 웹 페이지를 보듯, 슬로모션으로 관련 기억들을 떠올려 이전 디너 파티에서 어떻게 도구들을 이용했었는지를 알아낸다. 이는 마치 의식적인 마음과 잠재의식 사이에 다리를 놓는 것과 흡사하다.

그럼, 이제 당신이 일주일간 어떤 리조트로 휴가를 떠났는데, 그곳 특별 요리가 바닷가재이고 매일 밤 제공된다면 어떻겠는가? 아마 2~3일 정도 후면 당신은 바닷가재 먹는 데 도가 틀 것이다. 이제 바닷가재 먹는 법은 당신의 잠재의식에 저장되어 있고 당신의 의식적인 마음은 아주 여유가 있어, 당신은 바닷가재를 먹으면서도 다른 손님들과 이런저런 얘기도 나누면서 휴가 분위기를 만끽할 수 있다. 처음 바닷가재를 접했을 때 낯선 도구들을 앞에 놓고 쩔쩔매던 것과 비교하면 하늘과 땅 차이 아닌가.

여기에 믿음의 문제를 더해보자. 어쨌든 처음 바닷가재를 먹을 때 스트레스를 받거나 왠지 초조해질 수 있다. 당신이 만일 바닷가재에 알레르기 증상을 보일 거라는 믿음을 갖고 있다면 어떨까? 아마 전혀 다른 것을 경험할 있을 것이다. 바닷가재를 먹는 게 당신 같은 사람에게 어울리지 않는다는 믿음을 갖고 있다면 또 어떨까? 아마 바닷가재를 먹는 느낌부터가 달라질 것이고, 어쩌면 디너 파티에 참석한 다른 손님들이 도구 사용에 서툰 당신을 흉볼 거라고 믿게 될지도 모른다. 이처럼 미리 배운 프로그램들 외에 당신의 믿음들도 당신이 어떤 상황을 어떻게 경험하는가 하는 것에 영향을 준다.

우리의 모든 바람(돈을 더 많이 벌고, 성공하고, 체중을 줄이는 것 등등)을 담고 있고 긍정적인 확신을 하는 데 사용하는 의식적인 마음이 고작 모든 생각의 5퍼센트만 통제한다는 건 정말 믿기 어려운 사실이다. 더욱이 의식적인 마음은 잠재의식에 비해 100만 배나 약하다. 그러니 의지력과 긍정적인 확신만 가지고 우리의 행동과 믿음을 변화시키는 게 그렇게 어려운 것도 전혀 이상할 것이 없다. 두 마음 중 훨씬 작은 쪽을 가지고 뭔가를 하려고 하니 쉬울 리가 없는 것이다.

믿음은 세상 속에서의 우리 반응들에 영향을 준다

과학은 지난 10년간 계속 변화해왔으며, 특히 신경과학과 후성유전학 분야 그리고 심장의 역할에 대한 이해의 측면에선 괄목할 만한 변화가 일어났다. 이런 분야들에서 새로 밝혀진 바에 따르면, 우리의 생각과 믿음은 생리 상태는 물론 유전자 구조까지 변화시킨다. 그리고 또 지금 과학을 통해 루이스 헤이 Louise Hay 같은 자기치유 운동의 선구자들이 수년간 가르쳐온 것, 즉 우리가 우리 자신을 치유할 수 있다는 것이 사실이라는 것이 입증되고 있다.(이에 대해서는 앞서 발행된 《매트릭스 리임프린팅》에 아주 잘 요약되어 있다.)

아주 간단히 말하자면, 우리 몸과 마음은 서로 연결되어 있다. 그 둘은 세포와 세포 사이에 끊임없는 메시지와 에너지를 흘려보내고, 그 메시지들은 우리 마음 안과 밖의 환경 속에서 각종 신호들로 통제된다. 우리의 내면 풍경에는 감정, 생리 현상, 정신 과정, 믿음 등이 포함된다. 그리고 마음 밖 환경은 우리 자신을 제외한 모든 것, 즉 우리가 노출된 외부 독소들, 먹는 음식, 우리가 사는 곳의 문화 등을 포함한다. 우리가 마음 안과 밖의 환경으로부터 어떤 신호를 접할 경우, 우리 몸은 37조 개가 넘는 세포들을 통해 메시지들을 내보내며 그 신호에 반응한다. 여기서 잠시 세포 생물학자 브루스 립턴Bruce Lipton의 설명을 들어보자.

> 세포는 세포막 속에 있는 세포 당 10만 개가 넘는 단백질 스위치들을 이용해 수없이 많은 신호들에 반응한다. 이 단백질 스위치들은 핵심적인 인식 단위들로, 환경 조건들을 읽어들여 필요에 따라 생명 활동을 조정한다. 이런 작용은 인식이 행동을 통제할 때 아주 강해지는데, 이로써 우리는 우리의 삶을 통제하는 세상을 인식할 수 있다.

만일 최근 신경 가소성 분야에서의 연구 결과들까지 감안한다면, 우리의 인식이 실제 우리의 뇌 구조를 바꾼다는 사실을 훨씬 더 쉽게 알 수 있다. 신경 가소성 분야에서의 연구 결과들에 따르면, 뇌는 아주 유연한 물질로 되어 있다. 그래서 어떤 육체적 경험과 생각들의 결과로 우리 뇌 신경 세포들(뉴런)이 서로 연결되면, 뇌에는 아주 미세한 변화가 일어난다. 그리고 우리가 어떤 생각을 더 많이 반복해서 할수록 신경 세포들 간의 연결은 더 많아지고, 그 결과 뇌 속의 신경 세포 연결망들이 더 견고해진다.

명상의 경우를 예로 들어보자. 보스턴에 있는 매사추세츠종합병원의 연구원들은 MRI 스캔을 이용해 '마음 챙김 명상'과 관련된 부위들의 뇌 구조상의 변화들을 집중 관찰했다. 그렇게 8주가 지난 뒤 MRI 스캔 결과를 보니, 기억 및 자기인식 그리고 연민과 관련된 뇌 부위들의 신경 세포 밀집도가 더 높아졌다.

이처럼 환경 신호에 대한 우리 뇌의 반응은 우리가 갖고 있는 믿음의 필터를 통해 결정된다. 그다음 그런 반응들로 인해 뇌 구조가 변화된다. 특정 신경 세포의 길들이 우리의 생각들이 다니기 더 좋도록 깊어지는 것이다. 결국 당신이 당신 자신을 얼마나 사랑하는지를 생각하는 건 뇌에도 좋은 일이고, 당신 자신의 능력을 끝없이 의심하는 건 뇌에도 좋지 않은 일인 것이다.

사라를 만나보자. 그녀는 거미 공포증을 갖고 있다. 어느 날 아침 그녀는 출근을 앞두고 주방에서 아침을 먹고 있었는데, 그때 커다란 거미 한 마리가 바닥에 기어가는 걸 보았다. 이 사례에서 거미는 환경 신호 역할을 하며, 그녀의 잠재의식은 즉시 과거에 배운 '거미는 위험하다'는 믿음을 끄집어낸다. 물론 그 믿음은 이전에 트라우마를 안겨준 어떤 경험에서 내린 결론 때문에 각인된 믿음이다. 그 뒤 이 환경 신호와 믿음은 그녀의 세포들에게 메시지를 보내 프로그래밍된 행동을 하게 만든다.

그 이후에는 아주 빠른 생리적 반응들이 이어진다. 사라의 뇌 속 편도체(우리의 감정과 장기 기억을 통제하는 변연계의 일부)가 시상하부에 위험에 처했다는 신호들을 보내고, 시상하부–뇌하수체–부신 축HPA axis이 활성화되면서 아드레날린과 혈당과 코르티솔이 혈류 속으로 방출된다.

이렇게 되면 혈압, 심박동수, 체온, 혈액 산성도, 지능, 인지 능력, 스트레스, 불안감, 소화 등, 다른 신체 기능 모두에 영향을 주게 될 수도 있다.

사라의 경우, 그녀는 갑자기 거미에 대한 비이성적인 두려움에 휩싸이면서 호흡이 불규칙해지고 두 손이 덜덜 떨렸으며, 그런 상태로 주방을 뛰쳐나가 욕실에 숨었다.

도피, 투쟁, 동결 반응

'도피, 투쟁, 동결 반응'이라 불리는 이 반응은 우리의 몸과 마음 전체에 영향을 미친다. 이 반응은 우리 인간이 동굴 안에 기거하면서 수시로 목숨을 위협받은 환경 속에 살던 시절에 필요했다. 도피, 투쟁, 동결 반응에 따르면, 우리의 몸과 마음이 완전히 뭔가에 푹 빠져 모든 논리와 명석함을 잃게 되고, 그래서 단순히 도망가거나 아니면 싸우려 하게 된다. 그리고 도망가거나 싸울 수 없다면 얼어붙게 된다.

동결 반응은 세 가지 반응 중에서 가장 덜 알려져 있지만, 어떤 상황의 트라우마나 에너지에서 벗어나는 데 중요할 뿐 아니라, 매트릭스 리임프린팅 기법을 뒷받침하는 이론을 이해하는 데도 중요하다.

동결 반응은 동물의 왕국에서 아주 잘 찾아볼 수 있다. 트라우마 전문가 로버트 스캐어 Robert Scaer 박사는 야생 상태에서의 동물들을 관찰해 그들이 트라우마를 경험할 때 어떤 행동을 하는지를 연구했다. TV에서 어떤 동물이 포식 동물에 쫓기는 장면을 보면, 쫓기던 동물이 아직 포식 동물에 잡히지도 않았는데 갑자기 그 자리에 주저앉아 버리거나 다리를 절뚝거리는 것을 자주 볼 수 있다. 이것이 바로 동결 반응으로, 대개 도망가거나 싸우는 데 실패한 동물이 마지막으로 취하는 행동이다.

동물이 동결 반응을 보일 때 엔도르핀이 대거 분출되는데, 그것은 공격을 당할 때 통증을 최소화하기 위함이다. 만일 위기의 순간을 무사히 넘긴 경우에는, 거의 십중팔구 몸을 떨기 시작한다. 즉 부르르 떨며 몸서리를 치기도 하고 격한 발작을 일으키기도 하는 것이다.

로버트 스캐어 박사에 따르면, 그렇게 떠는 동물의 모습을 찍은 슬로모션 비디오를 보면, 그 모습이 동물이 동결 반응을 보이기 전 마지막으로 하는 행동, 그러니까 도피 행동과 비슷하다고 한다. 대개 몸을 떨고 가쁜 숨을 몰아쉬고 땀을 흘린다는 것이다. 그런 반응을 보인 후 동물은 다치지 않고 위기를 벗어나게 되는데, 그렇게 함으로써 위험했던 순간에 대한 모든 무의식적 기억을 떨쳐버린다고 로버트 스캐어 박사는 설명한다. 그러나 인간은 이런 식으로 행동하진 않는다. 실제로 인간의 경우 어떤 트라우마를 겪은 뒤 몸을 떠는 건 부정적인 증상으로 여겨지며, 그래서 그럴 경우 대개 진정하라는 말을 듣게 된다.

그렇다면 우리는 왜 어떤 외부 신호에 대해 때론 도피 반응을, 때론 투쟁 반응을, 또 때론 동결 반응을 보이는 걸까? 왜 사라는 거미를 무서워하지만, 또 어떤 사람들은 독거미의 일종인 타란툴라를 애완동물로 기르는 걸까? 감정에 큰 영향을 준 과거의 어떤 일들에 의해 각인된 믿음들 때문이다. 사라의 경우, 그 믿음들은 어린 시절로부터 비롯됐다. 어린 시절 자기 어머니가 아주 작은 거미를 보고도 비명을 지르며 의자에서 벌떡 일어나곤 하는 걸 본 것이다. 어머니가 투쟁 또는 도피 반응에 사로잡히는 걸 본 것인데, 어린아이 입장에서 가장 든든한 보호자가 통제력을 상실하는 걸 본다는 건 트라우마를 안겨주는 경험인 것이다. 거기에 모방과 반복까지 합쳐진다면, 사라가 왜 거미는 위험하다는 잠재의식적 믿음을 갖게 됐는지 충분히 이해가 간다.

사라가 그런 잠재의식적 믿음을 갖게 됐다는 것은 곧 거미를 볼 때마다 도피, 투쟁, 동결 반응으로 그녀의 신경계 안에서 에너지 변화가 일어난다는 것을 의미한다. 그럼으로써 아무 해도 끼치지 않는 거미에 대해 비이성적인 반응을 보이게 되고, 오랜 시간 겁에 질려 욕실 문 뒤에 숨어 누군가 자신을 구해주러 오길 기다리게 되며, 결국 출근 시간에 맞춰 버스를 타지도 못하는 등 이런저런 문제를 겪게 되는 것이다. 물론 그녀 스스로도 의식적으로는 실제 아무 위협도 아니라는 걸 잘 알지만, 몸 안에서 일어나는 반응 때문에 자신도 모르게 욕실 안으로 달려 들어가게 되는 것이다.

현실에 대한 사라의 개인적 인식은 그녀가 가지고 있는 믿음들에 따라 달라진다. 그렇다고 그 믿음들이 현실화되는 건 아니지만, 그에 따라 거미에 대한 그녀의 마음가짐이 달라지고, 또 마음가짐에 따라 거미에 대한 그녀의 반응 또한 달라진다.

혹 당신의 경우에도 이 같은 투쟁 또는 도피 반응을 촉발하는 상황이 있는가? 낯선 사람들로 꽉 찬 방에서 자리에서 일어나 자신을 소개하라는 요청을 받는다면 어떨 것 같은가? 칼 도슨에 따르면, 자신의 훈련 과정에 참여한 사람들에게 그런 요청을 할 경우 대부분이 그 즉시 투쟁 또는 도피 반응을 보인다고 한다. 사람들 앞에서 말을 해야 한다는 생각만으로도 마음속에 두려움이 생겨난다는 것이다. 많은 참석자들이 심장박동이 더 빨라지고 현기증이 나고 목이 메거나 숨이 막히는 듯한 기분을 느낀다고 답했다고 한다. 물론 이 같은 반응 밑에는 사람들 앞에서 말하는 것이 편하고 안전한 일이 아니라는 믿음이 깔려있다. 굳이 먼 과거의 일들까지 떠올리지 않더라도, 그런 상황이 결코 편하고 안전한 게 아니라고 느끼게 할 만한 기억들이 있는 것이다.

사라가 어머니가 거미 모습에 비명을 질러대고 어린 자신은 투쟁 또는 도피 반응 속에 갇혀 동결 반응을 보이던 그 순간들로 되돌아가, 그 순간들을 다 바로잡을 수 있다고 상상해보자. 우리가 만일 트라우마에서 벗어나고 그런 기억들을 재각인할 수 있다면, 그래서 사라와 그녀의 어머니로 하여금 거미는 해를 끼치지 않는다고 믿게 만들 수 있다면 어떨까? 물론 '만일 ~라면'이라든가 '그런 경우를 상상해보자' 등은 비현실적인 가정이지만, 이것이 바로 매트릭스 리임프린팅의 목적이다. 이런 과정을 통해 잠재의식 속에 숨어있는 감정적인 기억들을 자세히 들여다보고, 그럼으로써 투쟁 또는 도피 반응을 줄이는 법을 배우게 되는 것이다. 여러분은 여러 가지 믿음이 모두 잠재의식 속에 저장되어 있으며, 그것들은 얼마든지 긍정적인 믿음으로 바꿀 수 있다는 걸 알게 될 것이다.

어떤 사람들은 본질적으로 그들의 핵심 믿음이 어떤지 또 어떻게 그런 믿음을 갖게 됐는지를 알지만, 아는 것만으로는 그 믿음을 변화시키지 못한다. 이를 브루스 립턴 박사는 다음과 같은 비유로 알기 쉽게 설명하고 있다. "잠재의식은 잠재의식 데이터베이스에서 음악을 끄집어내 플레이시키는 CD 플레이어와 같다. CD 플레이어 쪽으로 다가가 음악을 바꾸라고 소리쳐봐야 아무 소용없고, CD 플레이어의 '스톱' 버튼을 누른 뒤 다른 CD를 넣어야 비로소 음악을 바꿀 수 있다." 매트릭스 리임프린팅 기법을 통해 우리는 우리의 여러 가지 핵심 믿음을 찾아낼 수 있고, 또 그 믿음이 언제 우리 잠재의식 속에 각인되었는지도 알 수 있으며, 그런 다음 새로운 믿음을 각인할 수 있다. 이처럼 매트릭스 리임프린팅 기법을 통해, 우리는 우리에게 트라우마를 안겨준 일과 관련된 감정들에서 벗어날 수 있으며, 그 결과 부정적인 핵심 믿음을 도움을 주는 믿음으로 바꿀 수 있다.

당신의 믿음 청사진

이제까지 우리는 잠재의식 속 믿음이 어떤 힘을 갖고 있으며 우리의 육체적·정신적 반응에 어떤 변화를 주는지를 살펴봤다. 또 그 믿음이 우리의 과거와 미래를 위한 청사진이 될 수 있다는 걸 알았다. 이제 곧 여러분은 매트릭스 리임프린팅을 통해 자신의 믿음과 그간 겪어온 삶의 여러 일들 간에 어떤 관계가 있는지를 보게 될 것이다.

연습: 당신의 믿음을 브레인스토밍하라

이 장에서 해야 할 일은 자신의 믿음을 '브레인스토밍'하는 것이다. 이를 통해 자신의 여러 가지 믿음에 대해 이해하게 될 것이다.

1. 종이를 몇 장 준비하자.
2. 체크리스트(53쪽 참조)에 있는 믿음을 차례대로 하나씩 보며 이렇게 자문해보라. '이건 100퍼센트 중 몇 퍼센트 정도 사실인가?' 이것이 이른바 '인지도 지수' VoC: Validity of Cognition 라는 것이다.
3. 새 종이의 한복판에 당신이 높은 점수(퍼센티지)를 준 믿음을 하나씩 적어라.
4. 믿음에 대한 여러분의 반응에 주목하면서, 각 믿음이 삶의 어느 부분에서 나타나는지를 브레인스토밍하라. 그리고 '마음의 지도'에 들어있는 믿음으로부터 나오는 모든 것들의 목록을 적어라.
5. 당신 자신의 믿음을 마음껏 추가하라.

앞으로 이 책을 읽어나가면서, 수시로 이곳으로 되돌아와 각각의 믿음의 인지도에 일어난 변화, 그 믿음과 당신 삶에서 있었던 일들 간의 관계에 일어난 변화들을 적어 넣도록 하라.

· · · · · · ·

우리 모두는 많은 믿음(긍정적인 믿음, 부정적인 믿음, 중립적인 믿음 등)을 갖고 있다. 가끔은 그 가운데 한 핵심 믿음이 옳다는 걸 입증하려 평생 애쓸 수도 있다. 또한 문화적으로 공유하는 믿음도 있고 가족과 공유하는 믿음도 있다.

다음 장에서 우리는 이런 믿음이 어떻게 개인적인 또는 인간적인 수준에서 저장되는지, 또 이런 핵심 믿음이 어떻게 그리고 왜, 내면 풍경의 어떤 곳에서는 거침없는 강물이 되고 또 어떤 곳에서는 가까스로 웅덩이 정도가 되는지를 자세히 살펴보도록 할 것이다.

믿음	인지도VoC - 진실 백분율
나는 제대로 해내질 못하고 있다.	
나는 사랑받을 자격이 없다.	
세상은 위험한 곳이다.	
나는 쓸모없다.	
나는 능력이 없다.	
나는 인정받지 못하고 있다.	
나는 버림받았다.	
나는 배신당했다.	
나는 매력적이지 못하다.	
나는 비생산적이다.	
나는 무능하다.	
나는 실패작이다.	
나는 피해자이다.	
나는 짐만 된다.	

▶▶▶

나는 멍청하다.	
나는 늘 이용당한다.	
나는 혼자이다.	
나는 나쁜 사람이다.	
나는 죄책감을 느낀다.	
나는 죄가 많다.	
나는 혼란스럽다.	
나는 덫에 걸렸다.	
나는 무력하다.	
나는 열등하다.	
나는 신에게서 멀어졌다.	

2

에너지로 가득한
우리의 우주

제목이 너무 거창하더라도 겁먹지는 말자. 아마 여러분들은 대개 양자 물리학자는 아닐 것이다. 이 매력적인 과학 분야에는 여러분이 원하는 대로 얼마든지 조사해볼 수 있을 만큼 많은 정보가 있다. 그러나 에너지로 가득한 우리 우주의 특성이 무엇인지를 이해하고, 어떻게 해야 우리의 잠재의식에 제대로 다가갈 수 있는지, 매트릭스 리임프린팅이 어떻게 잠재의식의 본질을 변화시키는지를 이해하기 위해선, 여기서 다루는 것 이상은 알 필요가 없다. 그 전에 여러분이 이해해야 할 4가지 개념은 다음과 같다.

  1. 모든 것은 에너지이다.

2. 에너지는 정보의 장들을 구성한다.

3. 우리의 잠재의식은 우리 개인의 장 안에 위치해 있다.

4. 우리는 이 정보의 장들에 주파수를 맞출 수 있다.

1. 모든 것은 에너지이다

17세기 이전까지만 해도, 세계는 어떤 목적을 가지고 진화하는 유기물로 여겨졌다. 그러다 기계론적 과학이 등장하면서 서구 세계에 자연은 기계적이며, 자연의 모든 부분들은 그 세포들의 구조를 통해 유전학적으로 프로그램되어 있다는 믿음을 심어주었다. 그리고 시간이 지나면서 이런 믿음은 여러 문화들에서 받아들여지는 보편적인 믿음이 되었다. 그러나 우리는 지금 양자물리학을 통해 세계는 전자기 에너지로 이루어져 있고, 전자기 에너지는 다시 다양한 원자 및 아원자 입자로 이루어져 있다고 알고 있다. 우리 물질계의 토대는 진동하는 입자들로 이루어져 있으며, 우리 물질계는 사실 허상이다.

현재 양자 이론이 사실로 받아들여지고 있고 학교에서도 그렇게 가르치고 있지만, 현대 과학과 의학의 상당 부분은 여전히 기계론적 관점에 그 뿌리를 두고 있다. 이를 생물학자 루퍼트 셸드레이크Rupert Sheldrake는 이렇게 설명한다. "기계론적 관점은 기계학 내지 역학에는 아주 잘 맞지만, 인간의 마음과 건강, 감정적 행복에는 별로 맞지 않는다."

그렇다면 우리에겐 어떤 영향을 미칠까?

우리의 에너지 몸

진동하고 서로를 밀면서 고형 구조를 형성하는 원자 입자들의 전자기적 특성 때문에, 우리 몸이 살아 숨 쉬는 에너지 시스템이라는 걸 알 수 있다. 바로 앞 장에서 우리는 몸 안에서 수백 가지 반응을 일으키는 투쟁, 도피, 동결 반응의 힘에 대해 살펴보았는데, 우리 몸 안에는 감정적인 반응도 있다.

'감정'이라는 뜻을 가진 영어 단어 'emotion'은 '움직이는 에너지'energy in motion라는 뜻의 라틴어에서 온 말이다. 우리의 에너지는 경락이라고 알려진 길들을 통해 우리 몸 안을 흐른다. 이에 대해서는 나중에 좀 더 자세히 살펴보기로 하겠다.

우리는 진동을 통해 믿음을 강화한다

하나의 에너지 시스템으로서 우리는 진동을 갖고 있다. 그러면서 마치 자석처럼 같은 진동수 혹은 주파수를 끌어당긴다. 그리고 우리가 방출하는 특수한 진동은 감정들에 의해 통제된다.

자신들의 공저《구하라, 그러면 주어질 것이다Ask and it is Given》에서 에스더 힉스Esther Hicks와 제리 힉스Jerry Hicks 부부는 22단계의 감정이 각기 다른 진동수의 에너지를 방출한다고 주장한다. 그 스펙트럼의 한쪽 끝에는 기쁨과 의욕과 자유가 자리 잡고 있으며, 낙천주의와 희망을 거쳐, 다시 다른 한쪽 끝에는 두려움, 절망, 무력감이 자리 잡고 있다.

진동, 그러니까 말의 무게를 생각해보자. '절망'과 '희망'을 비교해보라. 우리가 계속 스펙트럼 아래 끝 쪽에 있다면, 그것이 우리가 세상으로 내보내는 진동일 것이고, 그것이 또 우리가 끌어당기는 것일 것이다. 아브라함도 말했듯 당신 감정의 신호들을 관심 있게 봄으로써, 현재 살고 있는 또는 여태껏 살아오면서 해온 모든 일들을 아주 정확히 이해할 수가 있다. 이것이 바로 '끌어당김의 법칙'이다. (만일 끌어당김의 법칙이라는 개념이 낯설다면, 동영상 〈더 시크릿The Secret〉이나 힉스 부부의 책 《구하라, 그러면 주어질 것이다》을 읽어보길 권한다.)

끌어당김의 법칙은 우리의 믿음 체계와 같이 움직인다. 그리고 그 법칙은 우리가 나이 들면서 또 우리가 믿는 것들을 뒷받침하기 위해 계속 이런저런 일들을 끌어당기면서 믿음 체계가 어떻게 더 강해지는지를 설명해준다.

그래서 만일 잠재의식 속에 부정적인 믿음이나 프로그램을 갖고 있다면, 우리는 믿음을 강화하기 위해 부정적인 일들을 끌어당기는 진동 신호를 방출하게 되는 것이다. 그러나 다행히 우리는 매트릭스 리임프린팅을 활용해 그런 믿음을 바꿀 수 있고, 우리가 원하는 경험을 끌어당기기 시작할 수 있게 된다.

공포증이 종종 그렇지만, 사라의 거미 공포증은 단순한 믿음의 대표적인 예이다. 그러나 예를 들어 '난 늘 잘못하고 있어' 또는 '꼭 나 외에 다른 사람들이 선택돼' 같은 우리의 핵심 믿음은 감정적으로 더 뿌리가 깊다. 우리는 어린 시절에 그런 핵심 믿음을 가지고 어떤 경험을 하게 되며, 그 경험으로 어떤 결론을 내리게 되고, 그 결론이 옳다는 걸 입증할 삶의 경험을 끌어당기게 된다.

루이즈를 만나보자. 그녀는 평생 엄청난 돈을 끌어당길 수 있었지만, 그 돈을 제대로 지키지 못했다. 그녀는 칼과 함께 클래식 매트릭스 기법Classic

Matrix Technique을 활용해 5살 시절의 루이즈까지 거슬러 올라갔다. 어린 루이즈는 자기 할머니를 위해 심부름을 하고, 그 대가로 1달러짜리 은화를 받곤 했다. 그런데 그녀의 엄마는 그런 걸 볼 때마다 루이즈를 때리며 혼냈고, 그러면서 이런 말을 했다. "다른 사람의 돈을 빼앗으면 안돼."

그때 어린 루이즈는 자신이 돈을 받을 수는 있지만 그걸 계속 가지고 있으면 안 된다는 결론을 내렸다. 다른 사람에게 돈을 받는 것은 나쁜 짓이라는 것이었다.

루이즈는 대번에 그런 믿음이 이제껏 자신에게 미쳐온 영향을 알 수 있었다. 그녀는 평생 돈을 벌되 곧 잃어버리는 시나리오들을 끌어당겨온 것이다.

일단 끌어당김의 법칙이 어떻게 작용하는지 이해하게 되면, 긍정적인 사고가 얼마나 큰 의미가 있는지 완전히 새롭게 느낄 것이다. 우리 인생의 경험을 창조하고 있다. 그러나 행복해하지 못하는 것이 전적으로 우리의 책임이라는 뜻도 아니고, 다른 누구의 탓이라는 뜻도 아니다.

'끌어당김의 법칙'의 또 다른 측면은 자신을 더 강하게 만드는 법을 배우는 데 필요한 모든 것들을 우리 삶 속으로 끌어당긴다는 것이다. 이것은 정말 너무나도 중요한 일이다. 그 이유는 우리가 행하는 작업은 끊임없이 핵심 믿음을 찾아내며 평생 동안 치유작업을 해야 하는 것이 아니라, 자기를 받아들이는 것이기 때문이다. 결국 우주는 우리들에게 무엇인가 지속적으로 숙제(작업할 재료)를 가져다주는 것이다.

지난 10여 년간 엄청나게 많은 자기치유에 대한 책과 소위 권위자라는 사람들이 우리에게 끌어당김의 법칙을 적용하는 법을 가르쳐줄 수 있다고 주장했지만, 우리는 우리 자신이 직접 그것을 해야 한다는 걸 잘 안다. 그러므로 우리가 현재 끌어당기고 있는 것들이 무엇인지를 알기 위해 우리 에너지 시스템 안에 들어 있는 것들을 알아내야 하며, 그러기 위해서는 저장되어 있는 우리의 각종 프로그램과 믿음의 데이터베이스 안에 들어있는 것들, 즉 보다 강력한 마음인 잠재의식 속에 들어있는 감정적 기억들을 알아내야 한다.

2. 에너지는 정보의 장들을 구성한다(형태장)

—

우리는 모두 눈에는 보이지 않지만 에너지 넘치는 데이터로 가득한 정보의 장場, fields들에 둘러싸여 있다. 이미 지구의 중력장, 자기장 같이 잘 알려진 장들도 많아, 장이라는 개념은 새로운 개념은 아니다. 그러나 루퍼트 셸드레이크는 거기서 한 걸음 더 나아가 살아 있는 모든 세포와 세포 조직, 장기, 유기체가 고유의 장을 갖고 있다며, 그것을 '형태장' morphic field라 부르고 있다. 이 장들은 각 개별 종들에 형태를 만들어주고 또 그 종들을 형성하며, 사회학적 영향을 미칠 뿐 아니라 풍습과 행동 방식, 정신적 습관 등에도 관여한다.

이런 것들을 가장 잘 볼 수 있는 곳은 역시 동물 왕국이다. 캐나다기러기는 언제 이동을 시작해야 하는지 잘 알고, 찌르레기는 언제 떼를 지어 하늘에 아름다운 장면을 연출해야 하는지를 잘 안다. 물고기 떼는 정확히 같은 지점에서 멈춘 뒤 방향을 튼다. 개미공동체는 마치 서로 텔레파시라도 통하는지 언제 먹을 게 도착하는지를 잘 알며, 꿀벌들은 벌집 안에서 각자 해야 할 역할을 선천적으로 잘 안다.

1920년대에 하버드대학교 심리학자 윌리엄 맥두걸 William McDougall은 유기체들이 후손에게 자신이 평생 획득한 특성들을 물려준다는 가설을 직접 실험으로 알아보려 했다. 그는 15년간 여러 세대의 쥐들이 미로 속을 빠져나오는 능력을 테스트했다. 그랬더니 첫 번째 세대의 쥐들은 길을 찾기까지 평균 200번의 시행착오를 거쳤지만, 마지막 세대의 쥐들은 단 20차례의 시행착오밖에 거치지 않았다.

이 실험 결과를 토대로, 윌리엄 맥두걸은 일반적으로 인정된 유전 과학의 관점과는 달리 획득된 지식도 유전될 수 있다는 결론을 내렸다. 미로에 갇혀본 적이 전혀 없는 쥐 후손들도 집단적인 '쥐의 장'을 형성할 수 있었고, 그 덕에 별 힘 들이지 않고 바로 미로를 빠져나올 수 있었던 것이다. 이는 쥐가 진화했다거나, 서로 의사소통을 했기 때문이라고 하기도 어렵고, 쥐의 지능을 가지고서도 설명이 되지 않는다. 장을 통한 집단 정보 활용만이 유일한 설명인 것이다.

동물의 세계에서 보는 이런 에너지 장의 정보 전달 방식을 보면 인류는 어떻게 후손들에게 정보를 전달했는지 유추할 수 있다. 행동의 장은 반복이 되면 될수록 더 강해진다. 우리는 공명하는 장에 주파수를 맞추게 되는데, 그런 장들은 층을 이루며 서로 연결된다. 다음에서 우리는 이해하기 쉽게 에너지 장을 우주의 장, 문화의 장, 가족의 장, 개인의 장 등으로 분류해서 설명하겠다.

우주의 장: 매트릭스

이 장들 가운데 가장 큰 것은 통합된 에너지 장이다. 우리 모두를 연결해주는 장이기도 하다. 이 우주적인 에너지 장, 즉 에너지 매트릭스 안에 우리 개인의 장, 가족의 장, 문화의 장이 포함되어 있다.

　이는 종교적 관점이나 영적 관점에서 볼 때 새로운 개념은 아니다. 사실 성서 이전 시대에도 있었던 개념이며, 세계의 모든 종교에서도 언급되는 개념이다. 또한 본질적으로 모든 영혼과 그 여정의 비밀을 담고 있는 고대 인도의 아카식 레코드(신비학에서 이야기하는 우주와 인류의 모든 기록을 담은 초차원의 정보집합체 - 역자 주)와 같은 개념이기도 하다. 아카식 레코드는 끊임없이 업데이트되고 있으며, 그 안에 과거, 현재, 미래의 모든 정보가 담겨있다.

　1944년 양자 이론의 아버지로 여겨지는 독일 물리학자 막스 플랑크Max Planck는 물리적 현실의 청사진을 제공하는 '매트릭스'Matrix라는 에너지가 있다는 말로 세상을 놀라게 했다.

　21세기에 들어오면서 에너지 매트릭스 개념은 린 맥태거트Lynne McTaggart, 그레그 브레이든Gregg Braden 같은 작가들과 〈더 시크릿The Secret〉〈양자물리학의 이해What the Bleep Do We Know?〉 같은 영화들에 의해 널리 알려지게 된다.

　그간 '우주의 장'은 간단히 장 또는 신, 우주, 신성, 매트릭스 등 여러 가지 이름으로 불리었는데, 우리가 가장 선호하는 이름은 '매트릭스'이다. 뭐라 불리든, 우주의 장은 스스로 자각하고 우리 모두를 연결시켜주는 공간이라고 할 수 있다.

　만일 우리 모두가 그런 식으로 연결되어 있다면, 빈 공간이 없다는 뜻이다. 자신의 저서 《신성한 매트릭스The Divine Matrix》에서 그레그 브레이든은 우리 우주의 90퍼센트 가까이가 빈 공간으로 이루어져 있다는 추정에 이의를 제기하고 있다.

만일 우주가 정말 빈 공간이라면, 다음과 같이 아주 중요한 의문에 부딪히게 된다. '그렇다면 휴대폰 대화나 이 페이지의 단어들을 여러분 눈에 보이게 해주는 반사 광선 등 모든 것을 전송하는 에너지파가 어떻게 한 장소에서 다른 장소로 이동할 수 있겠는가?' 연못에 돌멩이를 하나 던지면, 연못물이 그 지점으로부터 사방으로 잔물결을 끌고 가듯, 분명 생명의 진동을 한 지점에서 다른 지점으로 옮겨주는 무언가도 존재할 것이다.

생명의 진동이 한 지점에서 다른 지점으로 옮겨가는 것도 바로 에너지의 이런 부분이며, 하늘의 별들과 DNA의 탄생에서부터 사람들 간의 아주 내밀한 관계, 나라들 간의 평화, 우리 자신의 개인적 치유 등에 이르는 모든 것이 시작되는 것도 바로 이 부분이다.

문화의 장: 인간과 지역 문화

인간의 장

전 세계에 흩어져 있는 우리 인간들은 모두 공통된 하나의 장을 갖고 있다. 우리의 물리적인 몸을 형성하고 있는 '인간의 장'human field이 바로 그것으로, '몸의 장'body field이라 불러도 좋을 것이다. 그것은 우리 몸이 어떻게 하나의 세포에서 수십억 개의 세포로 발전되고, 그 세포들이 하나의 인간으로 효율적으로 기능하느냐 하는 의문과 관련된 개념이다. 그 의문을 풀기 위해 과학자들은 오랜 세월 머리를 싸맸다. 그런데 몸의 장이 그 모든 걸 잘 설명해준다.

생물학자 피터 프레이저Peter Fraser에 따르면, 생물학자들은 이미 사람의 다른 몸 부위들은 다른 장들을 갖고 있다는 걸 밝혀냈다고 한다. 이를테면 뇌의 장은 근육 및 결합 조직들의 장과 다르다는 것이다. 생물학자들은 이미 몸의 유전적 구성과 관련된 장도 밝혀냈다.

이 같은 에너지 장들은 우리 몸이 어떻게 스스로를 통제하는지를 이해하는 데 열쇠가 될 수 있다. 예를 들어, 우리 몸은 적절한 체온을 유지하는 법을 어떻게 알까? 또 어떤 사람에게 어떤 혈압이 적절한 걸까? 아직 그 누구도 이런 정보들이 몸 안에 어떻게 저장되어 있는지를 알지 못한다. 그런데 에너지 장이 그런 정보들이 어떻게 저장되는지를 설명해줄 수 있는 것이다.

이미 절단해 사라진 팔다리에서 통증을 느낀다고 착각하는 '환상지통'PLP: Phantom Limb Pain이 여기서 아주 중요한 역할을 한다. 한 설문조사에 따르면, 두 다리를 절단한 환자의 거의 60~80퍼센트가 이미 절단해 없어진 두 다리에서 헛감각을 느끼는데, 그 감각이 대개 통증이라고 한다. 물론 이는 우리의 뇌가 두 다리의 에너지 장에 주파수를 맞추면서 일어나는 현상이다.

세포 하나하나에서부터 인간 전체에 이르는 인간의 몸에 대한 모든 정보는 여러 겹의 에너지 장 안에 포함되어 있다. 예를 들어 절단된 두 다리는 신체적 구조, 그러니까 두 다리 안에 어떤 세포들이 있었고 그 세포들이 어떻게 기능했었는가 하는 정보의 장을 갖고 있을 뿐 아니라, 개인의 장 차원을 넘어 문화의 장에서는 두 다리를 어떤 성적인 맥락에서 봤는가 하는 정보의 장도 갖고 있다. 기본적으로 각 장 안에 몸의 각 부위의 목적과 의미에 대한 정보가 있는 것이다.

인간이 가지고 있는 두려움의 장

인간의 몸을 가지고 존재하는 한 그 자체에서 오는 두려움들이 있다. 먼저 영혼에서 의식으로 넘어오는 순간 두려움을 경험한다. 태어나는 순간에도 세 가지 기본적인 두려움, 즉 1) 어둠에 대한 두려움, 2) 떨어지는 것에 대한 두려움, 3) 혼자인 것에 대한 두려움을 경험한다.

이것은 우리 자신의 두려움일까 아니면 우리보다 앞서 살았던 수백만 인간의 두려움일까? 두려움은 세대에서 세대로 스며 내려간다. 만일 어떤 가족이 특정 두려움에 얽히게 되어 내면화되면, 그 두려움은 가문 대대로 전해져 내려간다. 물론 이런 식으로 달리 볼 수도 있다. 권세 있는 가문이나 왕조는 계속 강력함을 유지하는데, 그것은 그들이 두려움의 장, 결핍의 장, 분리의 장에 주파수를 맞추지 않기 때문이다.

그러나 지구 위에 살고 있는 우리 대부분은 많은 두려움 속에 살고 있으며, 그 두려움은 되풀이해서 층층이 쌓여간다. 두려움은 우리가 하는 모든 일에 스며든다. 시험에 합격하지 못할까 두려워하고, 취업을 하지 못할까 두려워하고, 파트너를 찾지 못할까 두려워한다. 또 우리 자신이 남들에게서 분리되어 혼자가 되고 버림받을까 두려워한다. 이 두려움의 장을 사람들이 계속 이런저런 두려움을 쏟아붓는 거대한 용광로라고 생각해보라. 그 결과 감히 의심을 한다거나 도전할 생각을 못하는 확고한 교리가 되어버리는 것이다. 인간의 수명을 예로 들어보자. 만일 당신이 300년 전에 누군가에게 인간의 평균 예상 수명이 75세라고 말했다면, 상대는 이렇게 답했을 것이다. "말도 안 되는 소리! 인간은 50살이면 죽어!"

우리는 매트릭스 리임프린팅 기법을 활용해 여러분에게 개인적인 차원과 진화론적인 차원에서 어떻게 두려움의 에너지 장을 변화시킬 수 있는지를 보여줄 것이다.

지역 문화의 장

한 국가나 지역의 풍습이라는 문화적인 에너지 장을 자세히 들여다보면, 행동의 장들이 어떻게 쌓여가고 또 시간이 지나면서 어떻게 변하는지를 쉽게 알 수 있다.

칼은 매트릭스 리임프린팅을 가르치기 위해 그간 세계 곳곳을 돌아다녔고, 그래서 늘 다른 나라들의 문화의 장에 매료되곤 했다. 겉모습부터 믿음 체계에 이르는 각 나라 특유의 문화에 말이다. 예를 들어 일본에서는 일본인들 특유의 책임감 같은 걸 보았고, 중동 국가들에서는 여성이 평등한 대우를 받지 못하는 것이 정치적 교리 때문이기도 하지만 문화의 장 때문이기도 하다는 걸 본 것이다.

일단 행동의 장들을 제대로 이해하고 나면, 그런 장들이 어디에나 있다는 걸 알게 되며 또 몇 십 년간 어떻게 변화해왔는지도 알게 된다. 20세기 초 이후의 영국과 미국을 보면, 패션과 언어, 음악, 일 등에 변화가 있었으며, 그 모든 게 처음에는 저항에 부딪혔지만 결국 주류가 됐다는 걸 알게 된다. 예를 들어 1960년대와 1970년대의 자유연애, 약물 복용, 패션 감각 등은 처음에는 반체제적인 문화의 일부로만 여겨졌으나, 지금 약물 복용은 아주 흔해졌고 패션 감각 또한 이미 사라진 모든 패션들을 현대적으로 뒤섞은 형태이다. 1980년대와 2013년의 여성 팝 스타의 복장을 비교해보라. 그 사이에도 패션의 장이 바뀌었다는 걸 알 수 있을 것이다. 예를 들어 문신과 피어싱도 한때 펑크족이나 오토바이족 또는 선원들의 전유물이었지만, 지금은 어디에서나 볼 수 있다. 심지어 언어의 경우에도, 50년 전 같았으면 인상을 찌푸릴 욕들이 지금은 흔히 쓰이는 말이 되어 있다.

일단 새로운 행동이 나오고 그걸 둘러싼 장이 형성되면, 처음에는 사회로부터 저항이 따르지만, 그 장을 받아들이는 사람들 수가 일정 수준을 넘어서면 결국 주류가 된다.

가족의 장

우리를 둘러싼 주변 환경으로 시선을 좁힐 경우, 가장 강한 장들 중 하나는 가족의 장이다. 우리는 우리와 가장 닮은 사람들에게 가장 강한 에너지 공감을 느끼는데, 가족이야말로 유전자 설의 관점으로 보거나 자기수용체설의 관점에서 보거나 간에(개체의 특성이 유전자에 의해 결정된다는 주장과 개체의 수용체가 환경의 자극에 반응하여 특성 발현을 결정한다는 주장, 이 두 가지 가설을 모두 아우르는 말 – 역자 주)유전적으로 우리에게 가장 가까운 사람들이다. 그래서 우리 모두는 부모와 닮은 데가 많은 것이며, 또 우리 자식들에게서 우리의 성격적 특성이나 습관을 볼 수 있는 것이다.

크리스티를 만나보자. 그녀는 성인이 된 이후 죽 우울증을 앓아왔다. 그녀는 매트릭스를 통해 엄마의 침실 밖에 앉아 있는 두 살 적 자신을 만났다. 우울증에 시달리는 엄마와 같이 있는 게 무서웠던 것이다.

부정적인 감정들의 원인이 밝혀지자, 그녀의 엄마는 자신도 그런 행동을 자기 엄마한테 배웠다며, 할머니도 그 자리로 불러들였다.

행동 패턴들의 원인이 밝혀지면서, 결국 3대는 마음 편히 함께 자리할 수 있었다.

이는 매트릭스 리임프린팅 기법을 활용하면서 워낙 흔히 접하게 되는 일로, 우리가 어떻게 주변 사람들로부터 우리의 믿음과 행동 패턴들을 배우는지를 잘 보여주는 사례이기도 하다. 우리는 태어나서 처음 6년간을 생존에 필요한 정보들을 다운로드받는 데 보내는데, 그 시기에 우리의 관심 속에 있는 이들이 누구겠는가? 대개의 경우 우리 부모들이다.

그러나 우리 자식들은 의식적으로 부모가 가르치지 않아도 어떻게 우리의 습관들을 배우는 걸까? 예를 들어, 칼은 20대 때 한 술집에서 일했고, 그때 칵테일 만드는 법을 연습하면서 술병을 공중에 던져 뱅글 돌린 뒤 잡아 술을 따르곤 했었다. 이후 20년이 지나 한 술집에 취업한 18살 난 아들 다니엘Daniel을 찾아갔을 때, 그는 자신이 20년 전에 했던 것과 똑같이 술병들을 공중에 던져 뱅글 돌린 뒤 잡아 술을 따르는 아들을 보고 놀라지 않을 수 없었다. 그는 다니엘에게 술병을 뱅글 돌리거나 칵테일 따르는 모습을 보여준 적도 없었고, 심지어 그런 얘기를 한 적도 없었다. 그렇다면 다니엘이 그런 걸 하게 된 건 순전히 우연일까 아니면 자기 아버지의 장에서 그 기술을 가져온 것일까?

우리의 믿음이 모방과 반복, 그리고 트라우마를 통해 우리의 잠재의식 속으로 들어가듯, 우리는 스스로 의식하지도 못한 채 가족의 행동의 장에 주파수를 맞춘다. 그렇게 해서 여러 세대를 거쳐 우리에게 전해 내려온 믿음 체계들을 가져온다. 문제는 그것이 이미 우리에게 쓸모가 없어졌어도 그렇게 한다는 것이다.

개인의 장

개인적으로 우리는 모두 내재적이고 본능적인 행동을 한다. 예를 들어, 우리 모두는 태어나자마자 본능적으로 엄마 젖을 빤다. 그러나 학습된 행동은 이와 다르며, 반복을 통해 확고하게 자리 잡고, 그래서 더 강한 에너지 장을 만든다. 바꿔 말하자면, 장 안에 에너지가 더 많을수록 장이 더 강해지는 것이다.

쥐 공포증을 가진 사람을 예로 들어보자. 쥐는 얼마든지 피할 수 있어 쥐 공포증은 끊임없이 일어날 가능성이 별로 없다. 그래서 그걸 둘러싼 행동의 에너지 장이 특별히 강하지는 않다. 그렇다고 쥐 공포증을 가진 사람이 나타내는 반응이 강하지 않다는 건 아니며, 단지 그런 공포증을 겪게 될 경우가 드물다는 것뿐이다. 그 공포증의 장 안에 많은 반복이 일어나지는 않는다는 것이다. 곧 쥐 공포증의 경우 빠른 시간 내에, 단 한 번의 매트릭스 리임프린팅만으로도 그 에너지를 걷어낼 수 있다는 뜻이다.

그러나 강박 장애OCD: Obsessive Compulsive Disorder와 그 장애에서 흔히 나타나는 뿌리 깊은 습관들, 즉 계속 전원 스위치를 켠다거나 손을 씻는다거나 어떤 말을 반복해서 하는 행동들의 경우, 반복 횟수가 많기 때문에 그런 행동들 주변에 아주 강한 에너지 장을 형성하게 된다. 따라서 그처럼 개인적인 에너지 장을 걷어내려면 대개 지속적인 노력이 필요하다.

3. 우리의 잠재의식은 우리 개인의 장 안에 위치해 있다

—

개인의 장과 관련해 제기되는 의문은 그럼 우리의 잠재의식은 어디 위치해 있느냐는 것이다. 앞서 기억들이 어떤 식으로 우리의 잠재의식 속에 저장되는지를 논의했었다. 그렇다면 우리의 잠재의식은 또 어디에 저장되는 걸까?

우리는 잠재의식이 뇌 속이 아니라 몸 밖에 저장된다고 믿는다. 그것은 개인의 장의 일부이며, 따라서 우리 모두를 연결해주는 우주 매트릭스를 비롯해 그 에너지 장 위에 있는 각 층의 일부인 것이다.

기억(우리가 여기서 관심을 보이는 잠재의식의 일부)이 뇌 속에 저장되는 게 아니라고 생각하는 데는 그럴 만한 이유들이 있다. 정통적인 의학 이론은 한동안 기억과 습관들은 뇌 속에 '물질적 흔적' 상태로 저장된다고 추정했었다. 그러나 수많은 실험이 행해졌지만, 그 어떤 실험도 그걸 입증하진 못했다. 또한 신경과학자 프란시스 크릭 Francis Crick에 따르면, 기억이 뇌 속에 저장된다는 아이디어에는 한 가지 문제점이 있다. 인간의 기억은 수십 년간 지속되는 경우가 많다. 그런데 DNA의 경우는 예외지만, 우리 몸 안의 거의 모든 분자들은 며칠, 몇 주, 또는 몇 달 이내에 뒤바뀐다. 뇌 또한 그런 분자 교체를 겪기 때문에, 결국 기억이 그런 뇌 속에 저장될 수가 없는 것이다.

우리는 또 순식간에 우리 정보의 장에 주파수를 맞춰 그 데이터베이스로부터 뭔가를 끄집어낼 수 있다. 심지어 다른 사람들의 장에 주파수를 맞춰 그들의 정보를 읽을 수도 있다. 이는 직감이나 텔레파시가 통하는 이유를 설명해주는 것이기도 하다.

영감을 주는 명강사이자 작가인 브루스 립턴 박사는 우리에게 어떻게 이런 장들과 우리의 잠재의식에 주파수를 맞추는지를 잘 설명해준다.

기억은 세포 속에 있는 게 아니라 장 속에 있다. 우리는 방송이다. 그러니까 우리 몸은 텔레비전 세트이다. 우리에겐 안테나가 있다. TV 화면이 제대로 나오지 않으면, 우리는 뭐라고 말하는가? "TV가 고장 났네"라고 한다. 그러나 방송 자체도 멈춘 걸까? 아니다. 어떻게 알 수 있냐고? 다른 TV를 가져다가 전원을 플러그에 연결해 컨 뒤 방송국에 채널을 맞춰보라. 주파수를 맞추면… 짠! TV 화면이 나오지 않는가!

우리는 불멸의 존재이다. 우리는 시스템 안에 살지 않는다. 우리는 TV 안에 살지 않는다.

나는 이렇게 자문한다. '내가 만일 저 밖에서 살고 있다면, 뭣 때문에 몸 안에서 살아야 하는 건가?' 나는 그 답을 내 세포들로부터 듣는다. '네가 만일 순전히 영혼이라면, 초콜릿 맛이 어떻겠는가? 일몰 광경은 또 어떻게 보이겠는가? 사랑할 때의 느낌은 또 어떻게 느끼겠는가?'

그게 무슨 상관이냐고? 환경 정보를 받아들여 그것을 내가 이해할 수 있는 의식으로 전환시켜주는 것이 바로 세포들이다. 현실 세계가 전자기 진동으로 전환되는 것이다. 나는 에너지를 읽는 것이지, 화학 반응을 읽는 게 아니다. 나는 물리적으로 빛을 보는 게 아니라, 그 모든 것의 에너지를 읽는 것이다.

내 육체는 세상을 느끼는 도구이다. 여기에 와서 세계를 창조하는 도구이다. 누군가 천국을 보고 싶다면서 다른 곳을 쳐다본다면, 나는 그건 아주 큰 실수라고 생각한다. 천국을 보려면 여기 와서 바로 여기에서 당신이 생각하는 천국을 만들면 된다. 만일 천국이 아니라 지옥처럼 보인다면, 그건 당신이 다른 사람들이 만든 걸 가져왔기 때문이다.

당신에겐 당신 자신의 삶을 만들 기회가 있다. 나는 그런 사실을 세포 생물학자로서 알게 된 게 아니다. 그보다는 내가 한 인간으로 태어나 6년 안에 가졌던 부정적 믿음들, 그러니까 '넌 스스로 치유할 수 없어' '넌 제대로 똑똑하지도 제대로 잘하지도 않아' 같은 부정적인 믿음들에 사로잡혀 있다는 걸 깨달으면서 알게 된 것이다. 만일 그런 믿음들을 버리고 백지 상태가 된다면, 당신은 이 지구 위에서 뭐든, 심지어 당신이 꿈꾸는 천국까지도 만들어낼 수 있다. 지상에 천국을 건설할 수 있는 것이다.

4. 우리는 이 정보의 장들에 주파수를 맞출 수 있다
—

이렇게 우리의 모든 기억은 물론이고 우리의 잠재의식은 장 안에 있는 것이며 매트릭스의 일부이다. 그 속에는 우리가 살면서 배워온, 그리고 우리가 모든 걸 다운로드하게 되어있던 6살 이전에 배운 모든 프로그램과 믿음들이 포함되어 있다. 그렇다면 우린 어떻게 그 장에 접근할 수 있는가?

두려움을 느꼈던 어떤 순간을 떠올려보라. 어떤 그림이 떠오를 것이다. 당신은 이런 그림을 볼 때 대개 시각과 청각과 체감각 중 어느 하나가 더 예민하게 느껴지는 경향이 있을 것이다. 그러나 세 가지 감각 모두 그냥 이미지일 뿐이다. 우리 잠재의식이 쓰는 언어는 이미지이며, 장이 우리에게 정보를 줄 때 이 이미지를 이용한다.

우리는 어떤 환경 신호를 받을 때마다 이런 이미지들을 받는다. 잠재의식 입장에서 보면, 이런 이미지들은 현재 일어나고 있는 생방송 중인 기억들이다. 그것들은 말할 수 없이 강력한 믿음필터가 되어 우리를 에워싼 에너지를 읽는 데 영향을 주고 우리의 반응과 감정, 생리 현상을 좌지우지한다. 칼은 이 과정을 스위치를 올리는 과정과 비슷하다고 본다. 정보가 에너지 장으로부터 오면 우리가 받아들이는 신호가 만들어지고, 우리 몸은 사전에 프로그램된 대로 그 신호에 반응한다는 것이다. 그래서 우리는 몸의 에너지 시스템에 어떤 혼란이 생길 경우 그 원인을 추적해 보면 매트릭스 안에 저장된 혼란스러운 이미지들에 이르게 된다고 믿는다.

매트릭스 리임프린팅 기법에서 에너지 데이터베이스에 저장해둔 영상들을 가지고 매트릭스로 들어가, '에코'ECHO 즉 '에너지 의식 홀로그램'Energetic Consciousness Holograms이라 부르는 '어린 우리 자신'과 커뮤니케이션을 할 수 있다. (이에 대해서는 5장에서 좀 더 자세히 다룰 것이다.)

우리는 또 매트릭스 리임프린팅 기법을 가지고 우리의 개인 매트릭스 안에 저장된 것들을 의식적으로 탐구해, 낮은 진동수의 감정들은 방출하고 진동이 높은 감정과 영상으로 매트릭스를 리임프린팅, 즉 재각인 한다.

우리가 끌어당김의 법칙, 매트릭스의 역할, 복잡한 우리의 장 구조, 신경 연결 통로들, 잠재의식적 기억 등을 제대로 이해한다면, 끌어당김의 법칙이 왜 우리에게 그리 잘 먹히지 않는지 쉽게 알 수 있는데, 그것은 우리의 일상적인 생각과 행동의 95퍼센트가 잠재의식에서 오기 때문이다. 또한 새로운 파트너든 번쩍거리는 빨간색 스포츠카든 돈이든 행복이든, 우리가 의식적으로 원하는 것들은 우리 앞에 나타나지 않는데, 그 이유는 우리가 잠재의식적으로 믿는 것들이 우리 앞에 나타나기 때문이다.

믿음에 대해서도 똑같은 원칙이 적용된다. 우리는 우리가 갖고 있는 믿음과 똑같은 진동을 끌어당기는 것이다. 우리는 끝없이 우리의 믿음이 옳다는 증거를 찾으려 하기 때문에, 그 믿음을 중심으로 여러 가지 사건들을 만든다. 그 믿음을 자신은 물론 다른 사람들에게도 투사함으로써, 어디를 보든 죄다 우리의 믿음이 보이게 되는 것이다. 그렇게 우리는 평생 자신이 똑똑하지 못하다거나 사랑받을 가치가 없다거나 아무 쓸모가 없다거나 안전하지 않다는 믿음을 입증해줄 사건들을 만들 수도 있는 것이다. 여러분은 다음 장의 '다이애나의 이야기'에서 그녀의 삶이, 그러니까 그녀의 인간관계와 경력, 건강 그리고 가정생활 등이 어떻게 한 가지 믿음에 의해 좌지우지되었는지를 보게 될 것이다.

우리의 핵심 믿음을 깊이 그리고 구체적으로 파고들어갈 경우, 우리는 그것이 우리의 삶 전체에 어떤 영향을 주게 되는지를 알게 된다. 그리고 우리에게 별 도움이 되지 않는 믿음들을 풀어줌으로써, 우리는 더 이상 그 믿음들이 옳다는 걸 입증할 사건들을 만들지 않아도 된다. 우주의 장 안에서 끌어당기는 것들을 바꾸는 건 바로 이런 지속적인 노력이며, 그 결과 우리 삶 안으로 끌어당기는 것들도 바뀌게 된다. 브루스 립턴의 말처럼, 우리 발목을 잡는 부정적인 믿음들을 제거할 때 우리는 비로소 지상에 천국을 건설할 수 있다.

한 가지
믿음의 여정

다이애나를 만나보자. 그녀는 40대 후반의 여성으로, 범불안 장애와 우울증 그리고 과민성 대장 증후군[IBS]을 앓고 있고 그 세 가지에 대한 약을 다 먹고 있다. 그녀는 '모든 게 잘 돌아가고 사람들은 행복한데, 내가 그 모든 걸 망가뜨릴 거야'라는 믿음을 갖고 있는데, 이것은 그녀의 그런 믿음에 대한 이야기이다. 모든 것은 그녀의 어렸을 적 기억으로부터 샘이 솟아 나오듯 시작됐다. 그녀가 겪은 트라우마들로부터 떨어진 빗물이 작은 도랑들을 이루었다. 그 도랑들 속으로 더 많은 물이 흘러 들어가고, 다시 그 도랑들이 서로 합쳐져 더 큰 도랑들이 되었고, 더 많은 비가 내리면서 결국 그 도랑들이 점점 커져 하나의 강을 이루었다. 그리고 이 믿음의 강은 늘 다이애나의 삶 곳곳에 영향을 미치는 거센 급류로 변했다.

다이애나의 이야기
—

때는 크리스마스이브, 다이애나라는 아기가 태어난다. 반짝이는 크리스마스트리 불빛 아래서 가족들이 초조하게 출산 소식을 기다린다. 그 불빛들 아래 새로 태어날 아기의 언니가 자기 선물을 발로 찬다. 아무도 그 애에게 관심을 주거나, 선물을 줄 생각을 않고, 크리스마스 때 먹을 고기 파이도 만들지 않는다. 아빠가 다가와 말한다. "와, 새로 태어날 네 여동생은 정말 특별한 아이구나. 크리스마스이브 날 태어나고 말이야. 어서 동생을 보러가자."

얼마 후 병원 병실. 다이애나의 언니는 생각이 온통 집에 있는 선물 꾸러미들에만 가 있다. 막 태어나 손으로 구겨놓은 것 같은 여동생 얼굴을 자세히 내려다본다. 벌써부터 마음에 들지 않는다. '크리스마스 날 태어난 게 뭐 그리 특별하다는 거야? 얘가 크리스마스를 다 망쳐놨는데.'

그 순간 갓 태어난 다이애나는 자신이 크리스마스를 다 망쳐놨다고 믿는다. 그러면서 '난 언니를 행복하게 만들어줘야 할 책임이 있어'라는 믿음을 갖게 된다.

시계를 빨리 돌려 48년 후인 2011년 크리스마스 날, 다이애나는 내면적으로 무너져내리고 있다. 남편은 실직 중이었고 부양해야 할 딸도 둘 있어 어떻게든 직장생활을 해나가야 한다는 걸 잘 알고 있다. 비서로 일하고 있는 그녀는 벌써부터 불안 장애와 우울증 약을 복용 중이다.

그녀는 크리스마스 직전에 직장에서 승진을 해 관리 책임자의 보조가 되었다. 그런데 새로운 직책은 스트레스가 훨씬 더 심한 자리여서 가뜩이나 힘든 그녀를 더 힘들게 만들었고, 그래서 더 이상 견디기가 힘들 지경이다. 마침내 일을 다 마치고 크리스마스 휴가를 갖게 되자, 늘 그녀를 괴롭혀온 불안감이 더욱 커진다.

바로 그 무렵 그녀는 매트릭스 리임프린팅 전문가와 함께 자신의 불안감이 다 어디서 오는 건지 찾기 시작한다. 그리고 몇 가지 기억들을 통해 그녀를 괴롭히는 핵심 믿음들의 뿌리가 세상에 막 태어난 날들까지 거슬러 올라간다는 걸 알게 된다.

유아 시절

마치 '책임이란 이름의 무거운 십자가' 같은 그 불안감의 에너지에 이어 다이애나에게 제일 먼저 떠오르는 기억은 다섯 살 난 그녀가 자기 침대 위에 앉아 있는 기억이다. 그녀의 침실 안은 깜깜하다. 그녀는 자신이 왜 이런 영상을 떠올렸는지 잘 모르지만, 불을 켜고 다섯 살 난 자신의 에코, 즉 '보다 어린 자기 자신'의 에코와 커뮤니케이션을 한다.

어린 다이애나는 그녀에게 다음 날 할머니 집에 가는 게 두렵다고 말한다. 그 애는 할머니가 자신을 사랑하지 않으며, 또 자신의 대가족 모두가 자신을 별로 좋아하지 않는다고 믿고 있다. 또한 그 때문에 자신이 엄마를 실망시키고 있다고 느낀다. 다른 가족들은 모두 할머니 집에 가게 돼 행복해하는데, 자신이 모든 걸 망치고 있다고 느낀다.

그다음에 떠올린 그림은 두 살 난 다이애나가 정원에서 놀고 있는 영상이다. 그녀는 행복하게 웃고 있다. '아, 이건 멋진 기억인데. 왜 이 기억을 떠올리게 됐는지 모르겠네.' 그러다 곧 진짜 중요한 기억을 떠올리게 된다.

자신의 에코가 그네 쪽으로 걸어가다가 그네 발판에 머리를 맞는다. 그러자 엄마가 달려와 동생을 제대로 돌보지 않았다며 오빠와 언니를 나무란다. 결국 그날 오후는 엉망이 되었고, 다이애나는 또 다시 자신이 모든 걸 망쳤다고 믿는다.

학창 시절

학창 시절 다이애나는 스포츠를 아주 좋아했고 특히 하키 경기에서 뛰는 걸 좋아했다. 그런데 그녀는 학교 대표 선발 대회에 출전했다가 팀 동료들이 보는 앞에서 실수를 해 무척 당황해하며, 그 이후 다시는 하키를 하지 않겠다고 마음먹는다. 그로 인해 팀 코치와 많은 갈등을 겪게 되는데, 코치는 그녀가 팀 전체를 실망시켰다며 불같이 화를 냈다.

달리기도 좋아했던 다이애나는 학교 계주팀에서 뛰었다. 좋은 팀이었지만, 실제 경주에서는 늘 성적이 좋지 않았다. 다이애나는 3번 주자로 뛰었는데, 한 번도 4번 주자에게 배턴을 넘겨주질 못했다. 너무 스타트가 빨랐던 다른 학생의 실수 때문이었지만, 그녀는 자신이 모든 걸 망쳤다고 느꼈다.

성인 시절

30대 후반에 다이애나는 임신을 했다. 가족 모두가 몹시 기뻐했다. 그런데 불행히도 아기는 죽었고, 그녀는 일주일 동안 죽은 아이를 뱃속에 넣고 다녀야 했다. 이해할 만한 일이지만, 그 일은 아주 큰 트라우마를 안겨주었다. 그녀와 남편은 당시 영국 남부 해안 지역에 살다가, 나중에 미들랜즈(영국 중부에 위치한 지역 – 역자 주)로 이사했는데, 다이애나는 주말마다 강박적으로 죽은 아기의 무덤을 찾아가곤 했다.

또 다시 그녀는 모든 사람의 행복을 자신이 다 망쳐버렸다고 느꼈다. 아이를 잃은 게 자기 잘못이라고 생각한 것이다. 그녀는 10대 후반에 낙태를 했었는데, 결국 그 때문에 아기를 잃은 거라고 믿었다.

사회생활 초반에 그녀는 은행에서 일을 했다. 그녀는 자기 일과 동료들을 사랑했다. 그런데 어느 날 그녀는 실수를 했다. 회계 장부가 맞지 않았던 것이다. 팀 동료들 모두가 퇴근도 못한 채 늦게까지 남아 누락된 금액을 찾아내야 했는데, 알고 보니 결국 다이애나의 잘못이었다. 그날 이후 그녀에게 출근을 하는 것은 끔찍한 일이었다. 심한 자책감과 불안감에 시달린 것이다. 그 경험은 그녀의 불안 장애와 우울증을 악화시키는 또 다른 악재였다.

엎친 데 겹친 격으로 이후 그녀는 이혼을 하게 됐고, 그 바람에 자신이 정신적·금전적으로 두 딸을 책임져야 한다고 믿었다.

시간이 흘러 2014년. 자신의 삶을 지배해온 핵심 믿음을 제대로 알아내고 매트릭스 리임프린팅 기법을 활용해 오래된 트라우마들과 패턴들을 없앰으로써, 다이애나는 이제 자신의 삶이 변화하는 걸 지켜보고 있다. 매트릭스 리임프린팅 기법을 통한 치유는 아주 강력했다. 다이애나는 커다란 변화가 일어나고 자신을 짓누르던 짐들이 사라지는 걸 느꼈으며, 자신의 믿음을 입증하려는 행동의 장들을 바꾸기 위해 꾸준히 또 열심히 노력했다. 다이애나의 이야기를 읽어봐서 알겠지만, 그녀의 트라우마는 태어나자마자 시작됐고, 그녀는 학창 시절은 물론 성인이 된 이

후에도 계속 자신의 믿음을 입증하기 위한 여러 가지 상황들을 끌어당겼다. 그 부정적인 믿음을 제거하는 일은 3년 정도 걸렸다. 모든 걸 뿌리째 고치는 노력 속에 서서히 변화가 쌓여온 것이다.

다이애나는 더 이상 약물 치료는 받지 않고 있으며, 예전에는 모든 것을 망칠 것이라는 두려움 때문에 사람들도 피했지만, 이제 대인 관계도 좋아졌다. 물론 아직 정상적인 수준이긴 하지만, 불안감과 두려움은 조금 남아 있다. 직업상 회사조직에 관련된 사람들의 생계를 책임져야 하는 위치에 있기 때문이다.

다이애나는 자신의 핵심 믿음을 바꾸었고 끌어당김의 대상도 바꾸었으며, 그래서 지금은 자신의 삶 속에 보다 긍정적인 것들을 끌어당기고 있다. 그녀는 이제 자신을 좋은 엄마로 보고, 휴가를 불안감 없이 편히 보낸다. 그녀의 친한 친구는 "다이애나는 활기를 되찾았어요. 이젠 아주 눈에서 빛이 나죠"라고 말했다. 가장 중요한 것은 이것이다. 그녀는 모든 게 잘 되어가고 있는데 자신이 다 망칠 거라는 믿음을 입증할 증거를 더 이상 찾으려 하지 않는다.

4

감정 자유 기법EFT에서
매트릭스 리임프린팅까지

구글에서 Emotional Freedom Technique(감정 자유 기법)이나 EFT 또는 tapping(태핑, 두드리기 – 역자 주)을 검색해보라. 그 기법을 활용해 자신의 정신적·육체적 문제를 해결한 사람들의 후기를 볼 수 있을 것이다. 2014년에 열린 온라인 태핑 세계 지도자 회담Tapping World Summit에 50만 명 이상이 참여할 정도로 EFT가 인기 있다는 것도 이 기법이 효과가 있다는 걸 보여주는 증거이다. 루이스 헤이Louise Hay, 잭 캔필드Jack Canfield, 웨인 다이어Wayne Dyer 같은 자기치유분야 지도자들 모두가 EFT를 활용하고 있고 또 그걸 해보라고 권하고 있다.

EFT를 받아들이는 것은 비단 자기치유 분야뿐이 아니다. EFT가 사람들에게 긍정적인 효과가 있다는 것을 입증하는 연구가 점점 더 많아지

고 있다. EFT를 활용해서 과학적으로 뇌를 다시 쓰고 그 과정에서 믿음
체계도 다시 쓰는 게 가능하다는 것이다.

　EFT에서 진화된 매트릭스 리임프린팅의 네 가지 원칙 중 하나는 타
점 두드리기이다. 매트릭스 리임프린팅을 제대로 활용하려면 기본적인
EFT에 대해 잘 알아야 하고, 전문가가 되고 싶다면 EFT 레벨 2까지 훈
련을 받아야 한다. 이 장에서 우리는 두드리기가 무엇이며 중요한 두 가
지 기본적인 지침들을 이행하려면 어떻게 해야 하는지를 살펴볼 것이다.

EFT는 어떻게 작동되는가?
—

　EFT는 중국의 침술과 같은 원리를 토대로 삼고 있다. 우리 몸에는 경
락이라 불리는 에너지 통로가 있어, 그 통로를 통해 우리 몸 전체에 에
너지가 흐른다는 것이다. 로저 캘러핸Roger Callahan 박사와 개리 크레이그
의 노력 덕에 우리는 지금 그 경락의 끝점(인체의 특정 기관들과 관련이 있는
걸로 알려져 있음)을 두드리면, 스트레스의 원인이 실제상황이든 상상이든
간에, 투쟁 또는 도피 반응이 줄어든다는 것을 알게 되었다.

　사만다를 만나보자. 그녀는 15살 때 얼굴에 붉은색 털이 난 한 남자로부터
공격을 당했다. 그 후 얼굴에 붉은색 털이 난 남자만 보면 그녀의 몸은 투쟁
또는 도피 반응을 보이곤 했다. 예를 들어 길을 걷다가 얼굴에 붉은색 털이
난 남자가 자신 쪽으로 다가오면 그녀의 몸은 사시나무처럼 떨렸다. 얼굴에
난 붉은색 털은 위험을 의미했고, 그에 따라 그녀 몸 안의 에너지가 변했다.

요점을 말하자면, 두드리기를 하면서 우리는 말과 통해 에너지를 통해 어떤 문제(감정적이거나 육체적이거나 정신적이거나 영적인)에 주파수를 맞추고, 그 문제를 용약한 연상어구를 반복하면서 몸의 몇 군데 타점을 두드린다. 그러면 뇌에서 오는 투쟁 또는 도피 신호가 줄어들게 되고, 그 결과 감정 변화 및 인지 변화가 일어나게 된다.

이런 식으로 EFT는 흔히 기(氣)라고 불렀던 몸속 에너지에 대한 옛 동양의 지혜와 현대의 심리학 및 신경학의 지식을 한데 모은 것이다. 그래서 EFT를 가리킬 때 '에너지 심리학'이라는 포괄적인 용어를 쓰기도 한다.

물론 몸 위 몇 군데를 두드리는 것으로 트라우마 에너지를 내보낼 수 있다는 건 믿기 어려울 것이다. 그러나 그런 사실은 하버드 의과대학의 과학적 연구에서도 확인된 바 있다. 지난 10년간 하버드 의과대학 연구진은 MRI(자기공명 촬영)와 PET(양단자 단층 촬영)를 이용해 EFT가 두려움과 관련된 뇌 부위들(편도체, 해마 등)의 활동을 감소시킨다는 사실을 밝혀냈다. 그러니까 두드리기로 경혈들을 자극하자 금방 편도체 부분의 적색 경보가 꺼지는 게 보였던 것이다.

책자로 출간되거나 같은 분야 전문가들에 의해 검증된 55종 이상의 연구들에 의하면 EFT와 에너지 심리학 관련 기법들이 불안 장애, 운동 수행 능력 문제, 우울증, 통증, 각종 자각 증상, 외상 후 스트레스 장애PTSD, 체중 감량 등의 다양한 문제에 효능이 있다고 한다.

부록 〈매트릭스 리임프린팅의 마법을 뒷받침하는 과학적 근거〉에 언급된 두 연구에도 매트릭스 리임프린팅에 대한 과학적인 증거들이 들어 있다. 칼 도슨과 사샤 알렌비의 공저《매트릭스 리임프린팅》에서도 TFT와 EFT의 역사와 그 효과에 대해 다루고 있다.

기본적인 두드리기 기법

―

두드리기는 다음과 같은 3가지 방식으로 기능한다.

1. 기본적인 감정 자유 기법 지침은 몸의 육체적·정신적 증상들을 완화해주고 투쟁 또는 도피 반응을 정지시킨다.
2. 투쟁 또는 도피 반응을 일으키는 잠재 문제나 트라우마의 기억이 올라올 경우, EFT전문가들은 영화관 기법Movie Technique(93쪽 참조)을 활용해 그 문제나 기억들의 부정적 양상들을 다 제거하고, 곧이어 기억 프로그램 속의 특정 반응을 재설정한다.
3. 트라우마 사건과 여러 가지 반응 너머에는 믿음 체계가 깔려있는데, 바로 그 부분에서 매트릭스 리임프린팅 기법이 빛을 발하고 EFT의 잠재력을 더 키우게 된다.

기본적인 두드리기 기법은 비교적 배우기 쉽지만, 완전히 숙달하기까지는 연습이 필요하다.

EFT의 기본적인 기법

―

EFT는 실용적인 수단이다. 이렇게 글로만 읽어서는 이해하기 어렵고, 실제로 직접 체험해봐야 한다. 더 기다릴 것 없이 당장 시작해보자.

1단계: 문제를 찾아내라

개선하고 싶은 문제를 찾아내라. 육체적인 문제일 수도 있고 정신적인 문제일 수도 있다. 그 문제가 육체적으로 어떤 느낌을 주는지에 초점을 맞춰라. 속이 메스꺼운가? 목구멍 안이 답답한가? 눈 뒤쪽이 따끔따끔한가? 그 문제가 몸 안 어딘가에 위치하는지를 알아내고, 또한 그 모양과 색, 무게, 감각을 찾아보라.

2단계: 문제에 0부터 10까지 점수를 매겨라

당신 자신의 감정들을 잘 측정할 수 있어야 한다. 그래야 그것들이 언제 어떻게 변하는지를 알 수 있다. 0점부터 10점까지로 나뉘는 '주관적인 고통지수'SUDS: Subjective Unit of Distress 점수를 이용하자. 0은 '문제가 전혀 없음'이고 10은 '더없이 강함'을 나타낸다.

이처럼 감정을 점수화하는 일은 사람에 따라 쉬울 수도 있고 어려울 수도 있다. 후자와 같은 사람들에게 우리는 대개 '그냥 직감적으로 떠오르는 점수를 매겨라'라고 말한다. 잠재의식이 올바른 점수를 매겨줄 것이기 때문이다.

3단계: 수용 확언

수용 확언은 변화에 대한 저항을 풀어주는 한 방법이다. 우리는 먼저 현재의 우리 자신을 받아들일 수 있어야 앞으로 나아갈 수 있다. 수용확언은 다음과 같게 하면 된다.

- 문제에게 인사말을 건넨다
- 공감할 만한 말들을 찾아낸다

• 구체적으로 접근한다

누군가에게 인사말을 건네고 악수를 한다고 가정해보라. 악수할 때
손가락들이 감싸게 되는 상대의 손바닥 아랫부분을 '손날'karate chop point이
라고 한다. 새끼손가락과 일직선으로 이어지는 부분이다. 이 수용의 단
계에서는 문제와 악수를 하면서, 큰소리로 다음과 같은 수용 확언을 하
며 손날 부분을 두드린다.

"(이런 문제가 있지만) 이런 나를 마음속 깊이 사랑하고 받아들입니다."

(이런 문제가 있지만) 부분에 당신이 바로잡고자 하는 특정 증상이나 문
제, 그러니까 1단계에서 찾아낸 문제를 대신 집어넣는다.

문제가 구체적일수록 해결할 수 있는 가능성이 더 높아지므로, 일반
적인 문제와 구체적인 문제를 구분한다.

• 일반적인 수용확언: "우울하지만…" 구체적인 설정: "마음이 무겁
  고 암담하지만…"
• 일반적인 수용확언: "가난하지만…" 구체적인 설정: "은행 잔고가
  하나도 없지만…"
• 일반적인 수용확언: "시간이 없지만…" 구체적인 설정: "해야 할 일
  이 너무 많아 엄두가 나지 않지만…"(엄두가 나지 않아 몸에서 어떤 느낌
  이 드는지 좀 더 구체적으로 얘기한다면 더 좋다.)

당신의 생각, 느낌, 감정 또는 에너지 흐름의 문제 등이 구체적일수록,
성공할 가능성도 높아진다. 예들 들자면 이렇게 말하는 것이다.

- "뱃속에서 계속 꼬르륵 소리가 나지만, 이런 나를 온전히 이해하고 받아들입니다."
- "파란 얼음 조각이 찌르는 것처럼 심장이 따끔거리지만, 이런 나를 마음속 깊이 사랑하고 받아들입니다."

위의 수용확언을 되풀이하면서 계속 손날을 두드려라. 변화에 대한 저항의 에너지를 흐트러뜨릴 것이다.

수용확언은 당신 뜻대로 얼마든지 바꿀 수 있다는 것을 잊지 말라. 어떤 사람들은 "이런 나를 온전하게 사랑하고 받아들입니다"라고 말하고, 또 어떤 사람들은 "이런 나를 마음속 깊이 사랑하고 받아들입니다"라고 말한다. 또한 이런 말들을 하는 게 내키지 않는다면 "나는 훌륭한 사람이다" 또는 간단히 "난 아무 상관없다"라는 말을 해도 좋다. 무엇보다 당신 자신이 거부감 없이 자연스레 받아들일 수 있는 말을 찾아내는 게 중요하다. 사람은 모두 다르다는 걸 인정해야 한다.

4단계: 연상어구

수용확언을 간단히 줄여 기억하기 쉽게 요약한 연상어구도 필요하다. 만일 수용확언이 "내 마음속에 이렇게 파란 두려움이 있지만, 이런 나를 사랑하고 받아들입니다"라면, 연상어구는 '내 마음속 파란 두려움' 정도가 된다.

5단계: 두드리기

그림에서 보듯, 두드릴 타점들은 다음과 같이 여러 곳이다.

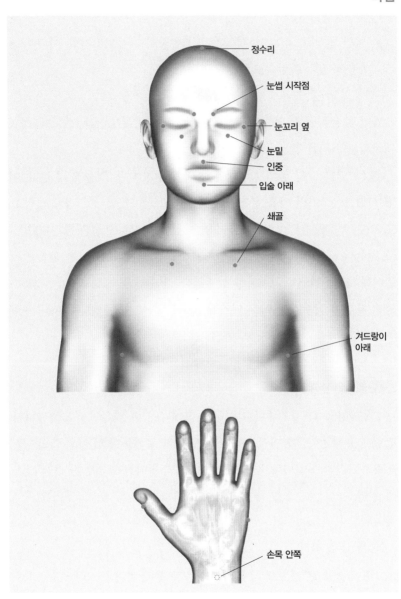

정수리

눈썹 시작점

눈꼬리 옆

눈밑

인중

입술 아래

쇄골

겨드랑이
아래

손목 안쪽

- 정수리top of the head: 머리 정수리 부분.
- 눈썹 시작점inside the eyebrow: 코 바로 위쪽 부분.
- 눈꼬리옆 side of the eye: 눈 바깥쪽 근처 뼈 부분.
- 눈밑 under the eye: 동공 밑 약 2.5센티미터 부근의 눈 아래쪽 뼈 위.
- 인중 under the nose: 입 위쪽에 살짝 들어간 부분.
- 입술 아래 under the Lip: 턱 끝과 아랫입술 밑 사이 중간쯤의 아랫입술 밑부분.
- 쇄골collarbon: 쇄골을 찾고 가슴뼈 위쪽의 U자 모양 부근, 넥타이 매듭이 오게 될 위치를 찾는다. U자 모양 아래쪽에서 손가락들을 양쪽으로 2.5센티미터 정도 움직여 약간 움푹 파인 곳까지 가라. 그 두 곳이 바로 쇄골 포인트이다.
- 겨드랑이 아래under the arm: 겨드랑이 밑 10센티미터 부근. 남자의 경우 대략 젖꼭지와 일직선 되는 부분, 여자의 경우 브래지어 끈이 지나는 부분이다.
- 손목wrist: 손목 안쪽의 가운데 부분.
- 엄지 thumb: 손등을 위로 두었을 때 엄지손가락 안쪽 모서리 부분.
- 검지 index finger: 손등을 위로 두었을 때 집게손가락 안쪽 모서리 부분.
- 중지 middle finger: 손등을 위로 두었을 때 가운데손가락 안쪽 모서리 부분.
- 약지 ring finger: 손등을 위로 두었을 때 넷째손가락 안쪽 모서리 부분.
- 소지 little finger: 손등을 위로 두었을 때 새끼손가락 안쪽 모서리 부분.

몸 맨 위쪽부터 밑으로 내려오면서 각 타점을 두드린다. 각 타점은 두 손가락으로 5~7회 두드리되, 이때 앞서 언급한 연상어구를 말하면서 치료하듯 부드럽게 두드린다.

코 밑 또는 턱 위쪽 타점을 제외하고, 모든 타점은 몸 양쪽에 있다. 왼손이나 오른손 어느 쪽을 써도 좋으며, 몸의 한쪽만 두드려도 좋고 동시에 양쪽을 두드려도 좋다. 또한 왼쪽, 오른쪽 마음대로 바꿔가며 두드려도 좋으며, 또 어느 타점을 두드릴 때 기분이 좋다면 한동안 그 부분을 계속 두드려도 좋다. 어차피 내 몸이니, 기분이 좋은 쪽으로 마음대로 두드려도 된다. 원칙은 어디까지나 원칙일 뿐이므로, 그 안에서 당신 자신에게 맞는 방법을 찾으면 되는 것이다.

6단계: 문제의 고통지수를 재평가하라

EFT 1회전의 마지막 단계에서, 증상이 변했는지 또는 위치를 옮겨갔는지를 점검해야 한다. 주관적 고통지수를 매겨서, 당신이 찾아낸 증상들의 강도가 변했는지를 알아보자. 지금은 몇 점인가? 색은 변했는가? 몸의 다른 부분으로 옮겨갔는가? 감정의 강도는 사라졌는가?

7단계: 이후의 과정들

문제가 완전히 없어질 때까지 이후에도 위와 동일한 6단계 과정을 계속하도록 하자.

똑같은 증상들을 가지고 EFT 기법을 써보는 경우라면, 매 회전마다 계속 새 연상어구를 만들 필요는 없을 것이다. 그러나 증상들이 몸의 다른 부분으로 옮겨가기 시작한다면(예를 들어 가슴의 통증이 목구멍의 답답함으로 옮겨간다면), 달라진 증상으로 수용확언을 하며 손날을 두드리고, 따라서 새로운 연상어구가 필요할 것이다.

이것을 '통증 따라가기'라고 하는데, 문자 그대로 몸 안에서 통증을 따라다니며 그때마다 수용확언을 바꾸게 되는 것이다. 예를 들어, 어째 통증은 '파란 얼음'처럼 느껴질 수도 있다. 그런데 그것이 1회전 후에 '겨드랑이 쪽의 붉게 타는 듯한 통증'으로 바뀔 수도 있는 것이다. 증상들이 완전히 완화되어 통증이 사라질 때까지, 계속 몸 안의 통증을 따라다니며 새로운 과정의 두드리기를 하라.

만일 육체적 통증을 따라가는 것이 아니라 정신적인 문제에 집중하려 하는 경우라면, 문제의 강도가 완화되는 인지 변화들을 찾도록 하라. 그

인지 변화들은 다음과 같은 형태로 나타나는 경우가 많다.

- 이제 다 끝났다.
- 문제가 사라졌다.
- 더 이상 문제를 느낄 수 없다.
- 이제 안전하다.
- 이제 내려놓을 수가 있다.
- 그 문제에 있어서는 괜찮은 것 같다.

8단계: 결과를 검증하라

일단 어떤 문제나 감정이 해결되어 더 이상 육체적 증상이나 정신적 증상이 없어졌으면, 없어지기 전의 원래 감정이나 통증을 상상해보라. 그러면 모든 과정이 당신에게 효과가 있었다는 걸 명확히 할 수 있을 것이다. 감정들을 깊이 파고들어 보아도 더 이상 문제가 느껴지지 않는다면, 그 문제는 완전히 사라진 것이다.

9단계: 꾸준히 지속하라

결과를 검증해 봐서 아직 문제가 남아 있다면, 고통지수가 0점(또는 아주 낮은 점수)이 나올 때까지 꾸준히 EFT를 반복하자.

우리는 몇 가지 문제들에만 기본적인 EFT 기법을 써보라고 권하고 싶다. 그래야 타점 두드리기에 익숙해지고 또 당신 몸속 에너지를 느끼는 방법을 배울 수 있을 것이기 때문이다.

EFT의 작동 방식이 세 가지라고 했던 것을 잊지 말라. 이것은 그중 첫 단계로, 당신의 몸 안의 증상들을 없애고 쌓여있는 에너지를 방출하는 단계이다.

두 번째 단계는 이런저런 증상들 뒤에 숨어 있는 기억을 찾아내는 단계이다. 어쩌면 당신은 두드리기를 하기도 전에 불편한 기억이 생각났을지도 모른다. 아니면 두드리기를 하는 동안 아주 희미한 기억들이 떠오르는 경우도 있다. 예를 들어, 불안감을 없애려 애쓰다 보면, 당신이 9살 되던 해에 아버지한테 혼났던 기억이 떠오를 수도 있다. 이런 기억은 아주 중요하다. 당신이 불안감을 느끼고 있는 이유를 설명해주는 열쇠이기 때문이다. 어린 시절로 더 오래전으로 되돌아갈수록, 당신의 행동 패턴과 믿음의 뿌리가 된 핵심적인 사건과 마주할 가능성이 더 높아진다.

그래서 당신 몸속 에너지에 주파수를 맞춘 뒤에는 늘 스스로 "그렇다면 이런 행동 패턴이나 믿음의 뿌리가 된 가장 어린 시절의 기억은 무엇인가?"라는 질문을 해봐야 한다.

그렇게 해서 어떤 기억을 찾게 되면, 이제는 다음과 같은 EFT '영화관 기법'Movie Technique을 활용할 수 있다.

큰 트라우마와 작은 트라우마

그러나 먼저 잠시 '큰 트라우마'와 '작은 트라우마'에 대해 얘기하고 넘어가자. 우리는 모두 큰 트라우마와 작은 트라우마를 모두 갖고 있는데, 중요한 것은 우리가 어떤 트라우마를 크다고 아니면 작다고 인식하느냐이다. 두 사람이 똑같은 일을 겪어도, 그 일에 대한 인식은 서로 다르다. 인식이 모든 것이고, 믿음이 모든 것인 것이다.

뭔가 해결해야 할 트라우마에 대한 기억을 골랐다면, 그 트라우마가 당신에게 큰지 작은지를 생각해보라. 죽고 사는 문제만큼 심각한 일이었는가? 학대를 당했는가? 아니면 수업에 늦었다고 선생님이 고함을 쳤는가? 각 트라우마에 SUDS 점수를 매겨보고 그 차이점들을 잘 살펴보라. 그런 다음 큰 트라우마의 경우 훈련을 받은 EFT 및 매트릭스 리임프린팅 전문가와 함께 해결하길 권한다. 혼자 해결하려 하다가는 감당하기 힘든 감정들을 경험하게 될 수도 있기 때문이다.

EFT 영화관 기법 활용하기

1. 기억
특정 기억을 떠올려라. 감정을 일으키는 한 가지 사건에 대한 기억이어야 한다.

2. 영화 상영시간
그 영화의 상영 시간은 얼마나 되는가? 보통 어떤 기억과 관련된 영상은 실제로 그날 아침이나 오후나 저녁 또는 밤에 최소 2분에서 최대 20분짜리로 제한한다. 만일 그 사건의 내용이 길다면, 그것을 여러 개의 영화로 쪼개어 다루도록 하라.

3. 영화 제목
영화 제목은 무엇인가? 예를 들면 〈아빠 고함치다〉 정도가 좋을 것이다. 한두 단어로 짧게 붙이면 된다.

4. 영화 제목에 고통지수를 매겨라
영화 제목에 고통지수(강도 0부터 10까지)를 매겨보라. 그리고 "〈아빠 고함치다〉를 겪었지만, 이런 나를 마음속 깊이 사랑하고 받아들인다"는 말로 그 강도를 누그러뜨려라. 영화제목을 말해도 고통지수가 2~4를 넘지 않는 정도로 감정이 해소될 때까지 영화제목에 대해 두드리기를 지속하라.

5. 영화장면을 이야기 하라

감정 강도가 느껴지기 전에 영화를 시작해라. 그리고 큰 소리로 장면을 설명하다가, 감정의 강도가 높아지는 지점들에서 멈추고 그것들을 EFT 기법으로 해결하라.

영화에서 여러 가지 장면들이 나올 때마다, 장면 하나하나가 깔끔히 정리될 때까지 같은 과정을 되풀이하라. 각 기억에는 여러 양상들이 있기 마련인데, 그 증상들을 해결하는 EFT 기법을 활용하라. 고양이 공포증을 예로 들어보자. 어떤 양상들이 있는가? 고양이가 그르렁대는 것, 고양이가 쳐다보는 것, 고양이가 당신 다리를 감아쥐는 것, 고양이가 금방이라도 당신에게 뛰어들 것 같은 느낌 등등이다. 고양이 공포증이라는 영화 안에서 당신은 그 증상들을 하나하나 찾아가면서, EFT 기법을 활용해 이 모든 증상을 완화할 수 있다.

6. 효과를 검증해 보라

영화 EFT가 끝나면, 마음속으로 그 영화를 다시 한 번 돌려보고, 그러면서 각 증상을 얼마나 완화했는지 체크해보자. 놓친 증상이 있거나 아직도 강도 높은 증상이 있다면, 다시 그 증상들에 EFT 기법을 써라. 그런 다음 영화를 생생하게 다시 돌려보라. 아직 강도 높은 증상이 있다면 또 다시 EFT 기법을 써라.

그런 식으로 해서, 영화 전체를 다 돌려봐도 강도 높은 증상이 없어지면, 그때 비로소 EFT 기법 또한 마무리된다.

다중 기억과 브레인스토밍

가끔은 문제가 삶의 한 가지 경험이나 기억에 의해 생겨나기도 하지만, 대부분 여러 기억들이 복잡하게 얽혀 있다. 그래서 한 가지 중요한 문제를 해결하기 위해 여러 기억들을 다뤄야 하는 경우가 많다. 믿음 체계는 이런 식으로 복잡해진다.

이 복잡한 믿음 혼합체들에 형태장의 개념을 대입한다면, 어떤 문제들은 훨씬 더 강한 행동의 장을 가지고 있고 많은 기억들과 연관되어 있으리라는 걸 알 수 있다. 우리는 진동하는 존재이며 매트릭스에서 우리의 현실 속으로 비슷한 상황들을 끌어당기므로, 그로 인해 우리의 문제들은 훨씬 더 복잡해진다. 우리가 잠재의식 파일 시스템에 여러 가지 프로그램들을 더하기 때문이다. 그래서 하나의 주제 또는 하나의 믿음에 삶의 여러 경험들이 관련되는 경우가 많다. 매트릭스 리임프린팅을 활용하면 그 많은 경험들을 서로 연결할 수 있으며, 우리가 어떻게 현실 속에 우리의 믿음이 옳다는 걸 입증하기 위한 상황들을 끌어당겼는지를 알 수 있게 된다.

주요 문제를 브레인스토밍하라.
당신에게 중요한 문제는 무엇인가?

어떤 기억이나 그 기억과 관련된 생각이나 감정, 느낌에 대해 EFT를 시작해 뭔가 달라졌다고 느껴질 때까지 계속 두드려라. 그리고 모든 기억을 일일이 다 두드릴 필요는 없으니 걱정 말라. 가장 강렬한 감정을 불러일으키는 기억들을 두드리면 된다. 일단 그 기억을 어느 정도 정리하고 나면, 작은 트라우마들은 별로 문제가 되지 않을 것이다. 문제 전체를 무너뜨릴 수 있게 되는 것이다. 이를 '일반화 효과'generalization effect라고 한다.

우리는 이제 EFT 안에서 두 가지 중요한 기법을 익혔다. EFT는 매트릭스 리임프린팅의 가장 중요한 원칙들 중 하나이다. 이제 다음 장에서 나머지 세 가지 원칙을 배우고, 또 매트릭스가 EFT의 힘을 어떻게 강화해주는지도 설명하겠다.

매트릭스 리임프린팅의
4가지 원칙들

EFT 기법과 영화관 기법에 익숙해지면 잠재의식이 어떻게 움직이고 있는지를 쉽게 볼 수 있게 되고, 당신이 해결하려고 하는 문제와 관련된 기억들 또는 그림들을 찾을 수 있게 된다.

매트릭스 리임프린팅은 EFT 기법보다 한 걸음 더 나아간 기법이다. 단순히 어떤 기억에 대한 영화를 보며 두드리기를 하는 대신에, 아예 직접 그 영화 속에 들어가서 참여하기 때문이다. 그리고 어떤 기억을 지우고 나서 빈자리가 남겨지는 것이 아니라 조화로운 영상으로 남기게 된다. 이렇게 당신의 잠재의식에 재각인하게 되면, 당신의 믿음 체계는 긍정적인 에너지와 믿음들로 넘쳐흐르게 된다. 또한 당신의 진동에 변화가 생겨, 매트릭스에서 현실 속으로 긍정적인 상황들을 끌어당기게 된다.

매트릭스 리임프린팅을 배우기 위해 양자물리학이나 정신 요법 학위를 딸 필요는 없으며, 다음과 같은 네 가지 핵심 원칙만 알면 된다.

- 에코: 우리 잠재의식 속에 트라우마를 저장하는 방식이다.
- 두드리기: 트라우마의 에너지를 해소한다.
- 전문가로서의 우리 역할: 사람들을 위해 트라우마가 없고 도움이 되는 새로운 영상을 만들어줄 수 있다.
- 심장의 역할: 새로운 영상정보를 매트릭스 안으로 방출할 수 있다.

원칙 1: 에코 ECHO
—

이제 당신의 믿음들이 어떤 식으로 작동된다는 걸 어느 정도 알게 됐을 것이다. 어떤 믿음이 그대로 현실화됐던 순간들을 떠올려보자. 예를 들어 당신이 '세상은 위험한 곳이야'라고 믿고 있다면, 10년 전 당신이 자동차 사고를 당했던 순간을 떠올려보는 것이다. 자동차 사고가 났을 때의 젊은 당신이 바로 매트릭스 안에서 반향을 일으키고 있는 당신의 에코 ECHO 즉, 에너지 의식 홀로그램 Energetic Conscious Hologram이다.

'메아리'라는 뜻을 가진 이 말 속에는 여러 가지 의미가 함축되어 있다. 우리의 통제 밖에서 반향을 일으키고 있는 소리이기도 하고, 반복해서 나타나는 왜곡된 형태이기도 하며, 보이지는 않지만 존재하는 어떤 소리이기도 한 것. 또한 에코라는 말에는 어떤 마법 같은 특성도 있다. 터널 안에서 소리를 지른 뒤 그 메아리를 듣는다고 상상해보라. 텅 빈 공간 속에서 당신 목소리는 아주 기묘하게 반복될 것이다. 이런 이유들 때문에 에코라는 용어는 매트릭스 리임프린팅이란 개념에 너무도 잘 들어맞으며, 에코라는 말 뒤에 숨은 과학적인 의미를 깊이 알고 싶지도 않고 알 필요도 없는 사람들 경우에도 그 말이 보다 젊은 자신의 '일부'part를 뜻한다는 것에 별 이의가 없을 것이다.

여기서 '일부'라는 개념은 새로운 것은 아니다. 전통적인 카운슬링과 정신 요법 분야에서도 '일부'라는 말은 '내면의 아이'를 뜻하는 경우가 많은 것이다. 또한 일부라는 말은 샤머니즘에서 영혼을 되찾아오는 일을 설명할 때 쓰는 말이기도 하다. 정신 요법들에 따르면, 어떤 트라우마를 겪을 때 우리는 그 트라우마로부터 자신을 지키기 위해 분리된다고 한다. 그래서 우리 자신의 일부는 트라우마를 둔화하거나 차단하려 애쓰지만, 또 일부는 잠재의식 밑에서 영원히 끝나지 않을 일처럼 계속 그 트라우마의 경험을 반복하고 있다는 것이다.

에코가 트라우마를 움켜쥐고 있다

에코는 잠재의식 밑에 있는 우리의 일부이며, 우리 개인의 장의 일부이기도 하다. 잘 알겠지만, 우리가 어떤 트라우마를 겪을 때 투쟁 또는 도피 반응을 하지 못한다면 동결 반응을 하게 된다. 에코는 분리된 우리의 일부로 잠재의식 속에서 얼어붙는다. 즉 수백 번의 투쟁 또는 도피 반응을 보이면서 또 동시에 계속 그 트라우마를 재경험하고 있다. 결국 에코가 트라우마를 움켜쥐고 놓질 않는 것이며, 그런 상태가 오래오래 지속되면서 우리는 제대로 된 삶을 살지 못하게 된다.

13세 때든 3세 때든 걸음마를 배우던 갓난아기 때든 아니면 90세 때든, 어떤 트라우마를 겪은 것이 얼마나 오래된 일인지는 중요치 않다. 그 에코는 잠재의식 속에 저장되어, 트라우마를 반복해서 경험하게 한다.

로버트 스캐어 박사는 이런 과정을 '트라우마 캡슐'을 만드는 과정이라고 말한다. 이 트라우마 캡슐 안에는 호흡 패턴, 믿음, 육체적 화학 변화, 그때 먹은 것, 들은 말, 당시에 받은 눈초리 등등, 트라우마를 겪던 순간의 모든 것들이 기록된다. 그야말로 모든 것이 에코 속에 기록되고 보존되는 것이다.

매트릭스 리임프린팅을 통해 우리가 할 일은 속에서 에코를 움직여, 동결 반응을 풀어주고 모든 도피 및 투쟁 반응들을 줄여, 에너지가 넘치는 곳으로 옮기는 것이다. 우리는 이 모든 게 우리 안에 있는 게 아니라 우리의 바깥쪽, 즉 개인의 장, 개인의 매트릭스 안에 있다고 본다. 물론 개인의 매트릭스는 지구상의 모든 것들을 연결해주는 보다 큰 매트릭스의 일부이다.

왜 에코의 스트레스와 트라우마를 지워야 하는가?

어떤 외부 자극이 방아쇠 역할을 하면, 우리는 자동으로 주파수에 맞춰지며 에코가 붙잡고 있는 트라우마의 기억이 떠올리게 된다. 그 방아쇠는 우리를 괴롭히는 어떤 말, 뚱뚱하다거나 말랐다거나 게으르다거나 믿을 수 없다거나 하는 '약점을 찌르는 말'이라 해도 좋을 것이다. 약점을 찌르는 그 말이 무엇이든, 그것은 우리의 잠재의식 속에서 경고 신호를 보내고, 그 결과 우리는 다시 원래의 에코로 돌아가게 된다. 그렇게 해서 우리는 스스로도 의식 못하는 채 갑자기 그 기억의 에너지에 매몰되게 된다.

왜 이런 일이 일어나는 걸까? 그것은 우리의 잠재의식이 트라우마를 또다시 겪지 않도록 우리 자신을 보호하려고 애쓰고 있기 때문이다.

모Mo를 만나보자. 그는 자신의 뱀 공포증을 해소하고 싶었다. 뱀 사진이나 그림만 봐도 식은땀이 나고 숨이 콱 막히는 것 같아 도망가고 싶었다. 뱀을 상상하는 것만으로도 정말 터무니없는 공포심을 느꼈다.

칼이 모와 함께 뱀 공포증의 뿌리를 찾다가 만난 것은 욕실 안에서 목욕을 하던 열세 살 때의 모였다. 형 또래의 애들이 욕실 문을 열고 안에 뱀 한 마리를 던졌는데, 뱀이 그가 목욕 중이던 욕조의 물위로 떨어진 것이다. 그 순간 모의 에코는 무력감에 빠지면서 생명의 위협을 느꼈고, 그의 의식 일부가 분리되어 트라우마를 꽉 쥔 채 놓지 않았다. 그래서 모는 동결되어 뱀을 극도로 무서워하는 열세 살 난 에코를 갖게 되었다. 그런 에코가 그의 매트릭스의 파일 시스템에 저장되었다. 따라서 뱀의 이미지를 보거나 심지어 누군가 뱀 이야기를 하는 것만 들어도, 매트릭스 안에서 열세 살 난 모의 에코가 겪었던 반응이 되살아난 것이다.

이것은 모의 뱀 공포증 이야기의 시작에 지나지 않는다. 13장에서는 이런 뱀 공포증이 모 자신에게는 실제 아주 다른 의미도 있었으며, 그것이 버림받았다는 그의 믿음에 어떤 영향을 주었는가와 관련된 내용을 보게 될 것이다.

에코 안에 어떤 정보를 붙잡아두고 우리의 의식이 알아차리지 못하게 하려면 많은 에너지가 필요한데, 삶에 트라우마가 많고 또 그 트라우마들이 반복해서 기억될 경우 특히 더 많은 에너지가 필요하다. 우리가 가지고 있는 에코의 수와 그 에코들을 붙잡아두는 데 필요한 에너지는 평생 점점 늘어나며, 그 결과 높은 수준의 스트레스들을 느끼게 되고, 그

스트레스가 결국 우리 몸에 해로움을 끼치게 된다.

우리는 우리의 '문제들'이 나이가 들면서 조금씩 나아질 거라 생각하지만, 실은 더 악화되는 경우가 많다. 그렇게 되면 몸은 더 이상 스트레스를 견디지 못하게 된다. 십대쯤 되면 우리의 잠재의식 파일 보관함은 많은 파일로 차고 넘치게 된다. 그러다 성인이 되면, 일부 파일들을 더 이상 넣을 수 없는 한계점에 도달하게 될 것이고, 보관함 서랍은 더 이상 닫히지도 않고 자물쇠도 망가져버릴 것이다. 그렇게 되면 트라우마들을 우리 마음의 밖에 보관하기가 점점 더 어려워질 것이다. 트라우마들이 마음속에 있는 한 동시에 몸속에도 있게 될 것이다.

우리는 왜 에코가 필요한가?

에코는 왜 만들어지는가? 본질적으로 우리에겐 에코가 필요하다. 에코가 없다면, 우리는 늘 트라우마 상태로 살아가야 할 것이다. 이 분리된 우리의 일부는 부정적인 모든 에너지들을 우리의 일상적인 삶으로 튀어나오지 않게 붙잡아두는 역할을 한다. 트라우마에 대한 모든 정보를 우리 대신 붙잡아두는 일을 하는 것이다. 곧 에코는 인간이라면 자연스럽게 가지게 되는 우리의 일부인 것이다.

우리는 어떻게 에코를 만들어내는가?

에코를 만드는 데 필요한 것은 '난 도망갈 수도 없고 싸울 수도 없어'라는 생존에 대한 위협과 무력감뿐이며, 이는 우리의 나이와 상황에 대처할 수 있는 우리의 능력과 관련이 있다. 성인의 경우 새로운 트라우마 영상을 만들려면 상당히 큰 사건(갑자기 생긴 비통한 일, 육체적 또는 성적 학대, 아주 큰 사고 등)이 있어야 한다. 그러나 아직 어리고 무력한 아이들의 경우, 어른들에게 대항할 힘이 전혀 없기 때문에 그 아이들의 생존은 끊임없이 위협받으며, 주변 사람들(부모, 교사, 형제, 기타 양육자 등)에게 뭔가 부정적인 얘기를 듣는 것만으로도 에코가 생겨난다. 아이들의 경우, 어떤 트라우마와 무력감을 느끼는 역치의 수준이 어른들에 비해 훨씬 낮은 것이다.

에코의 성격

에코는 성격과 에너지를 갖고 있는 실제적인 존재이다. 에코를 마치 진짜 사람처럼 대하는 것이 조금 이상하게 느껴질 수도 있을 것이다. 물론 에코는 분자들로 구성된 육체를 갖고 있지는 않지만, 에너지 측면에서는 우리와 다를 게 없는 사실적 존재이다. 우리가 우리의 에코와 대화를 시작하게 되면 전혀 다른 에너지 차원에서 움직이고 있다는 게 분명해질 것이며, 에코들은 우리의 의식 영역을 뛰어넘는 통찰력과 해답들을 주게 될 것이다.

우리에겐 얼마나 많은 에코가 있는가?

우리의 잠재의식 속에는 수백 개가 넘는 긍정적인 에코와 부정적인 에코들이 있으며, 그것들이 '나는 제대로 잘 하지 못하고 있어' 또는 '나는 인간관계로 고통받을 거야' 같은 여러 제목의 서류철에 저장되어 있다. 그리고 잘 알겠지만, 이런 이미지들을 우리의 잠재의식 속에 저장해 놓을 경우, 우리는 계속해서 비슷한 일들을 끌어당기게 된다. 그 결과 특정한 믿음 또는 특정한 행동을 통해 우리의 에코들이 더 강화되는데, 우리는 이런 과정을 '에코 흐름'ECHO stream이라 부른다.

케이트가 상담한 수잔의 경우를 보자. 수잔은 불안 증상을 갖고 있는 37세의 여성으로, 10년 전 자신의 엄마가 세상을 떠난 후 자신은 완전히 세상에서 고립무원이라고 느꼈다.

케이트는 그런 수잔과 함께 수잔의 각기 다른 세 에코를 만났다. 첫 번째 에코는 열다섯 살 때 주차장 흡연실에 있던 수잔이었다. 좀 더 나이가 많은 남자애들 세 명이 다가왔고, 그중 하나가 그녀를 성폭행했다. 수잔의 에코는 얼어붙었고 자신은 세상에 혼자뿐이라는 고립감에 빠졌다. 그녀는 엄마에게서 위안을 받고 싶었지만, 자신이 담배를 핀다는 사실을 들키고 싶지 않아 엄마한테는 그 사고에 대해 말할 수 없었다.

자신의 십대 시절 에코를 만나 트라우마를 없애려 애쓰면서, 두 사람은 에코 흐름을 따라 할머니 집에 있던 아홉 살 때의 수잔의 기억을 찾아냈다. 아홉 살 난 수잔의 에코는 거기에 있고 싶지 않았고 외롭다고 느꼈다. 그녀는 다시 엄마 곁으로 가고 싶었다.

기억 속에 있는 에너지를 지운 뒤 두 사람은 다시 에코 흐름을 따라갔고, 이번엔 알레르기 반응을 보인 뒤 병원에서 혼자 시간을 보내고 있는 생후 6개월 된 수잔의 에코를 찾아냈다. 두 사람은 갇혀 있던 부정적인 에너지를 제거했고, 그 덕에 이제 생후 6개월 된 수잔의 에코는 자신이 사랑을 받고 있으며 자기 가족들, 특히 엄마와 연결되어 있다고 느끼게 됐다.

이것이 잠재의식 속에서 같은 제목 아래 정리되어 있던 수잔의 세 에코의 대략적인 정보이다. 수잔은 실제로 자기 엄마가 살아있을 때 아주 좋은 관계를 유지했고 사랑이 넘치는 가족 가운데 살았음에도, 엄마로부터 분리되어 세상에 나 혼자뿐이라는 믿음을 갖게 됐던 것이다.

여기서 중요한 것은 수잔이 케이트와 함께 문제를 해결하려 노력하는 동안, 세 에코를 적어도 두 번씩은 만났다는 것이다.

수잔은 여러 해 동안 자신의 의식에서 세 에코들을 잊어버렸지만, 자기 엄마가 세상을 떠나는 순간 잠재의식 속에 있던 모든 에너지가 되살아났고, 끊임없이 그 에너지에 휘둘리면서 불안 증상을 갖게 된 것이다.

에코와 작업하는 것의 이점

EFT 영화관 기법에서는 계속 어떤 개인적인 기억의 양상들에 연결해야 한다. 당시의 감정들은 물방울처럼 아주 조금씩 흘러나오기 때문에, 기억의 양상들을 연결하는 것은 시간이 걸릴 수밖에 없는 작업이다. 그러나 매트릭스 리임프린팅 기법에서는 특정 순간과 관련된 모든 정보가 저장되어 있는 에코를 통해 문제를 해결하기 때문에 에코의 트라우마에 대한 작업을 하면 그 에너지를 금방 지워버릴 수 있다.

요약하자면, 우리의 에코는 우리의 잠재의식 즉, 우리의 개인 매트릭스에 저장되어 있는 동결 반응에 붙들려있다는 것이다. 따라서 만일 동결 반응을 풀어버려 투쟁 또는 도피 반응을 지우고 에코가 안전하게 트라우마 장면을 지나가게 하면, 현재의 감정반응을 재설정할 수 있게 되며, 그 결과 우리의 육체 시스템들은 스트레스를 벗어던지게 된다.

에코가 더 이상 스트레스를 받지 않게 되면, 우리는 잘못된 인식이나 잘못된 믿음 체계로 인해 계속 시상하부-뇌하수체-부신 축HPA axis을 자극해 우리의 혈액 속에 스트레스 호르몬을 방출하는 일을 중단하게 될 것이다. 또한 잠재의식 속의 그 보관함 서랍들 중 일부를 청소해, 우리의 의식과 분리해서 지키고 있느라 에너지가 고갈되는 일도 없을 것이다.

원칙 2: 두드리기|tapping
—

기존의 EFT두드리기와 매트릭스 리임프린팅의 중요한 차이점은 무엇일까? 매트릭스 리임프린팅에서는 에코를 보다 젊고 분리된 우리 자신의 일부로, 또 이야기를 나눌 수 있는 대상으로 본다. 우리는 매트릭스에서 에코를 두드림으로써 트라우마를 제거한다. 그리 복잡한 일이 아닌 것이다.

예를 들어 EFT 기법의 경우, 만일 아버지와 어머니가 서로 고함을 지르며 싸워 무섭게 느껴진 기억이 있다면, 우리는 '아버지와 어머니는 서로 고함을 지르며 싸우지만, 난 내 자신을 사랑하고 받아들입니다'라는 제법 긴 수용확언을 쓰게 될 것이다. 그러나 매트릭스 리임프린팅의 경우, 우리 자신은 다섯 살 난 아이(에코)의 기억을 치유해줄 EFT 전문가가 되어 두드리기를 하게 된다. 에코는 이미 문제에 초점이 맞춰져 있고 우리는 에코의 나이에 맞는 언어를 사용하기 때문에, 긴 수용확언은 필요하지 않다.

또한 영화관 기법은 우리 기억과 관련된 영화 한 편을 보는 것과 같지만, 매트릭스 리임프린팅 기법은 우리가 직접 연기를 하는 것과 같다. 두 기법은 같은 방식(우리에 에너지에 주파수를 맞춰 어떤 기억을 찾아내고 에코를 찾아내는 방식)으로 시작한다. 그러나 영화관 기법의 경우 에코가 느끼는 모든 것에 대해 우리 자신에게 두드리기를 하고 어떤 문제들이 나타나든지 모두 제거하지만, 매트릭스 리임프린팅의 경우 우리는 자신의 에코와 이야기를 나눈 뒤 두드리기를 해줌으로써 그 에너지를 아주 신속히 제거한다.

EFT를 도구로 사용하는 것이 심화된 기법으로 보일 수도 있지만, 현실적으로는 매트릭스 리임프린팅을 배워 쓰는 것이 표준적인 EFT를 배우고 사용하는 것보다 더 쉽고 빠르다.

수용확언

매트릭스 리임프린팅에서는 수용확언을 길게 만들 필요가 없고, 세 번씩 되풀이할 필요도 없다. 앞서 말한 대로, 이는 이미 에코에 주파수가 맞춰져 있기 때문이다. 에코는 트라우마 속에 있기 때문에, 문제에게 하는 긴 '안부 인사'가 필요 없는 것이다. 게다가 우리는 트라우마의 강도를 신속하게 떨어뜨리기 위해서도 가능한 한 신속히 두드리기를 해야 한다.

언어

에코와 얘기를 할 때 사용하는 언어는 격식을 갖춘 EFT 수용확언과는 달리 격의 없는 대화체에 가깝다. 이때 에코의 나이에 맞춰서 에코가 알아들을 수 있는 언어로 대화를 하는 것이 아주 중요하다. 예를 들어 세 살 난 아이의 경우, "난 내 자신을 사랑하고 받아들입니다"라는 말은 이해하기 힘들어도, "난 착한 아이야"라는 말을 알아들을 것이다. 그래서 에코의 눈높이에 맞춰 말을 하는 것이 중요하다. 에코에게 맞는 단어를 사용하자. 에코와 대화를 할 때는 물처럼 유연해야 한다. 에코는 이 세상에 자기편은 아무도 없이 혼자라고 느끼는 경우가 많기 때문에, 이것은 또한 에코에게 유대감을 주는 좋은 방법이 된다.

측정 점수들: SUDS와 SUE

매트릭스 리임프린팅에서는 에코 자체가 SUDS 점수이며, 그래서 따로 고통지수를 매길 필요가 없다. 어쨌든 어린 에코는 자신의 감정적 고통을 수치로 매기는 게 어렵기 때문이고, 모든 에코가 트라우마를 겪고 있으니, 무엇보다 먼저 그 에너지를 없애주어야 하기 때문이다. 그 대신 우리는 매트릭스로 들어가기에 전에, 우리 자신 또는 내담자의 고통지수SUDS를 매겨보아야 한다. 그리고 끌어당김의 법칙을 통해 매트릭스 리임프린팅 기법을 쓸 때는 SUE Subjective Units of Energy(주관적인 에너지 단위) 점수(126쪽 참조)를 활용한다.

누가 언제 두드리기를 하나?

매트릭스 리임프린팅에서 두드리기의 대상은 에코이다. 매트릭스 리임프린팅 전문가 입장에서 내담자를 상대하는 경우라면, 주로 전문가는 내담자에게 두드리기를 하고, 그 내담자는 자신의 에코에게 두드리기를 한다.

어떻게 에코를 상대로 두드리기를 할까? 에너지를 통해서이다. 내담자에게 두드리기를 할 때, 내담자는 매트릭스 안에서 두드리기를 하는 것으로 상상하면 된다. 매트릭스 리임프린팅 전문가가 내담자의 몸을 두드리면, 내담자는 마음속으로 자신의 에코에게 두드리기를 해준다.

EFT 기법은 에코의 트라우마를 줄여주려 할 때만 사용하므로, 매트릭스 리임프린팅 기법을 쓰면서 EFT의 모든 타점을 두드릴 필요는 없으며, 에코가 움켜쥐고 있는 에너지를 풀어줄 때 두드리기를 하면 된다. 두드리기를 해서 에너지 장애와 동결 반응이 풀어지게 되면, 에코는 트라우마에서 해방된다.

매트릭스 안에서 더 많은 시간을 가지면서 깊이 귀 기울이고 가슴에서 우러나는 질문을 할 필요를 느낄 때 모든 타점을 두드리며 시간을 얻을 수 있다. 중요한 것은 에코가 실제 내담자라는 것을 잊지 말아야 한다. 우리가 전문가이든(우리 자신의 에코와 대화함으로써) 아니면 우리의 내담자가 전문가 역할을 하든(내담자 자신의 에코와 대화함으로써), 상당한 치유 효과가 있다. 도움을 필요로 하는 우리 자신의 일부를 다시 찾아가 도움을 줄 수 있다고 상상해보자. 얼마나 큰 치유 효과가 있겠는가.

당신이 만일 일반 전화나 영상통화로 내담자를 상대한다면, 그 내담자는 자기 자신의 몸은 물론 자신의 에코를 상대로 두드리기를 하게 될 것이다. 내담자가 타점을 잘 알고 있고 또 에코나 전문가에 대해 유대감을 갖고 있다면, 직접 만나 치유를 하든 화상 회의 형태를 빌리든 똑같이 강력한 효과가 있다.

타점

수용확언을 길게 할 필요가 없기 때문에 손날을 오래 두드리며 말할 필요가 없다. 수용확언은 우리가 트라우마를 없애고 두드리는 과정에서 자연스럽게 사용하면 된다. 얼굴의 타점들은 전부 두드리되 겨드랑이 타점은 사용하지 않는다. 내담자가 곤란해할 수 있기 때문이다. 대신 모든 손가락 경락들이 만나는 손목의 타점을 두드린다. 어느 쪽이든 손목 일대를 두드리면 된다. 물론 손목의 양쪽을 다 두드려도 좋다.

앞서 말한 대로, 우리는 트라우마를 없애려 할 때 모든 타점을 두드리지만, 그 외의 경우에는 손가락 타점과 손날, 그리고 손목 타점을 부드럽게 두드려도 좋다. 이는 내담자를 상대할 때 특히 중요한데, 그것은 이런 두드리기를 통해 친밀감이 커지기 때문이다. 손을 잡고 손가락 타점들을 두드리면, 내담자의 마음이 편해질 뿐 아니라 내담자와의 유대감도 더 강해지는 것이다.

이차적 이득

이제 이차적 이득에 대해 알아보도록 하자. 치유로 어떤 문제를 해결했지만 그 결과 무언가를 잃게 되는 경우가 있는데, 그것이 바로 이차적 이득이다. 이런 현상은 두려움, 트라우마, 역사적 사건, 결정, 믿음, 스트레스와 에너지 독소 등에 의해 생겨날 수 있으며, 특히 우울증이나 중독 또는 만성적인 육체적 질병들을 다룰 때 흔히 생겨난다. 그것은 부정적인 자기 태업 상태로 이어져 저항의 형태로 나타날 수도 있고 주요 문제에 대한 두드리기 효과에 영향을 줄 수도 있다.

레베카를 만나보자. 그녀는 만성 피로 증후군을 앓고 있었고, 어느 시점부터인가 아예 침대 안에 틀어박혀 모든 걸 가족들에게 의존해 살았다. 그러다 매트릭스 리임프린팅 전문가의 도움을 받아 증상이 크게 호전됐는데, 어느 날 아침 다시 침대에서 벗어나질 못한 채 매트릭스 리임프린팅 전문가에게 전화를 걸어 더 이상 치료를 받고 싶지 않다고 말했다. 그녀는 증상이 더 호전되는 것을 원하지 않았다. 다시 침대로 돌아가고 싶었던 것이다.

그녀가 침대에 틀어박혀 있지 않아도 되자, 그녀의 아들이 더 이상 찾아보질 않았고 그녀의 남편도 밤늦게까지 밖에 있었으며 그 누구도 예전처럼 점심 식사를 침대까지 갖다주지 않았다. 그러니까 그녀는 자신의 병 때문에 이차적 이득으로 가족의 사랑과 관심을 받았던 것인데, 병이 호전되자 그걸 더 이상 받을 수 없게 된 것이다.

이 사례를 보면, 매트릭스 리임프린팅으로 우리가 내담자를 도울 수 있는 것은 내담자가 우리를 필요로 하는 범위까지이며, 결국 내담자 스스로의 의지가 중요하다는 사실을 다시 한 번 확인할 수 있다.

어린 에코들은 대개 이차적 이득을 갖고 있지 않다. 그런 전략을 구사할 만한 나이가 되지 않았기 때문이다. 그러나 우리는 우리의 에코가 앞으로 나아가는 것을 가로막는 문제들을 가지고 있을 수는 있다. 이런 이차적 이득 문제는 조심스럽게 다루어야 하며, 다른 믿음 체계로 보고 접근해야 한다. 에코 흐름을 따라 핵심 믿음들까지 찾아 들어가야 하기 때문이다.

조심스러운 기법들

EFT에는 '눈물 없는 트라우마 기법'Tearless Trauma Technique처럼 조심스러운 기법들이 있다. 눈물 없는 트라우마 기법은 어떤 문제에 조심스럽게 다가가 그 문제가 특정 수준 이상의 감정적인 강도까지 올라가기 전에 미리 모든 양상들을 허물어버리는 기법이다. 우리는 고객을 안전하게 보살피는 것도 더없이 중요한 일이라고 믿으며, 그래서 이른바 '안전 전략 짜기'Create a Safe Strategy라는 특별한 단계를 거친다. 그런데 전반적인 면에서 봤을 때, 아주 안전하고 조심스러운 기법이라는 것이 매트릭스 리임프린팅의 장점이다.

이런 기법의 목표는 우리 자신과 우리 내담자들을 트라우마로부터 분리해 안전하게 다루는 것이다. 그러니까 이미 극도로 분리되어 자신들의 느낌에 주파수를 맞추는 일 자체가 어려워서 적절한 EFT 기법을 찾아주기 힘든 사람들에게는 매트릭스 리임프린팅이 훨씬 쉽게 도움을 줄 수 있다.

믿음

앞서 얘기했듯, 매트릭스 리임프린팅은 직접 연극에 참여하는 것과 같아서, 우리는 마음속 극장 무대에서 배우가 된다. 그리고 트라우마를 없애줄 뿐 아니라 기억 자체를 변화시키고 힘을 주는 장을 만들어내 행복한 결말에 이를 수 있게 해준다.

EFT의 경우 어떤 상황이 해결되고 나면 마음에 빈 공간이 생기는 경우가 많다. 그러나 매트릭스 리임프린팅의 경우 힘을 주는 영상과 긍정적인 믿음으로 빈 공간을 메워준다. 더 중요한 것은, 이 기법은 우리 몸에 트라우마가 사라졌다는 메시지를 보내고, 리임프린팅 과정을 통해 끌어당김의 법칙을 강력하게 유발한다.

매트릭스 리임프린팅은 또한 믿음 체계를 찾아준다. 우리는 늘 에코에게 "그날 네가 가지게 된 믿음이나 결정은 뭐니?"라는 질문을 하며, 그 정보를 우리 의식 속으로 끌어들여 그것이 우리에게 도움이 되는지 어떤지를 판단하게 한다.

우리는 믿음을 형성하게 된 과정을 이해함으로써 많은 것들을 알 수 있다. 우리가 어떤 행동 패턴들을 어떻게 만들어냈는지, 또는 우리의 몸에서 왜 어떤 질병이 발생하게 됐는지 등을 알 수 있게 되는 것이다. 매트릭스 리임프린팅은 우리가 믿음의 청사진을 찾아내서, 그것을 체계적이고 창의적이며 유연하게 바꿀 수 있게 해준다.

원칙 3: 전문가로서의 역할
—

매트릭스 리임프린팅에서 우리가 할 수 있는 역할은 세 가지이다.

1. 전문가
2. 내담자
3. 에코

에코는 더없이 중요하다. 에코가 없다면 각종 기법도 존재할 이유가 없다. 또 에코는 내담자가 되어 해소해야 할 트라우마를 전부 움켜쥐고 있다. 트라우마의 영상이 기억으로 떠오르면, 전문가는 내담자에게 에코와 대화해서 트라우마를 버리고 긍정적인 새 영상으로 재각인하게 한다. 또는 자신의 문제를 해결할 경우, 전문가는 에코와 직접 대화한다.

전문가로서 내담자를 대할 때 가장 중요한 것은 에코의 말에 귀 기울이는 법을 가르쳐주는 것이다. 또한 전문가는 열린 질문들과 명확한 언어를 사용해 내담자가 에코와 함께 소통하게 해준다.

전문가의 또 다른 주요 역할은 내담자에게 매트릭스 리임프린팅 과정을 설명해주고 진행이 잘 되지 않을 때에는 여러 가지 방법을 제안하며 안내한다. 여러 가지 인적자원, 안전한 장소, 재인식, 결과 바꾸기 등 모든 아이디어는 내담자와 내담자의 에코에게서 나온다는 사실을 잊지 말아야 한다.

또한 고객이나 에코가 부적절한 선택을 하지 않게 잘 이끌어주는 것 역시 전문가가 해야 할 일이다.

여기서 잠재의식 속 기억들을 변화시키는 것과 관련된 윤리적인 면들에 대해 한마디 더 덧붙이고 싶다. 우리는 트라우마가 일어난 사실 자체를 부인하려는 것은 아니다. 또 역사적 사실을 변화시킬 의도도 없다. 매트릭스 리임프린팅은 그저 잠재의식 속에 뿌리 내리고 있는 트라우마의 에너지를 제거하고, 트라우마로부터 생겨난 잘못된 인식과 부정적인 믿음들을 바꿔준다. 트라우마를 안겨준 일들이 일어났다는 사실을 부정한다면 잘못일 것이다. 우리는 그저 매트릭스 리임프린팅을 이용해 어떤 트라우마의 에너지를 없앰으로써 트라우마로부터 벗어나 앞으로 나아가게 하는 것이다.

원칙 4: 심장의 역할
—

심장은 우리가 에너지 힘을 빌려 세상과 소통할 때 더없이 중요한 역할을 한다. 심장은 아주 강력한 전자기 발신기로, 우리 몸에서 사방 360도 방향으로 에너지 펄스를 3미터나 내뿜고, 하루 24시간 내내 정보를 발신한다. 심장은 뇌에 비해 에너지 면에서는 60배, 자기 면에서는 5,000배 더 강력하다.

캘리포니아 소재 하트매스 연구소Institute of HeartMath는 지난 20년 동안 심장의 역할에 대한 과학적 연구를 해왔으며, 그 결과 뇌에서 심장으로 신호들을 보내는 신경계 통로들이 있듯이 심장에서 뇌로 신호를 보내는 신경계 통로들도 있다는 사실을 밝혀냈다. 더 놀라운 것은, 심장에서 뇌로 보내는 신호가 뇌에서 심장으로 보내는 신호보다 더 많다는 것이다.

그렇다면 심장은 대체 어떤 정보를 뇌로 보내는 것일까? 우리는 그 정보가 잠재의식의 장에 저장되어 있다고 믿는다. 심장은 매트릭스로 신호를 보내고 받는 송수신기이다. 매트릭스 리임프린팅에서 우리는 리임프린팅 과정의 일환으로 의식적으로 심장을 통해 매트릭스에 힘을 주는 새로운 영상을 내보내고, 그럼으로써 리임프린팅 작업을 훨씬 더 강력하게 만든다.

인류의 집단의식이라는 개념과 개인적인 심장의 장들이 서로 영향을 미친다는 사실까지 감안한다면, 개인의 장에 생긴 변화가 인류 전체에게 어떤 영향을 미칠 수 있다는 생각도 가능하다. 하트매스 연구소의 연구 결과에 따르면, 두 사람이 대화를 나눌 수 있는 거리를 유지하고 서 있을 경우, 각자의 심장에서 나온 전자기 신호가 서로의 뇌파에 영향을 미칠 수 있다고 한다. 이 같은 연구 결과는 아주 흥미진진하고 과학적으로도 획기적인 것이지만, 우리의 일부는 이미 우리 모두가 서로 연결되어 있으며 우리가 의식적으로나 잠재의식적으로 서로에게 영향을 준다는 사실을 알고 있다. 이 책에서 앞으로 계속 전인적 관점에서 행복한 삶을 만드는 일을 살펴보다 보면, 우리 자신의 치유와 변화가 인류 전체를 위해 얼마나 중요한지를 훨씬 더 잘 알게 될 것이다.

우리는 매트릭스 리임프린팅에서 이른바 '심장 호흡'heart breathing을 사용한다. 심장을 통한 호흡에 집중한다는 것은 전혀 새로운 개념이 아니다. 불교에서는 수백 년간 명상에 심장 호흡을 사용해왔다. 그리고 하트매스 연구소는 환상적인 조율기법 Coherence Technique을 개발해왔으며, 연구소의 웹사이트를 방문하면 더 풍부한 정보를 볼 수 있다.

우리는 심장 호흡이 아주 놀라운 도구라는 걸 알게 됐다. 첫째, 내담자와 전문가 모두 상담을 시작하면서부터 매트릭스 리임프린팅에 몰입할 수 있게 도와주고, 둘째는 내담자와 에코가 만나면서 심한 스트레스로 힘들어할 때 빠르게 안정시키는 효과가 있다. 집중적인 심장 호흡은 아주 쉽고 빠르게 마음의 중심을 잡을 수 있는 방법이다. 직접 시도해보고 싶지 않은가?

심장 호흡법

1. 눈을 감고 의자에 편히 앉는다.
2. 한 손을 심장 위에 올린 채 가슴 가운데 깊은 곳에 있는 심장 부분에 마음을 집중한다.
3. 숨을 깊게 쉬되, 마치 심장 부분에서 숨이 나와 심장 부분으로 숨이 들어가는 느낌으로 숨을 쉰다.
4. 호흡을 고르게 쉬기 시작하면서 1부터 6까지 센다.
5. 1부터 6까지 세면서 심장 부분으로 숨을 들이마신다.
6. 1부터 6까지 세면서 심장 부분에서 밖으로 숨을 내쉰다.
7. 1부터 6까지 세면서 숨을 들이마시고 1부터 6까지 세면서 숨을 내쉰다.
8. 심장 부위에 마음을 집중한 채 편한 느낌을 갖는다.

스스로 얼마나 편한 느낌을 갖는지 확인해보자. 아주 쉬우면서도 그 효과가 아주 강력하며 스트레스나 통증을 겪고 있는 사람들에게 더없이 좋은 호흡법이다.

이상의 네 가지 원칙들을 제대로 이해했다면, 당신은 이제 매트릭스 리임프린팅의 기초는 모두 다진 셈이다. 이제 클래식 매트릭스 리임프린팅 기법Classic Matrix Reimprinting Technique의 7단계에 대해 배울 때가 됐다. 이제 당신은 여태까지 배운 모든 것을 실제로 사용해볼 수 있게 있으므로, 당신의 장 속에 저장되어 있는 정보를 바꾸고, 핵심 믿음을 면밀히 살펴보아 그 믿음이 당신의 삶에 어떤 영향을 미쳐왔는지를 알게 될 것이다. 당신은 그 믿음이 장차 당신의 삶에 어떤 영향을 주기를 원하는지, 그 점을 잊지 말라.

6
클래식 매트릭스
리임프린팅 기법

당신이 윔블던 테니스 대회 우승컵을 안고 환호하는 사람들 앞에 서 있는 장면을 상상해보라. 불가능해 보이는가? 그런데 윔블던 테니스 대회 우승자가 되려면 놀라울 만큼 빠른 속도로 테니스공을 치기 위해 오랜 시간 훈련을 해야 하지만, 테니스공이 땅에 떨어지기 전에 맞받아친다거나 게임을 할 수 있는 정도로 테니스를 치는 것은 약간의 지도만 받고도 가능하다.

마찬가지로, 매트릭스 리임프린팅 전문가가 되기 위해 온갖 가능성에 대비해 평생훈련을 해야 할 필요까지는 없으며, 클래식 기법에만 능숙해지면 된다. 일단 기본적인 단계들을 익히고 나면, 그것들을 삶의 다른 주제나 당신이 해결하고자 하는 내담자의 문제에 적용할 수 있다.

클래식 매트릭스 리임프린팅의 7단계

1단계: 에코를 찾는다.

2단계: 안전한 전략을 짠다.

3단계: 두드리기로 동결 반응을 풀어준다.

4단계: 에코가 트라우마에서 얻게 된 믿음을 확인한다.

5단계: 에코의 믿음을 해결한다.

6단계: 리임프린팅 과정

7단계: 효과를 확인한다.

이상과 같이 7단계가 있지만, 다음 세 그림이 그 7단계를 아주 멋지게 다 보여준다.

기억을 되살림
예를 들어 당신이 어렸을 때 당신 부모가
말다툼을 하는 기억을 떠올린다.

당신의 에코와 함께 EFT를 활용
그 기억 속으로 들어가 당신의 에코를
두드리기한다.

해결 리임프린팅(재각인)
해결책을 찾아내고 긍정적인 장면을 리임프린팅하면서 끝을 낸다.

1단계: 에코를 찾는다

- 두 눈을 감고 마음의 눈으로 해결하고 싶은 기억을 찾아보라.

누구에게나 스스로를 보거나 스스로를 느끼는 나름대로의 방법이 있다. 당신은 '어린 시절의 당신'이 어떻게 느껴지는지 (청각적, 시각적 혹은 체감각적으로) 확인해보라.

내담자와 작업할 때는, 내담자가 자신의 에코를 떠올릴 때 어떤 감각이 주로 작동하고 있는지 잘 살펴야한다. 그러면 내담자에게 어떤 언어를 사용해서 안내해야 하는지를 알 수 있다. 내담자에게 대신 두드리기를 해줘도 좋은지를 물어보는 것도 도움이 된다.

2단계: 안전한 전략을 짠다

- 이제 당신은 영상 속으로 들어가 에코와 얘기를 나누게 된다. 두드리기를 하여 가능한 빨리 그 에코가 느끼고 있는 통증과 트라우마를 없

애주는 것이 좋다. 그 일을 어떻게 해야 내담자가 안전할 것인가? 당신이 들어가 두드리기를 하기 전에 그 영상 속의 모든 것과 다른 모든 사람을 '정지화면'으로 만들어야 할까? 예를 들어 만일 따돌림을 당하고 있는 에코가 있다면, 가해자가 더 이상 그런 짓을 못하게 막아야 하는 걸까? 가해자를 얼어붙게 만들까? 가해자 앞에 벽이라도 만들까? 아니면 재갈을 물려 가해자가 아무 말도 못하게 할까? 극단적인 경우, 에코를 안전한 장소로 데려가 거기서 문제를 해결한 뒤 다시 원래의 기억으로 되돌아오게 할 수도 있다.

내담자와 함께 일할 경우, 내담자가 에코를 돕기 위해 당신과 함께 노력을 해야 한다는 사실을 알려주는 것이 중요하다. 그 기억을 잠시 옆으로 밀어놓은 상태에서, 당신이 내담자와 함께 할 수 있는 안전한 전략을 짜도록 하자.

에코로부터 감정적으로 거리를 두고 있는 것이 가장 중요한데, 그렇게 해야 당신과 내담자가 안전하고, 에코가 갖고 있는 부정적인 감정과 에너지가 폭발하지 않게 해줄 것이기 때문이다.

내담자가 감정적으로 에코와 떨어져 있게 하려면, 당신은 "어린 당신은 무엇을 입고 있나요?" "어떻게 하고 있어요?" 같은 여러 질문들을 던질 수 있다. 내담자에게 보다 어린 자신을 잘 살펴보고 또 그 에코를 실제 사람처럼 대하라고 하자. 그리고 그 에코에게 감정을 동화시키지 말고 거리를 두고 보도록 안내하자.

에코와 감정이 동화 되는 경우는 두 가지가 있다. 첫째, 내담자 에코의 에너지가 당신 속으로 들어온 상태에서 당신이 에코가 느끼는 것에 주파수가 맞는 경우다. 이는 표준적인 EFT 기법에서 권하는 방법으로, 당신은 그야말로 에코의 모든 면들을 느낄 수 있고, EFT 기법을 이용해 에코의 통증을 줄여줄 수 있다. 대개의 경우 괜찮은 방법이지만, 당신이 몸으로 직접 모든 트라우마를 끌어안게 되어 때론 심한 '해제 반응'abreaction을 유발할 수도 있다. 매트릭스 리임프린팅의 장점들 중 하나는 당신을 트라우마로부터 떨어져 있게 하여 그런 해제 반응을 피할 수 있다는 것이다.

두 번째는 당신이 직접 트라우마 장면에 들어가 내담자의 에코가 되는 경우다. 이 경우 안전 전략이 아예 존재하지 않을 가능성이 높다. 다짜고짜 내담자의 기억으로 들어가는 문을 확 열고 들어가, 급작스레 에코가 되어 특정 상황에서 겪은 트라우마를 그대로 다시 느끼는 것이다. 그런 경우를 피하려면, 먼저 분명한 안전 전략을 짜야 한다.

내담자가 안전 전략을 찾지 못하면, 기억에서 빠져나오게 한 뒤 에코로부터 떨어진 상태로 다시 천천히 들어가게 하라. 에코의 감정과 에너지가 폭발할 경우, 심장 호흡 기법을 사용하도록 하라. 그리고 부드러운 기법들과 통찰력 있는 질문들을 사용함으로써, 내담자를 위한 안전 전략을 제시하도록 하라.

3단계: 두드리기로 동결 반응을 푼다

- 영상 속으로 들어가 에코에게 현재 기분이 어떤지 물어보자.
- 두드리기로 동결 반응의 에너지를 풀어준다.

두드리기를 해서 가능한 빨리 동결 반응을 풀고 에코가 붙잡고 있는 트라우마를 없애는 것이 중요하다. 이미 주파수가 맞춰져 있는 상태이므로 굳이 복잡한 수용확언을 쓸 필요는 없다. 정해진 말이 있는 것이 아니라 유연한 대화에 가까우며, 당신은 매번 다른 것을 말하게 될 것이다. 당신은 그저 타점들이 어디 있는지만 기억하면 된다.

내담자에게 할 때는, 내담자가 에코에게 물어봐서 현재 어떤 느낌을 갖고 있는지 또 몸의 어느 부분에서 그런 느낌을 받고 있는지 알아내게 하라. 그런 다음 내담자가 상상 속에서 에코를 두드려주는 동안 당신은 내담자의 타점을 두드리면서 연상어구를 반복하여 에코의 에너지를 풀어준다.

예를 들어 에코가 배 안에 노란색 공 모양의 두려움을 느끼고 있다면, 내담자가 상상 속에서 에코의 손날을 두드리는 동안 당신은 내담자의 손날을 두드리기 시작한다. 그러면서 동시에 당신은 그 에너지의 연상어구를 반복하면서 내담자가 따라 하게 한다. 예를 들어 "너의 배 속에, 이 노란색 공 모양의 두려움, 이 모든 두려움"과 같은 말을 반복해서 하는 것이다. 에코의 나이에 맞는 말을 사용하고 EFT에서와 마찬가지로 에코의 인지변화에 귀를 기울이면서 에코의 감정에너지가 가라앉거나 변화할 때까지 두드리기를 계속한다.

또한 다음과 같은 말을 더하면 에코가 안전하다고 느끼고 유대감을 갖게 된다.

- "이제 다 끝났어."
- "넌 안전해."
- "널 도와주러 온 거야."
- "넌 혼자가 아니란다."

4단계: 에코가 트라우마에서 얻게 된 믿음을 확인한다

제일 먼저 할 일은 에코의 트라우마를 풀어주는 것이다. 두 번째로 할 일은 에코가 그때 가지게 된 믿음과 그날 내린 결정을 찾아내고, 가능한 모든 자원을 동원해 그것과 반대되는 믿음을 갖도록 해주는 것이다.

- 에코에게 지금 느낌이 어떤지를 물어보고, 모든 에너지와 동결 반응이 풀어졌는지 확인한다. 그리고 에코가 붙잡고 있던 모든 트라우마가 사라질 때까지 계속 두드리기를 한다.
- "그날 네 자신과 관련해 어떤 믿음을 갖게 됐고 어떤 결정을 내렸니?" "그날 삶에 대해 무엇을 배웠니?" 같은 질문을 한다.

내담자에게는 1~2회전의 EFT를 한 후에, 내담자에게 에코가 어떤 느낌인지를 물어보게 하라. 에너지는 가라앉았는가? 에코의 몸속 에너지가 바뀌었거나 다른 부위로 옮아갔는가?

내담자에게 에코의 말에 귀를 기울여 어떤 일 때문에 스트레스를 받고 있는지를 알아내게 해야 한다. 에코는 "엄마가 날 사랑하지 않아" 같은 말을 할 수 있는데, 그때야말로 에코를 잘 안내해서 자신이 사랑받고 있다고 믿게 될 장면으로 데려갈 수 있는 기회이다.

5단계: 에코의 믿음을 해결한다

- 에코는 문제를 해결하기 위해 어떤 자원들을 필요로 할까? 에코는 다른 가족을 끌어들이고 싶어 할까? 아니면 좋아하는 장난감이나 애완동물을? 에코는 다른 장소로 가고 싶어 할지도 모른다. 예를 들어, 에코가 학대를 받아온 기억 속에서는 '멋진' 영상을 만들어낼 수가 없어, 다

른 장소로 가고 싶어 할 수도 있다. 흑백 영상이 아니라 무지갯빛 가능성들이 있는 곳으로 말이다. 우리가 공간을 확보해 두고 모든 가능성을 열어둔 채로 에코로부터 직접 해결책을 찾아보면, 그것은 아주 쉬운 과정이다.

내담자와 상담하는 경우, 내담자에게 둘이 함께 힘을 합쳐 에코의 기분을 더 좋게 만들어주고 조화로운 상황을 만들기 위해 노력해야 한다는 것을 상기시켜주어야 한다. 그러나 필요한 자원은 결국 에코와 내담자 자신으로부터 나와야 하며, 그래서 이 시점에서 열린 질문과 분명한 언어, 경청의 기술 등이 힘을 발휘하게 된다. 이런 작업은 침묵 속에서 진행되는 경우도 많다. 내담자에게 필요한 시간을 충분히 주도록 하라.

영상을 바꾸려 할 때는 이미 내려진 결정이나 믿음과 직접적인 관련성이 있게 해야 하며, 필요할 경우에만 다른 사람들(부모, 친구 등)을 불러들여야 한다. 예를 들어 만일 네 살 난 에코가 자기 엄마한테 혼난 뒤 아직 무서워 어쩔 줄 모르고 있다면, 그 에코에게 "엄마를 불러다줄까?" 하고 물어보고, 엄마에게 아이의 심정이 어떤지를 알려주는 것이다. 그런 뒤 엄마에게 너는 안전하고 사랑받고 있으며 엄마가 소리 지른 걸 후회하고 있다는 얘기를 에코에게 해주라고 권한다.

엄마들은 대개 자식들과 공감하는 것처럼 보이지만, 에코를 공격하거나 학대하는 사람의 경우는 전혀 그렇지 않다. 바로 이런 맥락에서 '상위 자아'의 개념이 중요하다. 상위 자아란 한층 높아진 의식 상태를 말한다. 매트릭스에서는 상위 자아가 에코에게 다가가 말을 거는 경우가 종종 있다. 이는 세상엔 100퍼센트 선한 사람도 100퍼센트 악한 사람도 없다는 걸 깨닫게 해준다. 그러니까 모든 사람은 그 사람이 살아온 삶의 산물인 것이다. 예를 들어 누군가를 학대한 사람은 과거에 자신이 학대를 당했던 사람인 경우가 많다. 그 사람의 상위 자아를 개입하게 함으로써, 우리는 안전 전략을 짤 수 있고 또 치유와 용서의 장을 마련할 수 있다.

매트릭스 리임프린팅이 개발된 초기에는 늘 다른 인적자원(달라이 라마, 존 레논, 팝 스타 등)이나 마법적인 도구들(마법의 양탄자나 요술 지팡이 등)을 끌어들이거나 에코에게 다른 장소(해변, 숲 등)로 가고 싶은지 물어봄으로써 내담자에게 너무 과하게 자원을 제공하는 성향이 있었다. 그런데 많은 내담자들의 경우 그런 자원을 필요로 하지 않는다. 사실 모든 해답은 결국 자기 자신 속에 있기 때문이다. 게다가 만일 우리의 에코가 어떤 문제를 해결하기 위해 늘 다른 사람의 도움을 필요로 한다면, 우린 대체 그 에코에게 어떤 메시지를 줄 수 있겠는가? 혼자서는 아무것도 할 수 없다는 메시지를 줄 수는 없는 것 아닌가. 우리는 에코가 스스로의 힘과 독립심을 기르기를 원한다. 변화의 정도를 가능한 한 계속 원래의 기억과 가깝게 함으로써, 매트릭스 안에 둘이 아닌 단 하나의 영상을 만드는 것이다.

SUE 점수

일단 에코가 해결책을 찾아내면, 이제 모든 감각을 동원해 그 긍정적인 그림을 강화해야 한다. 앞서는 0점부터 10점까지 나뉘는 SUDS 점수를 사용했지만, 이제는 -10점부터 +10점까지로 나뉘는 SUE(주관적인 에너지 단위) 점수를 사용하게 된다.

SUE 점수표

막힌 에너지 흐름		아무것도 없는 0점 $\longrightarrow$		건강한 에너지 흐름

-10 -19 -8 -7 -6 -5 -4 -3 -2 -1 **0** +1 +2 +3 +4 +5 +6 +7 +8 +9 +10

SUE 점수 실비아 하트만 2009

부정적인 감정들		무감정 $\longrightarrow$		긍정적인 감정들

SUE 점수는 에너지 심리 기법의 선구자인 실비아 하트만Silvia Hartmann이 고안했다. 이는 기억에서 해소해야 할 다른 어떤 것이 남아 있는지 확인하는 탁월한 방법이다. 뭔가 옳지 않은 것이 남아 있을 수도 있고, 가족 중 다른 사람과 얘기하면 해결의 효과가 더 커질 수도 있다. 그러니까 다른 가족 역시 먼저 두드리기를 해서 마음을 풀어줘야 진심어린 대화를 할 수도 있는 것이다. (다른 사람들을 끌어들이는 문제와 대리 EFT에 대해 더 알고 싶으면 7장을 참조할 것.)

우리의 목표는 에코를 위해 이 영상을 +10점으로 만드는 것이다. 만일 현재의 영상이 +8점이라면, 어떻게 +10점으로 만들 것인가? 역시 여기서도 중요한 것은 모든 해결책은 결국 에코 자신한테서 나온다는 사실이다.

6단계: 리임프린팅 과정

당신(혹은 내담자)은 이제 마음의 눈에 강력한 영상, 그러니까 SUE 점수가 높은 영상을 담고 있을 것이다. 그 기억과 관련된 믿음을 가지고 있을 수도 있다.

그렇다면 이제는 리임프린팅의 시간이다. 이것은 개인적인 과정으로, 사람마다 하는 방식이 다르다. 모든 새로운 믿음과 감정이 몸속의 모든 세포로 또 우주 속으로 보내지는 것이 바로 이 시점이기 때문에, 시간 여유를 가져야 할 것이다.

이 과정에서 당신은 완전히 독창적인 방법을 사용할 수 있다. 아래에 가장 일반적인 리임프린팅 방법을 소개한다. 그러나 이때 잊지 말아야 할 것은 영상을 몸속의 모든 세포로 보내야 하고 또 우리 몸의 가장 강력한 송수신기인 심장을 활용해야 한다는 것이다.

- 영상 속에 다음 정보들을 입력하라(또는 내담자에게 입력하라고 권한다).
- 에코의 긍정적인 감정들과 느낌. 특히 유대감
- 관련된 모든 소리, 냄새, 몸의 감각 등
- 에코가 이 새로운 기억과 연관 짓는 긍정적인 믿음 및 결정(원래의 기억이 갖고 있던 부정적인 믿음 및 결정과 반대되는)
- 영상을 둘러싼 빛깔
- 영상을 더욱 선명하게 만들고, 모든 감각을 동원해 영상을 만들어 당신의 머릿속으로, 뇌 속으로, 그리고 모든 뇌세포와 신경 회로 속으로 보내라.
- 이제 이 긍정적 영상 정보를 다음 사항에 집중하며 온몸으로 보내라.
- 병이 있거나 아픈 장기 또는 부위
- 낡은 행동 패턴과 관련된 장기 또는 부위
- 감정적인 문제로 어느 정도 영향을 받은 부위들
- 당신의 몸이 새로운 정보를 완전히 흡수할 때까지, 온몸의 세포들

이 그 정보에 맞춰 새로워지는 것을 상상해보라.

- 그런 다음, 한 손을 가슴 위에 얹은 채 새로운 영상의 모든 정보를 심장 속으로 보낸다. 느낌과 감정과 감각들, 그리고 다른 긍정적인 인상들을 강화하고, 관련 색깔들을 훨씬 더 밝게 만들라.
- 이 영상을 심장으로부터 사방팔방으로 내보내라. 이제 당신은 매트릭스 속으로, 온 우주 속으로, 모든 차원의 시간과 공간 속으로, 또 모든 차원의 당신 존재 속으로, 그야말로 상상할 수 있는 모든 곳 속으로 빛을 보내는 등불이라고 상상하라.

7단계: 효과를 확인한다

리임프린팅 과정이 다 끝났다면, 이제는 원래의 기억을 점검해야 할 때이다.

- 두 눈을 감고(또는 고객에게 두 눈을 감으라고 하고) 다시 원래의 기억에 주파수를 맞춰보라.
- 무엇이 변했는가? 어떤 작업이 남았는가?

우리는 늘 최소 두 번 이상, 대개는 그보다 더 자주 여러 번 모든 기억으로 되돌아가 그 속에 감춰진 보다 깊은 교훈들을 발견하곤 한다. 만일 에코가 여전히 좀 슬퍼하고 있거나 부모가 행복해 보이지 않는다면, 그것은 아직 할 작업이 남았다는 뜻이다. 다음 리임프린팅 상담은 바로 이 부분에서 출발하면 될 것이다.

리임프린팅의 각 단계 밟아가기

—

다음은 10분간의 리임프린팅 과정의 예이다. 이 과정에서 매트릭스 리임프린팅 전문가는 간단간단하게 각 단계를 밟아 나가고 있다.

전문가　이 영상 속에 당신 자신의 모습이 보이나요?

내담자　네, 저는 지금 집 거실에 있어요.

전문가　당신은 몇 살이지요? 무엇을 입고 있나요?

내담자　아홉 살쯤 됐고 흰 드레스를 입고 있어요.

전문가　이제 우린 한 팀으로 작업할 거고, 들어가서 아홉 살 난 당신을 도와줄 겁니다. 아홉 살 난 당신에게 두드리기를 해줄 텐데, 거리를 두고 그 아이의 말을 잘 들어야 합니다. 됐나요?

내담자　네.

전문가　영상 속에 누군가 움직이지 못하게 만들어야 할 사람이 있나요?

내담자　아뇨. 그 애는 지금 혼자예요.

전문가　그림 안으로 들어가 당신을 소개하고 그 아이의 기분을 더 좋게 만들어주려고 온 거라고 설명해주세요. 그리고 두드리기를 좀 할 거라는 얘기도 해주세요. 도움이 필요하거나 다 끝냈으면 내게 알려줘요.

내담자　알겠습니다. 그 애는 지금 뭔가를 무서워하고 있어요.

전문가　그 무서움이 몸의 어느 부분에 느껴지는지 물어보세요.

내담자　배 속이래요.

전문가　어떤 색깔이래요? 뭐가 두렵다 그러고?

내담자 엄마의 남자 친구가 무섭대요. 그 무서움은 배 속에 있고 노란색이라네요.

전문가 그 애의 손을 잡고 두드리기를 해주세요. 내가 당신에게 두드리기를 할 때 저를 따라서 큰 소리로 말하면서 그 애를 두드려주세요.

[손날] 너의 배 속에 있는 이 노란색 무서움. 엄마의 남자친구가 무섭구나. 하지만 넌 착한 아이고 아무것도 잘못한 게 없어. 난 널 정말 사랑해.

[정수리] 네 배 속에 있는 이 노란색 무서움.

[눈썹] 엄마의 남자 친구가 무서워.

[눈가] 네 배 속에 있는 이 노란색 무서움.

[눈 아래] 엄마의 남자 친구가 너무 무서워.

[코 아래] 네 배 속에 있는 이 노란색 무서움.

[턱] 난 널 도와주러 온 거야. 넌 착한 아이야.

[쇄골] 네 배 속에 남아 있는 이 노란색 무서움.

[손목] 넌 안전해.

[엄지손가락] 네 배 속에 남아 있는 노란색 무서움.

[집게손가락] 네 배 속에 남아 있는 노란색 무서움.

[가운뎃손가락] 난 널 도와주러 온 거야.

[넷째손가락] 넌 그 무서움을 내보내도 안전해.

[새끼손가락] 넌 안전해. 내가 여기 있잖아.

전문가 아홉 살 난 당신 자신에게 물어보세요. 아직도 무서운지, 그리고 그 노란색 무서움이 아직 거기 그대로 있는지.

내담자 기분이 좀 낫대요. 그런데 아직 조금 무섭대요.

전문가 특히 뭐가 그렇게 무섭다고 해요?

내담자 엄마 남자 친구가 늘 저녁 식사 후 정리를 안 한다고 자기한테 버럭 소리를 지른대요. 자기는 위층으로 올라가 음악을 듣고 싶은데 말이죠.

전문가 내가 몇 가지 제안을 할 테니, 그중 어떤 제안이 아홉 살 난 당신 자신의 기분을 더 좋아지게 만드나 보세요. 엄마의 남자 친구에게 자기 기분이 어떤지를 말하고 싶대요? 아니면 엄마를 데려다 주면 좋겠대요?

내담자 네, 엄마하고 얘기하고 싶대요.

전문가 알았어요. 우리가 할 일은 어린 당신의 기분을 더 좋게 만드는 거라는 걸 잊지 마세요. 준비가 됐다고 생각되면 엄마를 모셔 오세요.

내담자 엄마는 약간 화가 난 거 같아요.

전문가 엄마에게 두드리기를 좀 해드려도 괜찮을까요?

내담자 네, 괜찮대요.

전문가 엄마한테 그 모든 화가 몸 속 어디에 있나 물어보세요. 어떤 감정이고 색깔과 질감은 어떻대요?

내담자 목 안의 빨간 분노래요.

전문가 엄마의 손을 잡고 타점을 두드리면서, 마음속으로 '당신 목 안의 이 모든 빨간 분노'란 말을 반복하세요.

내담자 [침묵 속에 몇 분간 전문가의 말대로 한 뒤] 엄마가 이젠 화를 풀었어요. 후회하는 거 같아요.

전문가 좋아요. 몸의 어디에서 그 후회를 느낀대요?

내담자 배 속에서요. 늦게까지 일하느라 집에 있지 못했던 것이 후회

된대요.

전문가 엄마 손을 잡고 타점을 두드려 드리세요. 그리고 이렇게 말하세요. "엄마 배 속에 있는 이 모든 후회. 늦게까지 일하느라 집에 일찍 오지 못한 것에 대한 후회. 당신은 좋은 엄마이고, 최선을 다하고 있어요. 엄마 배 속의 이 모든 후회. 엄마는 아주 잘하고 있어요." 엄마한테 왜 늦게까지 일을 했나 물어보세요.

내담자 생활비도 벌고 휴가 때 애를 데리고 놀러 가려고 열심히 일해야 했대요. 그리고 그 애를 너무 사랑한대요. [말하면서 흐느껴 운다.]

전문가 좋아요.

내담자 [잠시 후] 이제 내 기분이 한결 나아요. 엄마와 얘기를 해야겠어요.

전문가 나는 조용히 있을게요. 도움이 필요하거나 다 끝나면 알려줘요.

내담자 네… 그 애가 엄마한테 자기 기분이 어떤지를 말했고, 엄마가 그 애를 꼭 안아줬어요.

전문가 아주 좋아요. 그 애한테 아직도 무섭냐고 물어보세요.

내담자 엄마의 남자 친구가 여전히 소리를 지를 것 같아 약간 무섭대요.

전문가 엄마한테 그 얘기를 해보면 어떨까요? 엄마한테 좋은 아이디어가 있을 수도 있으니까요.

내담자 알았어요… 엄마가 롭(남자 친구)한테 말하겠대요.

전문가 나는 가만히 있을 테니, 엄마하고 둘이 롭에게 어린 당신이 어떤 생각을 하고 있는지에 대해 말해보세요. 문제가 잘 해결됐다고 느껴지면 알려주세요.

[잠시 후]

내담자 롭이 미안하다면서 음악을 들을 수 있게 해준대요. 엄마도 웃고 있고 롭도 웃고 있어요.

전문가 그 애가 아직도 무서워하나요?

내담자 아뇨.

전문가 그 애에게 그날 자신과 세상에 대해 어떤 믿음을 갖게 됐나 물어보세요.

내담자 자기는 늘 먹은 걸 깨끗이 치우지 않는다고 핀잔을 들었대요. 제가 지금 설거지에 엄청 신경 쓰고 애들한테도 계속 잘 치우라고 잔소리를 해대는 게 다 그 때문인 거 같아요. 그게 집안 청소 일이 됐든 아니면 어떤 프로젝트 일이 됐든, 늘 뭔가를 해야 한다는 강박관념에 시달리고 있거든요. 제대로 일을 즐기는 경우란 거의 없고, 늘 뭔가에 쫓기듯 일을 하는 거죠. 지금 보니 모든 게 이해가 되네요. 평생 그렇게 살아온 거예요. 심지어 대학 시절에도 친구들만 곁에 없으면 죽어라 공부만 하든가 죽어라 청소를 해댔어요.

전문가 좋아요. 이제 당신은 그 애가 편하게 쉴 수 있다고 느낄만한 상황을 만들어주실 거예요. 그 애에게 지금 뭘 하고 싶으냐고 물어보세요.

내담자 그저 가만히 앉아서 자기가 좋아하는 음악을 듣고 싶대요. 자기 침실 안에서 안전하게 말이죠.

전문가 아주 좋아요. 좋아하는 음악이 뭐래요?

내담자 뉴 키즈 온 더 블록 New Kids on the Block 의 노래요. (소리 내어 웃는다.)

전문가 지금 10점 만점 중에 몇 점 정도 행복한지 물어보세요.

내담자 8점 정도요.

전문가 어떻게 하면 10점이 되지요?

내담자 엄마가 여기 있고 롭이 자기한테 미소를 지어주면 좋겠대요. 창문으로 햇살이 들어오고요.

전문가 좋아요. 이제 그림을 최대한 생생하게 만드세요. 모든 색깔과 감정과 선명도를 최대한 높이세요. 색깔은 어떤가요?

내담자 핑크빛이 감돌고 있고 침대 시트에는 빨간색 양귀비꽃들이 보여요.

전문가 그 긍정적인 기분, 그 멋진 핑크빛을 제대로 느끼세요. 그 영상을 끌어당겨 당신의 머릿속에, 모든 뇌세포 속에, 모든 신견회로 속에 집어넣으세요. 그런 다음 그 아름다운 영상을 당신 몸으로 내려보내고, 이제 당신 몸의 모든 세포가 지금의 그 멋진 기분에 맞춰진다고 상상해보세요. 그리고 그 멋진 기분이 당신의 어깨, 당신의 몸, 당신의 다리에 스며들게 하고, 그 멋진 핑크빛을 진동시키세요. 준비가 됐다 싶으면, 한 손을 가슴에 얹고 그 영상을 당신의 심장 속으로 보내세요. 어린 당신이 엄마와 롭이 자신을 향해 미소 짓고 있는 가운데 좋아하는 음악을 들으며 편히 쉬고 있는 것을 보세요. 그 아름다운 핑크빛 에너지와 침대 시트에 그려진 빨간 양귀비들을 보세요. 그 핑크빛을 훨씬 더 밝게 만드세요. 그런 다음 준비가 되면, 그 영상을 당신 심장 밖으로 내보내서 우주와 그 너머 온 세상으로 보내세요.

내담자 아, 정말 좋네요.

전문가 물을 좀 마신 뒤, 다시 원래의 영상에 주파수를 맞추세요. 아홉 살 난 당신은 지금 침실에서 무얼 하고 있나요?

내담자	헤드폰을 쓰고 음악을 들으면서 침대 시트 위에 누워있어요.
전문가	기분이 좋은지 물어보고, 우리가 도와줄 만한 다른 걱정거리들은 없나 물어보세요.
내담자	그 애는 지금 음악을 즐기고 있지만, 엄마를 그리워하고 있어요. 엄마는 매일 늦도록 일해야 하고, 그래서 그 애가 학교에서 돌아오면 엄마는 집에 있었던 적이 없어요. 아빠 역시 전화도 없고요.
전문가	그 아이에게 얘기해 줘서 고맙다고 하세요. 그 애한테 나중에 다시 돌아와 그 문제들도 해결해주겠다고 하세요.

이상의 예에서도 알 수 있듯, 10분 정도밖에 안 되는 이 클래식 매트릭스 리임프린팅 기법은 배우기가 쉽다. 이 기법에 능숙해지는 데 그리 오랜 시간이 걸리지도 않는다. 이 간단한 단계들은 당신 혼자 또는 당신에게 이 기법으로 치료를 받아보겠다는 지원자와 함께 10회 정도 연습하면 충분히 배울 수 있을 것이다. 그러나 유료 내담자를 상대하는 전문가가 되려면, EFT 기법을 경험해봐야 할 뿐 아니라 매트릭스 리임프린팅 훈련 과정에 참가하고, 비디오 훈련을 완료하고 전문가 자격 테스트도 통과해야 한다. 자세한 것은 이 책 말미(360쪽)에 있는 〈매트릭스 리임프린팅 전문가들을 위한 조언〉을 참고하면 된다.

이제 매트릭스 리임프린팅 심화과정으로 나아갈 준비가 됐는가? 앞으로 배우게 될 기법들은 클래식 매트릭스 리임프린팅 단계들의 부족함을 보완해줄 것이며, 당신은 곧 에코 흐름을 타고 여행을 떠나 체계적으로 에너지 장을 바꾸고 매트릭스 안에서의 작업을 더 잘해내게 될 것이다.

매트릭스 리임프린팅
심화과정

매트릭스 리임프린팅은 그야말로 깊이 있는 심리치유 작법이다. 이 기법을 활용함으로써, 당신은 그간 겪어온 트라우마들을 통해 현재 당신 삶의 토대를 이루고 있는 각종 교훈과 인식, 믿음들을 고찰할 수 있다. 누구든 네 가지 원칙을 배워 클래식 매트릭스 리임프린팅을 적용할 수는 있지만, 매트릭스 안에서의 작업을 더 잘하기 위해서는 꾸준한 노력과 자신감과 유연성이 필요하다.

심화과정이 왜 필요한가?

이제 짐작이 가겠지만, 여기서 문제가 되는 것은 다시 믿음이다. 우리 몸의 생리 상태와 삶에 결정적 영향을 주는 것은 결국 우리의 핵심 믿음들이다. 우리가 만일 에코 흐름을 타고 그 핵심 믿음을 따라 올라가 긍정적인 영상으로 리임프린팅할 수 있다면, 힘을 주는 믿음을 만들어낼 수 있다.

당신의 믿음을 발견하라

1. 당신의 내면 풍경에 주파수를 맞춰라.
2. 두 눈을 감아라.
3. 호흡을 가다듬으며 생각해보라.
   - 당신은 당신 자신이 꿈에 그리던 직장을 잡을 만큼 제대로 하고 있다고 믿는가?
   - 당신의 이상적인 파트너를 찾는 일(그리고 계속 유지하는 일)은 어떤가?
   - 당신은 좋은 가정을 이룰 만큼 제대로 하고 있는가?
   - 당신은 좋은 부모가 되도록 제대로 하고 있는가?

우리 사회에는 '제대로 하지 못 한다'는 믿음이 전염병 같이 퍼져있다. 대부분의 사람들이 어느 정도는 그런 믿음을 갖고 있고 그런 믿음을 떨쳐버릴 수가 없어, 우리에겐 스스로 원하는 삶을 살 자격이 충분히 있다는 걸 결코 믿지 못하는 것이다.

그런 믿음을 바꾸고 싶은가? 그런 믿음은 대체 어디서 온 것이겠는가? 우리는 왜 스스로 제대로 못한다고 믿는 것일까? 그 기회가 아무리 크고 겁난다 해도, 제대로 된 기회들만 잡는다면 당신의 인생이 어떻게 달라지겠는가? 만일 우리가 진정 그런 기회를 가질 만하다고 믿는다면 어떨 것 같은가?

우리가 사람들에게 전형적 매트릭스 기법을 어떤 기억에라도 잘 활용해, 나오는 그대로의 내용을 변화시키라고 권하는 게 바로 그 때문이다. 각 기억 속에는 믿음이 들어있다. 처음 몇 번은 매트릭스에 들어가더라도 그 믿음이 잘 안 보일 수도 있지만, 연습을 하다 보면 마치 비가 그친 뒤 고인 웅덩이들처럼 기억들이 모습을 드러내게 된다. 그다음에는 어떤 일이 벌어질까?

기억들 재방문하기

칼은 각 기억마다 적어도 두 번씩은 들어가봐야 한다는 모토를 갖고 있다. 그에 따르면, 어떤 기억을 다시 찾아가보는 것이 상담의 실패가 아니라, 다시 가보지 않는 것이 실패를 불러온다. 각 기억마다 워낙 깊은 감정적 양상들이 있어, 그 기억과 관련된 믿음을 제대로 이해하려면 여러 차례 가봐야 한다는 것이다. 게다가 한 기억에서 여러 가지 믿음이 나오는 경우도 많다.

케이트는 켈리라는 고객과 함께 아홉 살 난 그녀의 에코를 만나고 있었다. 술에 잔뜩 취해 들어온 엄마가 넘어져 머리를 크게 다쳤는데, 아빠가 앰뷸런스를 부른다고 전화를 하는 동안 자신에게 도와달라고 다가오자, 어린 켈리는 엄청난 정신적 충격에 휩싸여버렸다.

두 사람이 아홉 살 난 켈리의 에코를 처음 만났을 때, 그 애는 대체 뭐가 어찌 된 건지 몰라 당황해 하고 있었고, 세상이 너무도 불안정하다고 느끼고 있었으며, 특히 예측 불가능한 엄마 때문에 몹시 불안해하고 있었다. 두 사람은 그 모든 것을 어느 정도 진정시켰다. 트라우마는 어느 정도 사라졌고 새로운 영상이 리임프린팅되었다. 그러나 케이트는 그 기억과 관련해 해야 할 일이 아직 더 있다는 것을 잘 알고 있었다. 켈리의 어린 시절이 온통 예측 불가능한 엄마에 의해 좌지우지되었던 데다가, 그날의 기억이 워낙 강렬했기 때문이다.

다음에 두 사람은 다시 그날 그 장면으로 되돌아갔다. 첫 번째 방문에서 이미 '투쟁, 도피, 동결' 트라우마의 상당 부분을 털어냈기 때문에, 켈리의 에코는 이제 그날 있었던 일의 다른 양상에 좀 더 가까이 다가갈 수 있었다. 그 결과 두 사람은 그날 어린 켈리가 도와달라고 다가오는 엄마 때문에 혼비백산해 제 정신이 아니었다는 것을 알 수 있었다. 그런데 그 애는 아빠한테 자신이 얼마나 무서운지를 말할 수가 없었고, 그래서 의연한 척하며 무서움을 숨기기로 결심했던 것이다.

결국 그날 갖게 된 켈리의 핵심 믿음은 무서움을 느낄 땐 의연한 척하며 무서움을 숨겨야 한다는 것이었다. 그 결과 위험에 대해 극도로 예민해지고, 에너지도 부족해졌다.

그러나 케이트와 함께 몇 차례 자신의 어린 시절 에코를 만난 것이 전환점이 되었고, 그 후 켈리의 에너지 수준은 놀랄 정도로 높아졌다.

리임프린팅 작업이 어느 정도 성공했는지를 알고 싶을 때 또는 다음 리임프린팅을 시작할 때 즉시 다시 어떤 기억을 찾을 수도 있다. 어떤 경우든, 이제 영상이 변했고 에코가 우리에게 주는 의미들도 새롭다는 것을 알게 될 것이다. 설사 고통지수가 0점이라 해도, 어떤 기억으로 되돌아가본다면 완전히 새로운 의미와 믿음들을 찾을 수 있을 것이다.

또 어떤 믿음을 큰 소리로 말하면서 그 느낌이 어떤지 보고 그 느낌이 몇 퍼센트 정도 사실인지를 측정해 봄으로써 믿음의 '인지 유효성 VoC'을 측정해볼 수도 있다. 그러면 우리의 어떤 믿음에 대해 리임프린팅을 해 그 믿음이 어느 정도 변화됐는지를 알 수 있다.

가장 어린 시절의 에코 찾아내기

우리는 이제 에코 흐름 속에서 가장 어린 시절의 에코를 찾아내려 한다. 더 어린 시절로 가면 갈수록 핵심적인 사건을 찾게 될 가능성이 더 높아지고, 그 핵심적인 사건이 후에 에코 흐름 속의 에너지를 줄여줄 것이기 때문이다.

예를 들어, 우리가 우리 삶에서 '나는 자격이 없다'는 믿음의 흐름을 중단하려 할 경우, 에코 흐름 내에는 많은 에코들이 헤엄치고 있지만, 그 흐름이 시작된 건 결국 한 가지 핵심 사건 때문이다. 어린 시절 깊은 산속의 옹달샘으로 시작된 것이 들판들로 흘러나가 여기저기 물웅덩이들을 만들고, 그 물웅덩이들이 훗날 거센 급류들로 변한 것이니 말이다. 따라서 들판 여기저기 흩어져 있는 물웅덩이들을 정리하면서 에코 흐름을 따라 올라가다 보면, 결국 깊은 산속 옹달샘에 도달하게 될 것이다.

산속 옹달샘이라고 하면 아름다운 이미지일 거 같지만, 사실 우리의 핵심적인 사건들은 전혀 아름답지 않게 느껴질 수도 있다. 그럼에도 그 트라우마들을 치유하다 보면, 우리는 결국 각 트라우마가 다 나름대로 어떤 목적을 가지고 있다는 것을 알게 된다. 트라우마를 다루는 작업은 조상으로부터 내려오는 양상을 정화하는 작업의 일부이며, 우리가 영적으로 열릴 수 있도록 돕는 과정이다. 그렇다면 우리는 트라우마에 감사해야 하고, 그 트라우마를 소중한 이벤트로 보아야 할 것이다.

핵심 믿음들을 만들어내는 기억은 무의식 속에 숨어 있거나 차단되어 있는 경우가 많다. 매트릭스 리임프린팅에는 그런 기억을 찾아내기 위해 사용하는 세 가지 기법이 있다. '에너지 따라가기' '느린 EFT' 그리고 '에코에서 에코로'가 바로 그것이다. 세 가지 기법을 모두 섞어서 사용할 수도 있다.

에너지 따라가기

직접 두드리기를 해보면 알 수 있는 사실이지만, 우리가 어떤 기억에 주파수를 맞출 때 느끼는 에너지와 원래 트라우마를 겪었을 때 느꼈던 에너지는 똑같다. 그래서 '에너지 따라가기' 기법을 통해 에너지에 주파수를 맞춘 뒤 에코 흐름에서 그 에너지를 따라 트라우마를 겪게 만든 원인 사건으로까지 갈 수 있다.

1. 리임프린팅하고 싶은 특정 문제를 떠올려보라(아니면 고객에게 그렇게 하라고 하라). 인간관계와 돈, 일, 공포증, 우울증, 불안감 등등 어떤 문제라도 좋다.
2. 두 눈을 감아라.

3. 심호흡을 하면서, 그 호흡이 심장으로 드나드는 것에 집중하면서 마음을 비워라. (당신은 지금 필요한 정보가 의식이 아닌 잠재의식에서 나오기를 기다리는 것이다.)
4. 타점들을 천천히 그리고 부드럽게 두드리기 시작하라.
5. 동시에 해결하고자 하는 문제를 큰 소리로 말한다. (예를 들어 "내 아내가 날 떠날까봐 불안해"와 같은 식으로)
6. 느낌에 주파수를 맞춰라. (두드리기가 그것을 가능하게 해줄 것이다.)
7. 그 느낌을 몸 안 어디에서 느끼는가?
8. 모든 타점들을 천천히 두드리면서 어디서 느끼는지를 말해라. (예를 들어 "내 배 속의 이 느낌…"와 같은 식으로)
9. 그 느낌을 자세히 표현하라.
10. 그 말에 새로운 정보(예를 들어 "내 배 속의 이 크고 무거운 공…")를 더해라.
11. 위의 단계를 되풀이하고, 그때마다 크기, 색깔, 감정 등 새로운 정보를 더해라. 당신의 마지막 말은 "내 배 속의 이 빨간색의 커다란 분노의 느낌…" 식이 될 것이다.
12. 이처럼 모든 정보를 더하고(보통 2~3분 정도 걸림) 당신의 느낌에 주파수를 제대로 맞춘 뒤, 스스로에게 이렇게 자문해라. "내가 이런 느낌들을 처음 느낀 게 언제였나?"

만일 잘 떠올지 않으면 짐작을 해보라. 이렇게 하면 의식을 건너뛸 것이다. 그래도 잘 떠오르지 않으면, 당신이 몇 살이었는지 또 어디에 있었을 것인지를 생각해보자. 의식을 옆으로 치우고 잠재의식적인 정보가 떠오르기를 기다리면, 당신은 결국 한 가지 기억을 떠올리게 될 것이다. 대개 6세 이전에 있었던 어떤 일에 대한 기억으로, 그것이 바로 당신이 지금 갖고 있는 현재 문제의 근원이다. 만일 6세 이후, 예를 들어 18세 때의 기억이 떠오른다면, 이렇게 자문해보자. "만일 그 이전에 이와 비슷한 느낌을 느낀 적이 있다면, 그게 언제지?"

이 시점에서 우리는 정보를 순전히 특정 기억에 접근하기 위한 목적에 활용하고 있다. 그런 다음 트라우마를 지우고 전형적 매트릭스 기법으로 리임프린팅을 할 수 있다. 우리는 어떤 기억에서든 잠시 멈춰 전형적 매트릭스 기법을 활용할 수 있으며, 그 뒤 '에코에서 에코로' 기법을 활용해 우리가 원하는 그 이전의 어떤 기억으로 갈 수 있다(144쪽 참조).

느린 EFT

이 기법은 많은 EFT 책을 쓴 유명한 저자 실비아 하트만이 고안한 것이다. 이름은 '느린' EFT이지만, 실제로는 특정 문제나 믿음과 관련된 기억 내지 에코를 빨리 찾아낼 수 있는 EFT 기법이다. 칼은 단 세 군데 타점, 즉 머리 정수리와 쇄골 그리고 손목 타점만 활용해 매트릭스 리임프린팅에 이 느린 EFT 기법을 적용해왔다.

1. 호흡을 심장에 집중하면서, 머리 정수리 부분을 계속 두드린다. 1부터 6까지 세며 숨을 들이마시고 숨을 내쉬면서 마음을 집중하며 두드린다.
2. 의식적으로 이렇게 호흡을 유지하면서, 예를 들어 '거부' 또는 '난 제대로 하지 못해' 같은 연상어구를 사용하라. (만일 내담자를 상대하는 경우라면, 비슷한 주제를 가진 내담자 단체들 상대할 때 특히 도움이 되는 방법이다.) 두드리기는 천천히 부드럽게 해야 하며, 그동안 연상어구를 여러 차례 되풀이해야 한다.

3. 충분한 시간을 들여서 잠재의식의 장을 잘 살펴보면서 무엇이 떠오르는지 보고 느껴라.
4. 첫 번째 타점인 정수리를 두드리는 동안 아무것도 떠오르지 않는다면, 쇄골 점으로 내려가 똑같은 과정을 되풀이하라.
5. 마지막으로 손목 점을 두드리고, 필요하다면 연상어구를 바꾸도록 하라.
6. 일단 원하는 생각이나 기억이 떠오른다면, 이제 에코와 함께할 수 있는 출발점에 온 것이다.

에코에서 에코로(ECHO to ECHO)

이 기법은 당신을 멋지게 핵심 사건들로 돌아가게 해준다. 그 기본 전제는 간단하다. 일단 전형적 매트릭스 리임프린팅 기법을 활용해 에코를 만나 문제를 해결하면, '행복한' 에코가 에코 흐름을 타고 당신을 그 이전 사건으로 데려가 준다는 것이다.

1. 특정 기억으로 되돌아가거나 아니면 '에너지 따라가기' 기법을 활용해 관련된 기억을 찾도록 하라.
2. 전형적 매트릭스 리임프린팅 기법을 활용해 에코를 만나도록 하라.
3. 에코가 트라우마를 떨쳐버리고 나면, 그 당시 만들어진 부정적인 믿음을 확인하고, 에코가 긍정적인 기억을 만들어내 리임프린팅할 수 있게 도와줘라.
4. 에코에게 새로운 기억 안에 머물러도 좋다는 걸 알려주어라. 다만 당신이 요청하는 일이 에코에겐 벅찰 수도 있으니, 원한다면 현재 상태에 그대로 머물러도 좋다고 안심하도록 해줘라.
5. 에코에게 다음과 같이 물어보라. "도움이 필요했던 때가 또 있었다면,

그게 언제였니?" 에코에게 그 당시의 나이를 물어볼 수도 있고 그 기억을 보여줄 수 있냐고 물어볼 수도 있다.

6. 에코는 요청을 하지 않아도 자발적으로 당신을 또 다른 기억으로 데려가는 경우가 많다. 현재의 기억과 관련된 문제들에 대한 작업을 끝내기 전에 그렇게 해주기도 한다. 그런 경우 흐름대로 따라가도록 하라. 다른 기억들과 관련된 문제를 해결하면 현재 해결하려 노력 중인 기억들과 관련된 문제에도 도움이 되는 경우가 많은데, 특히 에코가 더 오래전의 기억들로 점프하는 경우 더 그렇다. 당신은 언제든 원래 기억으로 되돌아와 필요한 게 더 없는지를 점검해볼 수도 있다.

줄리를 만나보자. 그녀는 사람들에게 거부당한 기억과 사람들이 다 자신을 떠날 거라는 믿음을 갖고 있었다. 그녀는 여섯 살 난 자신의 에코가 해변에서 길을 잃고 헤매던 기억을 찾아냈다. 그녀가 기억 속으로 들어가 그 에코를 만나보니, 애는 엄마와 아빠가 자신을 찾지 못할까봐 너무 무서워하고 있었고, 그래서 줄리는 트라우마를 없애주려고 그 애에게 두드리기를 해주었다.

그 애를 진정시킨 뒤 기억에서 빠져나온 줄리는 이제 어린 자신이 진정되기는 했지만 아직도 너무 슬퍼 보인다고 말했다.

줄리는 다시 기억 속으로 들어가 어린 자신에게 왜 그리 슬퍼하냐고 물었다. 그러자 에코는 "엄마, 아빠는 날 사랑하지 않아. 일부러 날 잃어버린 거야"라고 말했다. 그래서 줄리가 "왜 그렇게 생각하니?"라고 물었다. 그러자 그 애는 즉시 세 살 시절로 줄리를 데려갔다. 엄마, 아빠가 그 애를 야단치고 있었다.

여기에 리임프린팅 작업을 함으로써, 부모는 세 살 난 줄리에게 자신들이 그녀를 얼마나 사랑하는지 설명해주었고 또 꼭 끌어안았다. 다음 장면에서는 해변에서 길을 잃은 여섯 살 난 줄리로 되돌아왔는데, 그 애는 이제 환한 미소를 지으며 벤치에 앉아있었다. 그리고 이렇게 말했다. "난 이제 엄마, 아빠가 나를 사랑한다는 걸 알아. 엄마, 아빠가 와서 나를 찾을 때까지 그냥 여기에 앉아 바다를 보고 있을 거야."

에코 흐름 안에서 한 사건을 해결하면 그 사건과 관련된 다른 사건들까지 해결되는 경우가 많은데, 그 사건들을 연결해주는 것은 언제나 믿음이다.

현재를 정리하기 위해 과거 정리하기

한 개인의 삶에는 비슷한 사건들이 있게 마련인데, 그런 때는 보다 최근의 기억을 정리하는 것이 더 힘든 경우가 많다. 그런 경우, 더 먼저 일어난 사건을 먼저 해결하는 게 좋다. 에코 흐름 안에서 한 에코의 문제를 해결하면 다른 에코들의 문제까지 드라마틱하게 해결되는데, 이제 그런 예 두 가지를 소개한다.

브렌다를 만나보자. 그녀는 그해 초 오랫동안 사귀어온 남자 친구와 헤어지면서 큰 트라우마를 겪었고, 그 트라우마에서 벗어나고 싶었다. 그러나 그녀의 에코로부터 계속 "상관하지 마!"라는 말만 들었다. 브렌다는 몇 개월 전의 자기 에코를 돕기 위해 여러 가지 노력을 했지만, 그때마다 돌아온 건 저항과 거부, 분노뿐이었다.

브렌다에게 "그 문제가 시작된 게 언제인가요?"라고 물었더니, 즉시 다섯 살 때 거부당했던 기억으로 갔다. 그래서 현재의 브렌다와 몇 개월 전 그녀의 에코가 함께 되돌아가 어린 브렌다를 돕기로 했다.

다섯 살 난 브렌다로 하여금 자신이 특별한 아이고 사랑받고 있다는 걸 이해시킨 뒤, 브렌다는 몇 개월 전 기억으로 되돌아갔다. 나이가 든 브렌다의 에코는 이제 거부를 둘러싼 자신의 핵심 문제와 믿음을 이해하게 됐고, 그래서 남자 친구와의 결별로 인한 고스러운 느낌들을 해결하는 데 기꺼이 동참했다.

. . . .

요한을 만나보자. 그는 군복무 시절 세계의 여러 지역의 많은 전투에 참여한 이후 외상 후 스트레스 장애 증후군PTSD을 앓고 있었다. 그에게 큰 트라우마를 남긴 기억들 중에는 불에 타 숨진 병사들의 시신이 나뒹굴던 비행기 추락사고 현장을 정찰한 기억도 있었다.

이 기억에 처음 다가갔을 때 요한의 에코는 자신은 별문제 없으며 그 사건으로 트라우마를 겪지도 않았다고 주장했다. 그러나 현재의 요한과 얘기를 나눠보니, 그는 그 사건이 외상 후 스트레스 장애 증후군을 야기한 사건들 중 하나라는 걸 알고 있었지만, 자신의 감정을 드러내선 안 된다고 생각하는 것 같았다. 그런데 그 기억을 따라가니 아빠한테 혼나고 있는 네 살 난 요한의 에코가 있었고, 그 애가 울 때마다 매질을 하는 아빠가 있었다. 그래서 그 애는 자기감정을 드러내면 안전하지 못하며, 아빠의 사랑을 받으려면 완벽해야 한다는 믿음을 갖게 되었다.

네 살 난 에코와 아빠를 상대로 그런 믿음을 없애기 위한 작업을 한 뒤, 요한은 다시 비행기 추락 현장의 기억으로 되돌아갔다. 그 군인 에코는 그 끔찍한 사건을 보고 느꼈던 감정을 있는 그대로 드러내고 또 없앨 수 있었다.

'에코에서 에코로'와 '에너지 따라가기' 합치기 – 뉘앙스

위의 기법들을 합쳐서 활용하면 더 빨리 핵심 문제들로 들어갈 수 있다. 그리고 우리가 에코에게 묻는 질문에 따라 기억이 얼마나 멀리까지 갈 수 있는지가 결정될 것이다. 그러니까 만일 "그보다 전에 언제 그런 느낌을 느꼈었는지 기억나니?"라고 묻는다면 최근 사건들로 돌아가게 되지만, "아주 오래전으로 거슬러 올라가서 처음 그런 느낌을 느낀 것이 언젠지 기억나니?"라고 묻는다면 훨씬 더 이전 사건들, 그러니까 훨씬 더 핵심 문제에 가까운 문제들로 돌아가게 되는 것이다.

핵심 문제로 아주 빨리 들어가게 될 경우 장점도 있고 단점도 있다. 장점은 조만간 원래의 문제로 돌아가 그 문제를 완전히 해결할 수 있다는 것이다. 그러나 어떤 사건이 일어났을 때 갖게 된 믿음을 알아내야 하기 때문에, 너무 빨리 핵심 문제로 들어가게 될 경우 자신의 믿음을 말로 표현하지도 못하는 아주 어린 에코를 상대로 문제를 해결해야 하게 될 수도 있다.

먼저 최근의 기억들부터 치유하기 시작해 차근차근 삶을 지배하는 여러 기억들을 찾아들어가 문제를 해결하는 것이 균형 잡힌 방법으로, 그래야 어떤 믿음이 에코 흐름 속의 모든 기억들을 연결하고 있는지를 알아낼 수 있다.

그러나 만일 '에코에서 에코로' 기법을 활용하는 목적이 단순히 특정 믿음을 찾아내기 위한 것이라면, 그 효과는 축소되어 버리고, 각 기억에 대해 전형적 매트릭스 리임프린팅 기법 등을 100퍼센트 활용하지도 못하게 될 것이다.

그래서 일단 특정 믿음을 명확히 알아내면, 언제든 앞서 다루었던 기억들로 되돌아가 각 기억에 대해 전형적 매트릭스 리임프린팅 기법을 100퍼센트 활용할 수 있어야 한다.

우리는 설명하기 쉽게 편의상 매트릭스 리임프린팅을 단계별로 설명했지만, 사실 매트릭스 리임프린팅은 물 흐르듯 유연한 과정이며 매번 할 때마다 조금씩 달라진다. 또한 내담자를 상대로 이 기법을 쓰는 전문가는 단계별 매뉴얼과 메모지를 들고 가만히 앉아 있어선 안 되며, 직접 에코의 말에 귀 기울이고 내담자를 도와 해결책을 찾고 문제를 해결할 수 있어야 한다.

매트릭스 속에서 대리 EFT: 다른 사람의 에코 두드리기

만일 에코가 기억 속에 있는 다른 누군가를 두드려주길 원한다면 어찌 해야 할까? 다른 사람의 에코를 두드리는 것은 도덕적으로 별문제가 없는 걸까?

매트릭스 리임프린팅의 목표는 영상 속에 있는 모든 사람에게 두드리기를 해주는 것은 아니지만, 에코나 내담자가 원해서 하는 경우도 많다.

또 매트릭스 리임프린팅은 누군가의 에코를 자신의 중심 에코와 대화하게 해서 해결책을 찾게 해주기도 한다.

우리는 또 많은 경험을 통해 누군가에게 두드리기를 해주는 것은 그 사람의 삶에 전적으로 도움이 된다는 것을 잘 안다. 두드리기를 해주는 것은 좋은 일을 해주는 일인 것이다. 그래서 오히려 "왜 이 좋은 것을 하지 않나?" 하는 의문을 가져야 한다.

따라서 에코를 도울 때 필요하다면 대리 EFT도 해야 한다. 우리는 매트릭스 안에서 모두가 다 서로 연결되어 있기 때문에, 대신해서 다른 사람을 두드릴 경우 매트릭스 리임프린팅은 놀라운 효과를 발휘한다. 다른 사람들을 상대로 매트릭스 리임프린팅을 할 경우, 그 효과가 우리 자신은 물론 그들의 현실에까지 영향을 미치게 된다. 다시 말해, 우리가 우리 자신의 문제를 해결할 경우, 우리의 기억 속에 포함된 다른 사람들까지 그 덕을 볼 수 있게 되는 것이다.

앰버를 만나보자. 그녀는 사람들 앞에서 말하는 것을 두려워했다. 그녀는 '에너지 따라가기' 기법을 통해 곧 여섯 살 난 자신의 에코로 돌아갔는데, 그 애는 선생님이 교실에서 애들에게 큰 소리로 고함친 것에 큰 불안감을 느끼고 있었다. 트라우마를 걷어낸 뒤, 그 어린 에코는 자신은 잘못한 게 아무것도 없는데 선생님이 왜 그렇게 고함을 쳤는지 알고 싶어 했다.

그들은 그런 얘기를 선생님에게 했고, 그 얘기를 듣고 선생님은 뉘우치며 슬퍼했다. 알고 보니 그는 애들에게 고함을 치고 싶지 않았지만, 당시 아내가 임신 중인 데다가 자신의 상사인 교장 때문에 속이 상한 일이 있었다.

그들은 선생님에게 두드리기를 해주었고, 덕분에 그는 곧 훨씬 더 기분이 좋아졌다. 이와 함께 어린 앰버에게도 행복한 기억을 리임프린팅해주었다.

믿음 브레인스토밍

—

일단 핵심 문제나 믿음을 찾아내면, 그 문제나 믿음을 메모해놓는 것이 중요하다. 우리는 믿음과 기억과 깨달음의 뿌리를 찾아 들어가기 위해 아래와 같은 간단한 브레인스토밍을 해볼 것을 권한다. 한 번에 한 가지 삶의 주제나 믿음에 집중해야 더 깊이 경험하고 더 빨리 변화할 수 있을 것이다.

매트릭스 리임프린팅을 하는 동안에는 메모하지 말고 다 끝난 뒤에 메모하도록 하자. 당신의 믿음들에 대해 또 그 믿음들이 당신 삶의 사건들과 어떤 관계가 있는지에 대해 더 자세히 알면 알수록, 그 믿음들을 변화시키는 일 또한 더 쉬워진다.

사실 많은 사람들(칼도 동의하고 있다)의 경우, 깨달음 그 자체만으로도 많은 것이 해명되고 치유도 된다. 매트릭스 리임프린팅을 통해 당신의 삶이 여러 가지 믿음에 의해 언제 어떻게 절대적인 영향을 받게 됐는지를 깨닫게 될 경우, 그 믿음을 둘러싼 에너지가 줄어들면서 해결책을 생각해낼 수 있게 된다.

믿음 브레인스토밍은 어떻게 하는가?

1. 깨끗한 종이를 한 장 갖다 놓고 그 가운데에 당신의 문제나 믿음을 적는다.
2. 그 문제나 믿음이 현재 당신에게 어느 정도나 맞는지 인지 유효성voc 점수를 매긴다.
3. 그 주제와 관련된 모든 기억들(마음의 지도에서 그 주제로부터 나오는 기억들)의 리스트를 적는다.
4. 한 번에 한 가지 기억의 문제를 해결해나간다.
5. 한 기억을 바꿔놓은 경우, 원한다면 당신의 마음의 지도에 새로 바뀐 기억을 적어도 좋다.

긍정적인 믿음 임프린팅

—

일단 어떤 믿음을 브레인스토밍해 어느 정도 효과가 발휘되면, 이제는 긍정적인 믿음 임프린팅을 할 때이다. 이것은 당신의 에너지 장과 끌어당김의 포인트를 바꾸기 위한 체계적인 방법으로, 원래의 에코를 미래의 에코(문제가 해결되고 새로운 성공의 영상이 만들어진)로 데려감으로써 실행된다.

문제와 믿음, 그리고 에너지 장이 강하면 낡은 에너지 장을 허물기 위해 많은 노력을 기울여야 하며, 그 뒤에야 비로소 미래의 에코를 향해 다음 단계로 나아갈 수 있다.

그러나 이 기법은 아주 효과가 뛰어난데, 에코와 함께 문제를 해결할 때 과거와 현재, 미래 그리고 모든 가능성이 공존하는 양자의 장에서 작업하기 때문이다.

긍정적인 믿음 리임프린팅

긍정적인 믿음 리임프린팅은 긍정적인 미래의 형태장에 주파수를 맞춰, 현재의 가능성 주변에 새로운 형태장을 형성하는 기법이다.

1. 현재의 문제(부정적인 믿음, 인간관계 문제, 돈 걱정, 공포증, 우울증, 불안감, 질병 등)로부터 시작하며, 특정한 사건으로 돌아가기 위해 회상 기법을 사용하라.
2. 여러 관련 사건들을 해결하기 위해 '에코에서 에코로' 기법을 활용하라. 문제를 해결할 필요가 있는 기억의 수는 문제 그 자체와 형성된 에너지 장의 세기에 따라 달라진다.
3. 이 같은 기억들을 가지고 클래식 매트릭스 기법을 활용해 트라우마를 해결하고, 부정적인 믿음을 찾아 새로 긍정적인 이미지를 만들고, 강력한 기억들을 새로 리임프린팅하라.
4. 문제에 대한 인지유효성 voc 점수가 눈에 띄게 줄어들었다고 느껴진다면, 그때가 바로 이미 질병이 사라졌거나 인간관계가 놀라울 만큼 개선됐거나 금전 문제가 해결된 미래의 에코로 갈 때이다. 이미 해결된 기억들 중 하나를 활용하라. 한 걸음 뒤로 그 기억 속으로 들어가서, 이미 문제가 해결된 미래의 자신에게 데려다 달라고 에코에게 부탁해보라.
5. 미래의 당신을 찾게 되면, 거기서 모습과 소리, 냄새, 감촉 등등, 새로운 영상과 관련해 최대한 많은 감각적 정보를 끌어내도록 하라. 예를 들어, 미래의 당신이 해변에 있다면, 그곳의 아름다운 경치를 보고, 철썩이는 파도소리와 하늘을 나는 갈매기 울음소리를 듣고, 바다 내음을 맡고, 발

가락 사이의 모래알과 등에 느껴지는 햇볕의 따뜻함을 느껴보는 것이다.

6. 어떤 긍정적인 감정(기쁨, 사랑, 행복, 안정감, 친밀감 등)이 느껴지는가?

7. 그림 주변의 색깔들은 어떤가?

8. 그런 영상이 당신에게 뜻하는 것은 무엇인가? (예를 들면 '나는 성공을 했고 그래서 이런 삶을 누릴 자격이 있다.')

9. 당신은 이 새로운 상황과 관련해 다른 어떤 것을 생각하는가?

10. 이 놀라운 영상의 에코로 들어가 어떤 삶인지 느껴보라. 사람들은 어떤 말을 하는가? 문제를 해결하니 기분이 어떤가? 그것이 당신 삶의 다른 부분들에 어떤 영향을 주고 있는가? 당신과 가까운 사람들에겐 어떤 영향을 주고 있는가?

11. 미래의 에코에서 그런 삶을 누리려면 어떤 조언을 들어야 하는지를 물어보라.

12. 이 모든 질문들에 자세히 답한 뒤, 그 기억을 리임프린팅하라.

13. 리임프린팅 이후엔 미래의 기억과 관련된 모든 요소들을 자세히 적어보라. 그와 관련된 어떤 그림을 그리고 싶을 수도 있을 것이다.

14. 최소한 21일 동안 매일 아침저녁으로 이 기억을 리임프린팅하라.

만일 미래의 기억이 별로 마음에 와닿지 않는다면, 그것은 과거의 기억을 좀 더 변화시켜야 한다는 의미이다. 그런 경우 미래의 에코에게 당신이 어디로 가서 어떤 노력을 더 해야 좋을지를 물어보라. 그 결과 당신은 다시 에코 흐름을 타고 그 기억을 찾아가게 될 것이다.

만일 당신이 21일간 긍정적인 믿음 리임프린팅을 한다면, 영상이 생명을 띠게 되는 걸 보게 될 것이다. 긍정적인 면이 강하다면 좋은 일이다. 그러나 만일 뭔가 더 해야 할 것이 있다고 느껴진다면, 미래의 에코로 되돌아가 어떤 부분에 변화가 필요한지 상황을 재평가해봐야 한다.

매트릭스 속에서 작업을 더 잘하려면
—

이 책을 읽어나가면서 이 장에서 소개한 매트릭스 리임프린팅 심화기법들을 연습하고, 또 다음과 같은 것들로 보충한다면 당신은 전문가 수준에 이를 것이다.

교환 상담

교환 상담이야말로 당신이 제일 먼저 해야 할 일이다. 교환 상담에는 매트릭스 리임프린팅 훈련과 연습, 실습, 공동체 구축 등이 망라된다. 다른 매트릭스 리임프린팅 전문가들과의 교환 상담을 통해 매트릭스 리임프린팅 기법에 대한 자신감을 기를 수 있을 뿐 아니라, 자신의 문제들을 해결해나가는 과정에서 전문가들로부터 도움을 받을 수 있는 시스템도 구축할 수 있다. 내담자 문제와 관련해 논의할 수 있는 동료들도 생기게 된다.

또한 교환 상담은 초보 전문가뿐 아니라 모든 수준의 전문가들에게 필요하다. 실제로 경험이 많은 정신 요법 전문가 샐리-앤 소울스비Sally-Ann Soulsby 같은 경우, 자신은 매주 또 다른 전문가 에리카 브로드녹Erika Brodnock(8장 참조)과 교환 상담을 갖고 있는데, 그것이 자신의 성공을 가로막는 장애물들을 제거하는 데 아주 큰 도움이 되고 있다고 했다.

다음에 교환 상담의 가치에 대한 다른 매트릭스 리임프린팅 전문가와 트레이너들의 이야기를 소개한다.

"매트릭스 리임프린팅 훈련을 시작한 날부터, 나는 매주 또는 2주에 한 번씩 늘 인터넷 전화 스카이프를 통해 몇몇 뛰어난 동료 매트릭스 리임프린팅 전문가들과 정기적인 교환 상담을 갖고 있다. 교환 상담을 가질 경우, 고객 관리에 대한 자신감이 눈에 띄게 커질 뿐 아니라, 정기적인 트라우마 제거 작업을 통해 삶이 한층 더 윤택해진다. 정기적인 교환 상담은 치실을 이용한 치아 관리만큼이나 놀라운 효과를 갖고 있는 것 같다."

- 캐릴 웨스트모어 Caryl Westmore

"나는 교환 상담을 갖는 것이 내 문제를 해결하는 데는 물론이요, 그 외에 다른 많은 면에서도 아주 큰 도움이 된다는 걸 알았다. 다른 사람들의 매트릭스 리임프린팅 스타일과 기법들로부터 많을 걸 배울 수 있을 뿐 아니라, 매트릭스 리임프린팅 과정의 다른 면들도 볼 수 있었던 것이다. 혼자 일할 수도 있지만, 교환 상담을 통해 동료들과 함께 일하면 좀 더 편안하게 매트릭스 리임프린팅을 할 수 있었다. 동료들은 내가 했을 질문과 다른 질문들을 했고 다른 것들을 찾아냈으며 또한 나의 '맹점들'도 찾아주었다."

- 제마 리글리 Jema Wrigley

"교환 상담은 비비 꼬인 내 개인적인 패턴들을 풀어주어 에너지가 제대로 흐르게 해주었다. 함께 교환 상담에 참여했던 사람들은 내게 영감과 교훈을 주었으며 자신감도 갖게 해주어, 끊임없는 배움을 가능하게 해주었다. 그 덕에 나는 내 내담자들에게 더 많은 것을 줄 수 있었다. 각 상담에서 받는 피드백은 우리의 발전에 필수적이다."

"과거에 나는 반사요법 전문가들과 함께 매트릭스 리임프린팅 교환 상 담을 했는데, 뭔가 다른 방식으로 일하는 것을 경험한 멋진 기회였다."

- 사라 모드_{Sara Maude}

이 책에서 우리는 당신의 믿음과 삶을 변화시키기 위한 전인적 접근 방식을 택하고 있는데, 마지막에 사라가 좋은 지적을 해주었다. 우리는 당신의 기분이 좀 더 좋아지기를 원한다. 그러니 만일 마사지가 당신의 진동을 높여주는 방법이라면, 교환 상담을 함께할 수 있는 마사지전문 가를 찾아보라. 예를 들어 케이트의 경우, 개인적인 훈련과 척추 지압, 인생 코치 등의 전문가와 매트릭스 리임프린팅 교환 상담을 해왔다.

훈련과 연습

매트릭스 리임프린팅 전문가 훈련 과정은 아주 강도 높은 2일간의 과 정으로, 실제 상황의 환경 속에서 모든 기법을 배우고, 칼이나 그의 뛰어 난 트레이너들 중 한 사람이 매트릭스 리임프린팅 기법을 구사하는 것 을 보게 된다. 그뿐 아니라 당신 자신의 믿음을 탐구해볼 수 있는 좋은 계기도 될 것이다. 그래서 이 훈련과정을 마쳤을 때는 당신 자신의 삶에 대해서는 물론이고, 당신의 에너지 장에 무엇이 있는지, 또 당신이 어떻 게 새로운 경험들을 끌어당기기 시작할 수 있는지 등에 대해 새로운 깨 달음을 갖게 될 것이다. 매트릭스 리임프린팅 전문가가 되는 방법에 대해서 좀 더 알고 싶다면, 358쪽을 참고하도록 하라.

칼은 오랫동안 자신의 매트릭스 리임프린팅 전문가들에게 자신의 스타일을 개발할 수 있게 도움을 주어왔다. 그래서 예를 들어 샤론 킹Sharon King은 매트릭스 출생 리임프린팅Matrix Birth Reimprinting 기법을, 케이트는 그녀 특유의 창의력을 개발하고 집필 관련 워크숍들을 만들어낼 수 있었다. 자신만의 독특한 매트릭스 리임프린팅 기법을 개발해낸 다른 전문가들의 훈련에 참여하면 그 새로운 기법들을 배울 수 있을 것이다.

연습

부지런한 연습만이 숙달의 지름길이다. 그저 에코에 대해 아는 것만으로는 그 에코가 갖고 있는 트라우마를 없앨 수 없지만, 전형적 매트릭스 리임프린팅 기법을 활용하면 그것이 가능해진다.

또한 에코들과 보다 많은 시간동안 대화하다보면, 자연스럽게 당신만의 매트릭스 리임프린팅 스타일(애용하는 질문, 재인식, 리임프린팅 방식 등)이 생겨나게 된다. 앞서 말했듯, 매트릭스 리임프린팅 기법은 당신 자신의 전문 지식과 인생 경험을 두루 활용하게 될 유연한 과정이다.

자기 치유 작업

당신이 얼마나 오래 매트릭스 리임프린팅 전문가로 활동했고 또 치유나 정신요법 분야에서 일을 했든, 무엇보다 먼저 자기 치유작업self-work에 매진하는 것이 중요하다.

특정 믿음이나 삶의 주제들을 해결하기 위해 일하는 것이야말로 매트릭스 리임프린팅 기법을 통해 진정한 해결책을 얻고 앞으로 나아가는 길이다. 대부분의 매트릭스 리임프린팅 전문가들은 굳이 이런 사실을 상기할 필요도 없다. 일단 낡은 패턴들로부터 벗어나는 것이 얼마나 기분 좋은 일인지를 알고 나면, 부정적인 기억이나 트라우마를 지우고 싶어 견딜 수 없게 되기 때문이다.

공동체 구축

매트릭스 리임프린팅 전문가들은 매트릭스 리임프린팅 기법에 대해 아주 큰 열정을 갖고 있으며, 온라인 활동도 활발히 하고 있다. 관련 소셜 네트워크가 있음은 물론이고 페이스북에도 큰 그룹이 있어, 그걸 통해 매트릭스 리임프린팅과 관련된 많은 조언과 지원을 하고 있다.

원한다면 지역별 미팅 그룹을 운영하거나 참여할 수 있고, 전문가들의 지도 아래 매트릭스 리임프린팅 기법을 연습해 볼 수도 있다. 또는 다른 매트릭스 리임프린팅 전문가들과 직접 만나 교환상담을 할 수도 있을 것이다.(영어권에서 가능하다. 현재 아시아 지역 매트릭스 트레이너는 홍콩에 한명, 일본에 한 명 있을 뿐이다. 국내 훈련 프로그램은 도입 예정이다. - 역자 주)

TRANSFORM YOUR BELIEFS

TRANSFORM YOUR LIFE

2부

삶의 주제들

개요

이 책을 도구창고라고 생각해보자. 내면 풍경 속 각양각색의 정원을 가꿀 도구들로 가득한 곳이라고 말이다. 당신은 어떤 꽃밭에서 일하고 싶고, 어떤 씨앗을 뿌리고 싶은가?

우리는 사람들이 가장 많이 도움을 요청하는 분야들을 살펴보기로 했다. 또한 이 분야에서 활동해온 전 세계의 매트릭스 리임프린팅 전문가들을 인터뷰했고, 그 과정에서 얻은 깊이 있는 지식을 여러분과 공유하고자 한다.

각 장에는 주제와 관련된 일반적인 믿음들, 사례 연구들, 그리고 당신이 내담자들에게 묻게 될 질문들이 담겨있다. 당신은 각 삶의 영역 속에서 클래식 매트릭스 리임프린팅 기법, 특히 '안전한 전략 창출' 및 '긍정적인 믿음 리임프린팅' 단계들에서의 미묘한 차이들도 보게 될 것이다.

각 장은 출발점으로 보면 된다. 책에 담긴 몇 천 단어로 통증 관리 또는 학대와 관련된 모든 것을 다룰 수는 없지만, 과거에 한 일들을 토대로 당신을 위한 안내자 역할을 해줄 수는 있다. 우리는 당신에게 여러 연구 결과를 알려줄 것이며, 또 당신 자신과 내담자에게 효과적인 방법을 찾아내는 데 도움이 될 조언을 해줄 것이다.

우리는 먼저 '의식 있는 양육'으로 시작한다. 아이들을 이해하고 우리 자신이 어린 시절에 어떤 대우를 받았는지가 매트릭스 리임프린팅의 핵심 사항이기 때문이다.

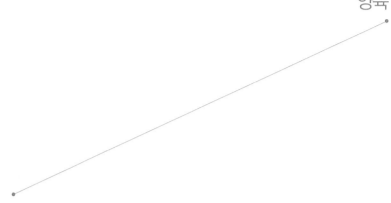

8
의식 있는
양육

"부모로부터 큰 사랑을 받은 한 세대가 다음 세대의 뇌를 변화시키고,
결국 세상을 변화시킬 것이다."
– 찰스 레이슨Charles Raison

그럴 기회만 준다면, 아이는 당신에게 최고의 스승이 될 수 있다. 그러나 아이가 원수처럼 보일 때도 있을 것이고, 아이의 행동 때문에 당신이 투쟁 또는 도피 반응을 보일 때도 있을 것이다. 당신의 말이나 행동은 당신이 어렸을 때 당신 부모가 했던 말이나 행동을 연상케 할 수도 있다. 그래서 당신은 아이를 손바닥으로 때리거나 고함을 치거나, 벌을 세우거나, 면전에서 문을 쾅 닫아버리거나 아니면 그냥 아이에게서 도망가고 싶어질 수도 있다.

의식 있는 부모가 된다고 해서 투쟁 또는 도피 반응을 보이지 않는다는 뜻은 아니다. 대신 마음에 들지 않는 자신의 행동을 알아차려 그 행동을 고치려 노력한다는 뜻이다. 의식 있는 부모가 되려면 무엇보다 먼저 의식 있는 사람이 되어야 하며, 솔선수범해 어떻게 내 생각과 느낌과 감정을 관리하는지 아이에게 본을 보여야 한다.

매트릭스 리임프린팅의 핵심은 어린 시절부터 가져온 잠재의식 속의 믿음들을 바꾸는 것이다. 우리는 매트릭스 리임프린팅을 통해 어린 시절의 우리 에코들과 만나고, 그 아이들이 무엇을 필요로 하며 어떻게 느끼는지를 본다. 에코들이 자신과 관련해 갖게 된 믿음을 이해하게 됨으로써 우리 자신의 양육 방식이 우리 자식에게 어떤 영향을 주는지도 자연스레 더 잘 이해하게 된다. 예를 들어, 당신이 만일 부모한테 얻어맞은 다섯 살 난 에코를 만나 대화를 나누며 두드리기를 하게 된다면, 당신은 아마 절대 내 아이에게 손찌검을 하지 않겠다고 맹세하게 될 것이다.

양육은 어디서부터 시작되는가?
—

일부 문화권에서는 양육은 아기가 이 세상 빛을 보기도 전에 시작된다. 수천 년간 각 지역의 토착 문화들에서는 임신 환경의 중요성을 인정해왔다. 그래서 그런 문화에서는 남녀가 아이를 임신하기 전에 몸과 마음을 정화하는 의식을 갖는다. 남녀 대다수가 의식적으로 임신 날짜를 선택하고, 이 세상에 새로 올 생명을 위해 사랑이 충만한 양육 공간을 만드는 사회. 그런 사회에 살고 있다고 상상해보라.

자신의 저서 《사전 양육: 수태할 때부터 아이 양육하기 Pre-Parenting: Nurturing Your Child from Conception》에서 토마스 버니 Thomas Verny는 이렇게 말하고 있다. "우리가 아이를 가질 때 사랑 속에서 가졌는지 아니면 미움 속에서 가졌는지, 또는 엄마가 임신을 원했는지 원하지 않았는지에 따라 차이가 있다.”

　연구 결과에 따르면, 유전자 각인 과정 중에조차 부모들의 삶에서 일어나는 일들이 새로 태어날 아이의 몸과 마음에 큰 영향을 준다고 한다. 담배와 술, 약물 등에서 나오는 독성 물질들이 태반을 통해 태아에게 전해져 나쁜 영향을 준다는 건 널리 알려진 사실이다. 그렇다면 엄마의 감정 상태가 태아에 미치는 영향은 어떨까? 태아는 엄마로부터 영양분만 받는 게 아니라 엄마의 감정은 물론 주변 세상에 대한 엄마의 인식까지 물려받는다는 연구 결과들이 있다. 자궁 안에 있는 신생아가 자장가를 인지한다는 것도 널리 알려진 사실이다. 심지어 아이의 우울증이 엄마 자궁 안에서 시작된다는 주장들도 있다.

　각종 정보가 엄마에게서 태아에게 전달되는 것은 아이가 자궁 밖으로 나왔을 때 마주치게 될 일들에 미리 대비할 수 있게 해주려는 자연의 오묘한 섭리이다. 임신했다는 사실을 안 순간부터 엄마가 기뻐하고 아이를 소중히 여길 경우, 그런 에너지가 그대로 태아에게 전달된다. 반대로 아이를 가진 건 실수라거나 아니면 아이를 가진 것에 대해 안절부절못하며 불안해한다는 메시지를 보낼 경우, 부정적인 화학적 신호 또한 그대로 태아에게 영향을 미친다.

　그래서 만일 어떤 아기가 사랑받지도 못하고 원치도 않는 상태로 세상에 나오게 된다면, 태어날 때부터 부정적인 핵심 믿음들을 갖게 될 가능성이 높다. 이를테면 ‘세상은 위험한 곳이야’ ‘난 원치 않은 아이야’ ‘난 제대로 하지 못해’ ‘난 쓸모없는 아이야’ 같은 믿음들 말이다. 작은 샘물 같던 이런 믿음들이 나중에는 급류처럼 격렬해질 수 있다.

　임신과 출산은 관련된 모든 사람에게 변화를 가져다주는 사건이라는 것을 잊어서는 안 된다. 이런 변화에 더 많은 의식을 기울일수록, 우리는 더 큰 성장을 하게 되고 또 더 많은 변화를 위해 잠재력을 개발할 수 있게 된다. 우리 모두는 엄마 자궁에 생겨날 때부터 이런저런 믿음들을 갖는다. 고맙게도 우리에겐 샤론 킹Sharon King이 고안한 매트릭스 출생 리임프린팅 기법이 있다. 그동안 수천 명의 사람들이 이 기법 덕분에 자신의 출생 시기의 기억으로 되돌아가, 당시의 기억을 안전하면서도 따뜻하고 사랑이 넘치는 기억으로 바꾸었다. 케이트는 자연 상태로 아기를 출산하는 일이 얼마나 큰 기쁨을 안겨주는 고통 없는 경험인지를 직접 체험해서 잘 안다. 정말 많은 사람들이 출생 시기의 기억을 변화시키는 것이 자신의 현재 믿음 체계에 얼마나 큰 영향을 주었는지에 대해 증언하고 있다. 우리가 어떻게 이 세상에 들어왔는가 하는 것은 아주 중요한 문제이다. 그래서 임신과 출산 등 출생 시기에 겪게 된 트라우마는 전부 제거해야 한다. 샤론 킹에 대해 좀 더 알고 싶으면 이 책 끝부분의 〈기고자들〉 부분을 참고하기 바란다.

양육 죄책감

당신이 만일 의식 있는 양육을 하지 않은 모든 순간들, 그러니까 당신이 자기 자신과 아이를 사랑하는 행복한 부모보다는 성난 곰 같은 모습으로 아이를 양육한 순간들을 떠올리며 이 부분을 읽는다면 가슴이 뜨끔할 것이다.

'임신되는 순간부터 6세 때까지 아이들은 자기 부모들의 행동을 모방해 자신의 모든 핵심 믿음들을 각인한다. 그리고 그 믿음들은 아이들 삶의 청사진이 될 뿐 아니라 자식의 향후 양육 방식의 청사진도 된다.' 이런 말을 들으면, 일부 부모들은 죄책감을 느낄 것이다. 그러나 우리는 이 장에서 부모들을 비난하려는 생각은 전혀 없으며, 그들을 도와 어린 시절을 보다 행복한 시절로 고쳐 쓰게 하고 또 긍정적이고 의식 있는 부모가 되도록 도와주려 한다.

부모가 되면 어느 순간 벌컥 화를 낸다거나 참지 못하기도 하고, 뭔가에 상처를 입거나 상실감이나 외로움 또는 두려움을 느끼기도 한다. 그러나 현재 어떤 일이 일어나고 있는지 차분히 살펴보고, 또 자신의 어린 시절 상처들을 찾아내 그것들을 치유할 수 있다면, 당신과 당신 자식 모두 더 강해지고 살면서 마주치게 되는 모든 일들에 좀 더 잘 대처할 수 있게 될 것이다.

다음에 이어지는 루이스 헤이의 말을 들어보자. 왜 우리 아이들이 우리를 선택했는지를 이해하는 데 도움이 될 것이다.

나는 우리가 우리 부모들을 선택한다고 믿는다.

우리는 특정 시간, 특정 공간에 이 땅에 인간으로 태어나겠다고 결정한다. 영적인 면에서 발전하고 진화하는 데 필요한 교훈을 얻으려고 이 땅에 오기로 작정하는 것이다. 우리는 먼저 우리의 성별과 피부색과 조국을 선택하며, 그런 다음 살아가면서 추구하고자 하는 패턴을 반영하고 있는 부모를 찾는다. 성장하고 나서는 부모에게 손가락질하며 이렇게 비난한다. "내가 이렇게 된 건 다 당신들 때문이야." 그러나 사실 부모를 선택한 건 우리이며, 그건 바로 그들이 우리가 극복하고 싶어 하는 것들을 갖고 있었기 때문이다.

우리는 양육이 세상에서 가장 힘든 일이라는 것도 인정해야 한다. 우리는 한편으로는 아이들에게 무조건적인 사랑을 주면서 다른 한편으로는 여러 가지를 통제하고 훈육도 하고 독립심도 심어줘야 한다. 그런데 수많은 교육법이 정서적으로 안정되고 자기 훈련이 된 아이들을 양육할 방법을 찾아냈다고 주장한다. 어쩌면 너무 많아 혼란스럽기까지 할 정도이다.

당신의 아이는 트라우마를 겪지 않을 거라는 생각은 아예 하지 말자. 그것은 불가피한 일이다. 그러나 부정적인 잠재의식 패턴에 의한 양육이 아니라 의식 있는 양육을 한다면, 우리 아이들은 필요한 도구들을 갖춘 상태로 삶의 여정에 나설 수 있게 될 것이다. 양육 전문가인 로라 마크햄Laura Markham 박사는 자신의 책《평온한 부모들, 행복한 아이들Peaceful Parents, Happy Kids》에서 이렇게 말한다.

> 아주 헌신적인 엄마나 아빠조차 가끔은 무심코 아이에게 정신적인 상처를 준다. 자기 아이를 끔찍이 사랑해서 필요한 상황에서는 기꺼이 자기희생까지 할 부모들마저도 그렇다. 왜 우리의 의도와 행동 사이에는 이 같은 격차가 있는 것일까? 그것은 우리가 의식적으로는 절대 아이에게 상처를 주려 하지 않지만, 모든 인간관계가 그렇듯 아이를 기르는 일이 의식한 대로만 되지는 않기 때문이다.

이 점을 잊지 말자. 어떻게 의식 있는 양육을 할 것인지에 대해 고민하는 어른들을 부모로 가진 아이들은 그야말로 행운아들이다. 이 세상에는 가난 속에 살고 있고, 매일 밤 굶주린 채 잠자리에 들고, 쓰레기를 주워서 먹고살고, 늘 전쟁의 공포 속에 살고, 총을 들 것을 강요받고, 약물 중독에 빠져 있고, 주기적인 학대를 당하고, 탈출구도 없이 혼자 두려움에 떨고 있는 아이들이 수없이 많다.

우리 자신의 아이들을 보살피고 또 보다 의식 있는 양육을 하는 것도 중요하지만, 이 장에서는 모든 아이들을 도울 수 있는 방법을 모색하고자 한다. 우리 모두에겐 그래야 할 의무가 있다.

부모들을 위한 매트릭스 리임프린팅
—

잠재의식적인 행동들과 에너지 장에 저장된 것들을 바꾸지 않는 한, 우리는 어린 시절 양육받은 대로 아이들을 기르게 된다. 이와 관련해 브루스 립턴 박사는 이런 멋진 말을 남겼다.

우리가 부모들에게서 보는 핵심적인 행동과 믿음, 그리고 태도는 우리 잠재의식 속에 시냅스 경로들로 깊이 각인된다. 그런 것들이 일단 잠재의식 속에 프로그램되면, 그것들은 다시 프로그램할 방법을 찾아내지 못하는 한 평생 동안 우리의 생물학적 상태를 지배한다.

다행히도 매트릭스 리임프린팅이 그런 재프로그램을 가능하게 해준다. 그럼 어떻게 해야 할까? 아이들은 순식간에 0에서 10까지의 감정 변화를 보이기도 하며, 그래서 도발하는 경우도 저마다 다르다. 모든 도발을 제어하고 우리 자신과 아이들이 트라우마를 겪지 않으면서 그것으로부터 뭔가를 배울 수 있게 해줄 방법들은 다음과 같다.

- 부모를 위해 두드려라.
- 상황을 분산시켜라
- 아이와 함께 두드려라.
- 매트릭스-휴식시간을 내라: 대리 EFT
- 미래의 매트릭스 작업: 미래를 위해 과거의 행동양상을 정리하라.

부모를 두드려라

아이가 도발을 할 때, 기본 EFT 기법을 활용해 당신이 느끼는 그 에너지를 떨어뜨려라. 그것을 통해 당신은 통제감을 가지게 되고, 투쟁 또는 도피 반응에서 빠져나옴으로써 상황에 몰두할 수 있게 된다. 투쟁 또는 도피 반응에서 빠져나오게 되면 모든 것이 변화한다.

모든 부모들은 자신이 화를 내거나 좌절감을 느낄 때, 아이들이 그 에너지를 받아들여 다시 부모에게 되쏜다는 걸 안다. 아이들을 돕고 싶다면, 먼저 우리 자신부터 살펴야 한다.

상황을 분산시켜라

일단 상황이 진정되면, 그 상황을 분석하고 해부해 어떤 일이 일어났는지, 또 당신이 어디서 잘못됐는지를 알아내도록 하라. 그런 다음 필요하다면 당신이 잘못한 점에 대해 아이에게 사과하도록 하라.

모든 걸 어린 에코의 관점에서 생각하라. 아이는 무엇을 필요로 할까?

잘 알 테지만, 어린 에코는 엄마나 아빠가 자신을 꼭 안아줄 때 안전하다는 느낌을 받고 부모와 동질감도 느낀다.

아이에게 어떤 한계 또는 제약을 두라는 이야기가 아니다. 그보다는 당신 자신의 문제를 해결해야 하며, 또 아이가 원하는 것이 무엇인지에 마음을 쓰라는 것이다.

아이와 함께 두드려라

트라우마를 안겨주는 일이 일어날 때, 우리는 기본적인 두드리기를 활용해 투쟁, 도피, 동결 반응을 즉시 풀어버릴 수 있다. 에코가 만들어지는 것을 막진 못하더라도, 두드리기를 함으로써 트라우마를 즉시 제거할 수 있고, 그 덕에 에너지가 줄어들어 감정적 흥분 상태가 계속 유지되지는 않게 될 것이다. 그러니까 특정 지역 또는 믿음 체계 내에서 에코들이 늘어나지는 않을 거라는 것이다. 곧 마음을 깨끗하게 정화하는 것으로 생각할 수 있다.

만일 우리 아이들이 필요할 때마다 스스로를 치유하게 만들 수 있다면, 아이들은 자기 잠재의식 속에 얼어붙은 에코들이 더 늘어나지 않게할 것이다. 우리는 아이들의 나이와 이해력에 맞는 언어를 사용함으로써 그 일을 더 흥미진진하게 만들 수 있다.

첫째, 아이에게 기본적인 두드리기를 알려주어라. 두드리기용 곰 인형을 사용해 두드리기를 재미있는 게임으로 만들 수 있으며, 당신이 직접 곰 인형에 타점들을 표시해둘 수도 있다. 전통적인 정신 요법에서는 아이가 무얼 생각하고 있는지를 알아내기 위해 모래밭에 그림을 그리는 놀이나 인형 역할극을 활용하는데, 그와 비슷하게 아이에게 어떻게 느끼고 있는지를 곰 인형에게 말하게 할 수 있다.

좀 더 나이가 많은 아이들의 경우, 두드리기가 기분을 더 좋게 만든다는 것을 받아들이게 되면 그 다음엔 '시간 여행 두드리기'Time Travel Tapping를 실험해볼 수도 있다. 아이에게 매트릭스 리임프린팅 기법에 대해 복잡하게 설명할 필요는 없다. 대체로 아이들은 성인들보다 훨씬 더 상상력이 풍부하다. 그러니 그냥 어떤 시나리오나 과거의 상황을 설명하고 자신이 거기 있다고 상상해보라고 하자.

아이들의 에너지는 아주 빨리 해소된다. 아이들의 경우 이미 제자리를 잡은 믿음 체계들이 있다 해도, 그 믿음 체계가 어른들처럼 자신의 에너지 장 안에 있는 많은 사건들에 의해 더 악화되진 않기 때문이다.

릴리를 만나보자. 열 살 난 릴리는 장거리 자동차 여행을 가는 것을 아주 싫어했다. 일반화 효과가 일어나면서, 릴리는 점점 더 자동차를 타는 것 자체에 대한 공포증을 갖게 되었고, 그러다 곧 버스를 타고 학교에 가는 것도 무서워했다.

매트릭스 리임프린팅 전문가와 릴리는 매트릭스 안으로 들어가 릴리의 더 어린 에코를 찾아냈다. 에코의 이야기는 이러했다. 장거리 자동차 여행을 갔다가 돌아왔더니 릴리의 개가 죽어있었다. 그로부터 약 3~4주 후에 또 다시 자동차 여행을 갔다왔는데, 이번엔 할머니가 돌아가셨다. 비교적 짧은 기간에 릴리는 큰일을 두 번이나 겪었고, 그러면서 '내가 자동차 여행을 가면, 누군가 죽게 돼'라는 믿음을 갖게 되었다.

이 사건들의 또 다른 부정적 측면은 어린 릴리가 두 죽음에 대해 죄책감을 느끼게 되었다는 것이었다. 부모는 릴리에게 개를 보살피게 했기에, 그래서 개를 산책시키고 털을 빗어주고 함께 놀아주는 일 등은 릴리의 몫이었다. 릴리는 자신이 부모의 기대에 부응하지 못했다고 느꼈고, 개가 죽었을 때는 너무도 큰 죄책감에 넋이 나갈 정도였다. 게다가 할머니가 세상을 떠나기 전 잠시 찾아뵙지 못했었는데, 그 일에 대해서도 죄책감을 느꼈다.

첫 번째 매트릭스 리임프린팅 상담이 시작되기 전, 릴리는 10분간 버스를 타고 인근 수영장에 갈 일이 있었는데, 필사적으로 가지 않겠다고 버텼다. 그러던 릴리가 첫 번째 상담 후에는 이를 악물고는, 버스를 타고 수영장에 갔다. 그 이후 두 차례의 상담을 통해, 릴리와 매트릭스 리임프린팅 전문가는 어린 릴리가 개와 할머니에 대해 갖고 있는 죄책감을 찾아내 제거했고, 비로소 어린 릴리는 개와 할머니에게 제대로 작별인사를 할 수 있게 되었다. 매트릭스 안에서 그런 일을 할 수 있는 힘을 갖게 되고 그 매트릭스 안에 모두 함께할 수 있는 특별한 장소를 만들어냄으로써 릴리의 반응은 변화되었고, 릴리는 자동차 여행을 가는 일을 더 이상 두려워하지 않게 되었다.

이 사례에서 볼 수 있듯이, 어린 릴리는 트라우마를 겪은 뒤 바로 에코를 치유한 덕에 잠재적인 광장 공포증 환자로 성장하지 않고 바로 모든 충격에서 벗어날 수 있었던 것이다.

매트릭스-휴식시간을 내라: 대리 EFT

도발이 일어난 상황에서 매트릭스-휴식시간을 내기 힘들 수도 있는데, 특히 그 도발이 되풀이해서 일어나는 것이라면 잘 기억해두었다가 나중에 꼭 그 문제를 해결하도록 하자. 그 상황을 당신이 어떻게 느끼는지를 꼼꼼히 살펴볼 수도 있고 아니면 그 상황을 기억해내면서 곧바로 그 영상 속에 들어가 볼 수도 있다. 어느 쪽이든, 어린 시절에서 문제의 에코를 찾아내고 전형적 매트릭스 리임프린팅 기법을 통해 해결하도록 하라.

매트릭스 안에서는 모든 에코들과 과거, 현재, 미래를 만나볼 수 있다. 그것은 아이들의 경우에도 마찬가지이다. 매트릭스 안으로 옮겨가기 위해 트라우마와 접촉할 필요는 있겠지만, 그것이 꼭 아이들과 관련될 필요는 없다.

당신이 일단 아이를 데려올 수 있는 매트릭스에 들어가 있을 경우, 그 아이와 대화를 하고 두드리기를 해주어 아이가 상황을 어떻게 느끼고 있는지를 알아보라.

세이디Sadie와 그녀의 18살 난 딸 탐신Tamsin을 만나보자. 탐신이 생후 6개월 됐을 때, 세이디는 한 달 가량 일주일에 두 번씩 아침에 아이를 보모에게 맡긴 적이 있다. 세이디는 보모에게 사냥개가 한 마리 있다는 걸 알게 됐는데, 보모는 탐신이 집에 와있는 동안에는 절대 개를 집 안에 들이지 않겠다고 약속했다.

세이디는 다른 엄마들과 마찬가지로 딸을 남에게 맡긴 채 출근하는 것이 걱정이 됐고, 아무 예고 없이 보모의 집을 찾아가 보모가 자기 딸을 얼마나 잘 보살펴주고 있는지를 확인해보기로 했다. 그녀가 나타나자 보모는 크게 당황해 했다. 그녀가 주방 안으로 들어가 보니 탐신은 끈으로 유모차 안에 묶여있었고, 텔레비전 소리가 요란한 가운데 개가 온 방 안을 뛰어다니고 있었다. 세이디는 너무 놀라 그 자리에 얼어붙어 버렸다. 보모는 말없이 떠난 뒤 다시는 돌아오지 않았다.

세이디는 1년 넘게 자기 딸에게 뭔가 안 좋은 일이 있었을지도 모른다는 생각에서 헤어나질 못했고, 그러다가 매트릭스 리임프린팅 전문가를 만나 그 문제의 해결에 나섰다. 두 사람은 당시의 현장으로 되돌아갔고, 세이디를 두드려주어 딸에게 뭔가 나쁜 일이 있었을지도 모른다는 두려움과 죄책감을 떨쳐버리려 했다. 보모에겐 십대 아들이 둘 있었는데, 세이디는 그 애들이 자기 딸에게 무슨 못된 짓을 했을지도 모른다는 큰 두려움을 갖고 있었다. 매트릭스 안에서, 탐신은 자기 엄마와의 대화를 통해 엄마가 곁에 없어 무서웠다는 얘기를 했다. 탐신은 아주 심한 분리 불안(유아가 엄마로부터 분리될 때 느끼는 불안한 심리 상태 - 역자 주)을 가지고 있었고, 그래서 두 사람은 자신들이 느끼는 감정의 강도를 떨어뜨리기 위해 함께 두드리기를 했다.

오랜 죄책감을 벗어던지면서 세이디는 새로운 관점을 갖게 되었다. 그녀는 또 매트릭스 안에서 보모와 얘기도 나누었고 지역 보육 위원회에 자초지종을 알리는 서신을 보내 실질적인 조치도 취했다.

탐신은 특별히 다른 일은 없었고 단지 엄마가 그리웠을 뿐이라는 말을 했다. 세이디는 비로소 안도의 한숨을 내쉬었고 얼굴도 한결 편해 보였다.

그리고 자신이 부모로서 책임감을 갖고 최선을 다했다는 생각을 갖게 되면서 죄책감에서도 벗어날 수 있었다. 그리고 자신이 보모에 대해 나름대로 꼼꼼히 체크했을 뿐 아니라 아주 단기간 동안만 그녀를 채용했었고, 또 신속히 필요한 조치를 취해 잘못된 상황을 바로잡았다는 사실도 위안이 됐다.

미래의 매트릭스 작업: 미래를 위해 과거의 행동양상을 정리하라

가족의 장에서 리임프린팅 작업을 할 때, 우리는 종종 몇 세대나 뒤로 거슬러 올라가는 믿음 체계를 발견하곤 한다. 매트릭스를 통해 우리는 근본적인 변화 작업을 해낼 수 있다. 우리는 뒤로 되돌아가 과거 세대들을 위한 대리 EFT를 함으로써 에코 흐름의 원천을 찾아낼 수 있을 뿐 아니라, 앞으로 나아가서 미래 세대들을 불러올 수도 있다.

우리는 매트릭스 안에서 가문에 뿌리내린 채 대를 이어 내려오는 믿음과 사이클들을 볼 수도 있다. 예를 들어 어떤 사람들은 자기 가문이 저주를 받았다거나 여자들이 사랑 문제에 운이 없다거나 어린 나이에 아이를 갖는다는 등의 믿음을 갖고 있다. 어떤 가문에는 "고개를 숙이면 잘 지나가게 되어있다" 같은 오랜 가훈이 전해 내려오기도 한다. 모든 가문에는 어떤 믿음 체계가 있고, 우리는 그 믿음 체계의 일부라는 생각과 연결할 수 있다. 매트릭스 리임프린팅을 활용해 그 믿음 체계가 어디서 형성됐는지를 찾아내서 그보다 더 힘을 주는 믿음 체계로 리임프린팅 할 수 있는 것이다.

어떤 믿음이 대대로 전해져 내려오는 것을 발견해서 몇 세대 뒤로 가

거나 전생으로 되돌아가서 작업을 해야 하듯이, 우리는 미래의 세대들과 내생을 불러다가 작업을 할 수도 있다

예를 들어 만일 '나는 그리 똑똑하지 못해'라는 믿음을 어머니와 할머니에게서 물려받은 것을 알게 되면, 우리는 뒤로 돌아가 필요한 조상들의 에코에 대리 EFT를 해서 그 믿음을 변화시키고, 에코에게 대신해서 힘을 강화시키는 자원을 보충해줄 수 있다. 그리고 또 긍정적인 영상을 각인하기 전에 우리 자식이나 손주들 같은 미래 세대를 불러들여 그들이 '나는 그리 똑똑하지 못해'라는 부정적인 믿음을 갖지 않게 격려할 수도 있다.

만일 특정한 아이와 관련된 어떤 문제를 해결하려 한다면, 매트릭스 안에서 두드리기를 하면서 현재의 우리 문제를 해결하고, 아울러 그 아이를 위한 대리 EFT를 하는 것이 바람직하다. 그렇게 해서 그 문제가 해결되고 더 이상 어느 쪽 에코에게도 문제가 일어나지 않는다면, 그때 미래로 가서 매트릭스 리임프린팅 작업을 할 수 있게 된다.

재스민을 만나보자. 그녀는 매트릭스 리임프린팅 전문가인 에리카 브로드녹이 주관하는 13주 완성 양육 과정을 들었다. 다음은 에리카 브로드녹의 말이다.

"처음에 재스민은 분노심과 적개심에 차 있어 다른 사람들과도 어울리지 않았지만, 두드리기 모임에는 참여했다. 그러나 몇 주 후 그녀는 두드리기가 자신에게 아주 효과가 있다고 했다. 그러면서 자신은 여러 해 동안 약물에 중독된 상태로 지냈으며, 이미 많은 걸 잃었는데 아이들까지 잃게

될까 너무 두려웠다며, 그래서 어떻게든 약물 중독 상태에서 벗어나고 싶었다고 털어놓았다.

나는 재스민과 함께 매트릭스 리임프린팅을 시작했는데, 그녀는 젊은 시절 한 남자와 사랑에 빠졌었다고 말했다. 그런데 그가 자신을 강간하고 때리고 강제로 매춘을 시켰고, 그래서 약물까지 하게 됐다고 말했다. 그녀가 눈물을 흘리는 가운데, 우리는 그녀가 처음 강간을 당한 때로 되돌아가 그녀의 에코를 만났다. 우리는 그녀의 에코를 안전한 장소로 데려간 뒤 매트릭스 리임프린팅 상담을 끝냈고, 그러면서 재스민에게 다음 날에도 계속 더 해보자고 제안했다. 그 뒤 그녀가 자신의 과거를 다시 쓰고 미래를 변화시킬 때까지 주 1회씩 함께 매트릭스 리임프린팅을 했다.

이후 8개월간 재스민과 나는 매주 함께 그녀의 에코들을 치유했다. 그녀의 에코들은 내가 지금껏 들어본 어떤 것보다 끔찍한 일들을 겪었다. 그러나 그녀의 트라우마의 심각성이 어떻든 또는 그녀 에코의 나이가 얼마이든, 우리는 매주 해결책을 찾아낼 수 있었다.

재스민은 자신은 말할 수 없이 더러운 여자라는 핵심 믿음을 갖고 있었다. 그 믿음은 그녀의 에코들을 만날 때마다 계속 나타났지만, 우리는 계속 그 믿음을 변화시켰다. 그러자 재스민은 자신의 몸과 건강, 머리카락, 외모 모두를 다시 사랑하고 돌보게 되었고, 그런 그녀를 지켜보는 일은 정말 감동적이었다. 몹시 말랐던 몸이 정상으로 돌아오고 자신의 정체성을 되찾게 되면서, 병색이 완연했던 그녀의 피부와 푹 꺼졌던 눈도 곧 생기를 되찾았다.

우리가 매트릭스 리임프린팅 상담을 마무리할 무렵에, 재스민은 숙련된

EFT 전문가가 되어 자기 아이들이 갖고 있던 많은 부정적인 기억들을 최대한 리임프린팅시켰다.

나는 이 사례 연구를 정리하기 직전에 재스민에게 전화를 했다. 그녀는 행복하게 잘 지내고 있었고, 2010년 7월이 지나서는 헤로인은 물론 헤로인 치료제인 메타돈도 복용하지 않고 있었다. 존경할 만한 엄마를 갖게 된 그녀의 아이들 역시 건강하게 잘 자라고 있었다."

가족에 대한 매트릭스 리임프린팅의 효과
—

자신을 위해 휴식을 취하는 부모들

EFT와 매트릭스 리임프린팅을 활용해 자신의 문제들을 정리하고 자신의 에너지 흐름을 개선하는 사람들은 아주 많은 책임을 떠맡게 되는 경우가 많다. 그 책임이 지역 자선 단체에서 자원봉사를 하는 것이든, 치료 요법 센터에 소속되는 것이든, 1주일에 30명 정도의 고객을 치유하는 것이든, 창의적인 프로젝트를 수행하는 것이든, 수많은 자기치유 관련 책을 읽는 것이든, 아니면 각종 세미나나 훈련 과정에 참석하는 것이든, 하나같이 흥미로운 일들이지만 그 바람에 자기 관리의 물탱크는 말라버릴 수도 있다. 만일 자기 관리 탱크가 비어버리면, 그것은 우리 삶의 모든 부분, 특히 양육에 영향을 미치게 된다.

그래서 제일 먼저 해야 할 일은 우리가 한 인간으로서 필요로 하는 기본적인 것들을 점검해, 삶의 어떤 부분에서 추가적인 지원을 해야 할 것인지를 알아내는 것이다. 우리는 에너지 수준을 높이는 데 기본적으로 필요한 것들이 무엇인지 잘 안다. 충분한 수면을 취하고, 영양분이 골고루 들어 있는 음식을 섭취하고, 명상을 하고, 매일 우리 삶의 근원과 연결되도록 하고, 마사지를 하는 것 등이 모두 우리와 우리 아이들의 삶을 변화시키는 데 큰 영향을 미친다. 스트레스를 줄이는 또 다른 방법은 하루 10분씩 기본적인 두드리기를 하는 것이다.

기본적으로 우리는 우리 자신을 위해 특별히 시간을 좀 내야 한다. 일 상생활의 틀에 얽매여 살다 보면, 아이들에게 인내심을 보이거나 에너지를 쏟기가 힘들어진다. 그러나 우리 자신의 사랑의 샘이 가득 채워져 있을 경우, 우리 가족에게 더 많은 걸 줄 수가 있다. 또한 그렇게 함으로써 우리는 우리 아이들이 본받을 만한 행동을 할 수도 있다. (당신이 만일 특별히 스트레스가 많다면, 다음 장에 몇 가지 좋은 답들이 있을 것이다.)

감정적 웰빙 관리하기

다음은 EFT와 매트릭스 리임프린팅이 한 엄마와 그녀의 여섯 아이들이 그들의 감정적 웰빙을 관리하는 데 어떤 도움이 됐는지에 대한 이야기이다.

나는 여섯 아이의 엄마이다. 19살, 15살, 13살, 11살 난 아이와 7살 난 쌍둥이, 이렇게 총 여섯 명이다. 나는 6년 전에 양극성 정동장애 진단을 받았고, 그래서 병을 관리하면서 아이들을 돌보는 데 어려움이 많았다. 돌이켜보면 정말 악몽 같은 시기였다. 시작은 이랬다. 출산 휴가를 마치고 복귀

한 직장에서 따돌림을 당했고, 그래서 어린 시절 따돌림 당하던 뼈아픈 기억들까지 떠올리게 됐다. 나는 그야말로 완전히 충격에 빠졌고, 온 세상이 무너지는 듯했다. 매일 동료 직원들에게 시달리다 더 이상 견딜 수 없어 직장을 그만두었다. 남편이 나 몰래 바람을 피워왔다는 사실을 알게 돼, 결국 그와 헤어지면서 실직한 싱글 맘 상태에서 애들을 키워야 하는 참담한 신세가 되었다. 18살 이후 실직 상태가 된 건 그때가 처음이었다. 탈출구도 없는 끝없는 블랙홀 속에 빨려 들어가는 기분이었다.

그러다가 양극성 정동장애 진단까지 받았다. 그야말로 완전히 넋이 나갈 지경이었다. 그 후 2년간 병을 앓다가 EFT와 NLP, 매트릭스 리임프린팅 기법을 알게 됐고, 이 기법들 덕에 내 삶은 완전히 달라지게 됐다. EFT와 NLP, 매트릭스 리임프린팅을 한 지 18개월 후에 내게 양극성 정동장애 진단을 내렸던 정신과의사를 다시 만나, 내가 그간 치유를 위해 무엇을 했는지 또 현재 느낌이 어떤지를 설명했다. 의사는 양극성 정동장애는 치유 불가능한 병이라면서, 마치 애초부터 그 병에 걸리지 않았던 사람처럼 좋아졌다고 말했다. 그 말을 듣고 나는 내 자신의 감정과 정신 건강 문제에 대한 치유를 계속하면서, 다른 사람들에게도 도움을 주어야겠다고 결심했다.

나는 우리가 한 가족 입장에서 겪은 모든 트라우마들이 내 아이들에게 얼마나 큰 영향을 주었는지를 깨달았다. 아이들은 심리적으로 아주 불안정했다. 그리고 학교로부터 주기적으로 문제가 있다는 통지를 받았는데, 물론 내 건강이 좋아지면서 그 횟수가 줄어들었다.

나는 내게 너무도 큰 도움을 준 방법들을 그대로 쓰기로 했다. 그 방법들은 내가 갖고 있던 모든 부정적인 감정은 물론이고 양극성 정동 장애 원인이 되었던 트라우마들까지 치유할 수 있게 해준 방법이었다. 나의 경우 그런 방법을 쓰기 전까지는 부정적인 감정들에 대처하는 방법을 전혀 몰랐었기 때문에, 아이들 역시 당연히 그럴 것이었다.

당시 12살이었던 큰딸 그레이스Grace에게 여러 번 EFT를 한 뒤, 그 애를 칼의 EFT와 매트릭스 리임프린팅 훈련 과정에 데려가 스스로 과정들을 익히게 했다. 결과는 정말 놀라웠다. 그레이스는 늘 총명하고 학교 공부도 잘했었지만, 그 과정에서 이런저런 기법들을 익힌 뒤 한 단계 더 발전했다. 학교 시험에서 만점을 받는 등, 그야말로 자신의 잠재력을 100퍼센트 발휘하기 시작한 것이다. 그 애는 곧 EFT 기법을 활용해 자기 친구들의 감정 처리를 도왔고, 친구들 역시 놀라운 효과를 보았다.

그레이스에 이어, 당시 11살이었던 아들 마이클Michael 역시 칼의 EFT와 매트릭스 리임프린팅 훈련 과정에 참여했다. 그러자 그 애는 모든 일들을 눈에 띄게 더 잘해내기 시작했다.

경험에 따르면, 내 행동과 인생관이 변화하는 순간 아이들은 내 행동을 본받기 시작했고, 그러면서 그 애들의 행동과 인생관 역시 변화했다.

나는 그레이스와 마이클 외의 다른 아이들에게도 많은 EFT를 했고, 특히 막내인 쌍둥이 자매의 경우 겨우 3살 때 두드리기를 했다. 그래서 그 쌍둥이는 큰 언니가 괴롭힐 때, 자신의 두드리기용 곰 인형을 꺼내 두드리기를 하면서 "그레이스 언니가 날 괴롭혀"라는 말을 되뇌곤 한다. 그리고 그 애가 세 군데 타점을 두드릴 때쯤이면 모든 것이 해결된다. 이제 그 애는 자전거에서 떨어진다거나 무슨 문제만 생기면 두드리기용 곰 인형을 꺼내 뭐라고 좋알대며 두드리기를 하고, 그러면 모든 것이 해결된다. 모든 문제를 해결하고 나면 남은 하루를 잘 보낸다.

아이들을 위한 방법들

'어릴 때 이것을 알았더라면 좋았을 걸'

이런 기법들을 우리 아이들에게 가르쳐준다면 어떨까? 아이들이 20 대나 30대가 되기 전에, 또 절망 상태에 빠지거나 질병에 걸리기 전에 미리 이런 기법들을 배워둔다면 어떨까? 아이들이 필요할 때 스스로 자신의 에코들을 치유할 수 있다면 어떨까?

다시 한 번 깊은 산속 옹달샘을 생각해보라. 샘은 늘 거기에 있다. 그리고 아이들은 극복해야 할 모든 사건들과 함께, 또 자신의 여행의 한부분인 모든 깨달음과 함께 이 방법들을 알게 된다. 그리고 이미 여기 와 있는 우리 성인들이 해야 할 일은 아이들이 입게 될 여러 가지 충격을 완화해주고 아이들에게 자부심을 심어주어 삶의 여정을 계속 이어갈 수 있게 해주는 것이다.

우리는 아이들을 도와 부정적인 믿음들이 거친 급류로 변하지 않게 그 흐름을 차단하게 해주고, 또 감정의 흐름을 통제해 잔잔한 호수 같은 마음을 유지하는 법을 가르쳐줄 수 있다.

연결, 놀이 그리고 이야기

이제 잘 알겠지만, 믿음이 잠재의식으로 변하는 한 가지 길은 행동을 모방하는 것, 특히 부모들의 행동을 모방하는 것을 통해서이다. 아이들은 부모들의 포즈와 제스처, 말 등을 보고 들은 대로 모방한다. 따라서 가장 강력한 훈육 방법은 아이들에게서 보고 싶은 행동을 우리가 솔선해서 하는 것이다. 아이가 두드리는 것을 보고 싶다면 당신이 두드리기를 하도록 하고, 아이가 차분해지는 걸 보고 싶다면 당신이 차분해지도록 하라.

가장 강력한 가르침은 당신이 아이들에게 하는 말이나 행동이 아니라, 집에서 아이들에게 보여주는 당신의 의식이다. 그것이야말로 아이들을 가르치는 데 가장 필요한 토대이다. 사실 이는 가르침과는 아무 상관없다. 의식 전달의 토대는 의식을 아이들에게 전달하려 하는 게 아니라 집에서 아이들과 소통할 수 있는 여지를 마련하는 데 있는 것이다.

연결과 놀이

마이클 멘디자Michael Mendizza와 요셉 칠튼 피어스Joseph Chilton Pearce는 영감을 주는 자신들의 저서 《매혹적인 부모, 매혹적인 아이Magical Parent, Magical Child》에서 프로그래밍이 아닌 놀이가 유아와 아이들의 학습과 그 결과를 최대화시키는 열쇠라는 점을 분명히 하고 있다. 의식 있는 부모가 되고 싶어 하는 사람들은 아이들은 놀이와 연결을 통해 자신이 사랑과 인정을 받고 있다고 느끼며 그래서 세상에서 독자적인 삶을 살아갈 힘을 갖게 된다는 걸 안다.

우리는 또 긍정적인 감정과 부정적인 감정 3대 1의 비율이 이상적이라는 바바라 프레드릭슨Barbara Fredrickson 박사의 주장에도 공감한다. 이를 통해 사람들이 '티핑 포인트'tipping point(서서히 진행되던 어떤 현상이 급변하는 시점 - 역자 주)를 뛰어넘을 있게 되며, 그 결과 자연스럽게 역경에 더 강해지게 되고 한때 상상밖에 할 수 없었던 것들을 별 노력 없이 성취하게 된다.

이야기

언젠가 한 엄마가 아홉 살 난 자신의 '영재' 아들을 알버트 아인슈타인Albert Einstein에게 데려가 어떻게 하면 그 애가 수학을 더 잘할 수 있겠느냐고 물었다. 그러자 아인슈타인은 "아이에게 이야기들을 들려주도록 하세요"라고 말했다. 그러나 그 엄마는 끈질기게 수학과 관련된 질문들을 던졌다. 그러자 아인슈타인은 이렇게 답했다. "아이가 총명해지는 걸 원한다면 이야기들을 들려주시고, 아이가 현명해지는 걸 원한다면 훨씬 더 많은 이야기들을 들려주세요."

아인슈타인은 아이들에게 숙제나 플래시카드(그림이나 글자 등이 적힌 학습용 카드 - 역자 주) 같은 것들을 잔뜩 안겨주는 것은 독립적인 사고를 가능하게 해줄 창의적이고 의식 있는 마음 개발에 전혀 도움이 되지 않는다는 걸 잘 알고 있었다. 그러나 이야기를 들려주면, 아이들은 그 이야기 속에서 자신의 삶과 연결할 수 있는 어떤 의미를 찾게 된다.

어쩌면 이것이 매트릭스 리임프린팅이 아이들에게 그렇게 효과가 있는 또 다른 이유일지도 모른다. 매트릭스 리임프린팅을 통해 아이들은 자신에게 일어난 일들에 대해 자신의 에코와 서로 이런저런 이야기들을 주고받을 수 있으니 말이다. 아이와 놀이가 이야기를 자신의 삶에 연결하고 자각하도록 하는 것이 EFT기법들을 활용해 발전시킬 수 있는 양육법들이다.

우리는 의식 있는 부모가 되는 게 필요하다는 점은 이해한다. 그러나 우리는 인간이며, 그래서 완벽한 부모가 되길 기대해서는 안 된다. 완벽한 부모가 되지 못하는 것에 대한 실망감을 내비칠 경우, 부모도 인간이기 때문에 종종 실수를 한다는 것을 인정하는 것보다 아이들에게 훨씬 더 큰 영향을 미치기 때문이다. 또한 아이들은 부모의 소유물이 아니며 자기 길을 가는 독립적인 존재라는 사실도 인정해야 한다.

부모로서 실수를 했을 때 취할 수 있는 의식 있는 행동은 잘못을 인정하고 사과하고 앞으로는 그러지 않겠다는 마음을 가지는 것이다. 그것이 진정한 발전이다.

만일 그렇게 할 수 있다면, 당신은 잠재의식 속의 프로그램대로 끌려다니지 않고, 당신의 아이들을 투쟁 또는 도피 반응에서 벗어나게 해줄 수 있기 때문에, 자신의 실수를 인정하고 마음을 열어가는 발전에 대해 스스로 칭찬해도 좋다. 물론 의식 있는 부모가 된다는 것이 쉬운 일은 아니다. 하지만 인간은 원래 그렇게 발전해나가기 마련이다.

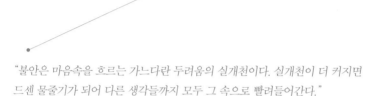

9

스트레스, 불안, 우울증
극복하기

"불안은 마음속을 흐르는 가느다란 두려움의 실개천이다. 실개천이 더 커지면
드센 물줄기가 되어 다른 생각들까지 모두 그 속으로 빨려들어간다."
– 아서 소머스 로슈Arthur Somers Roche

스트레스stress라는 말을 모르는 사람은 없을 것이다. 영어에서는 이 말이
명사도 되고, 형용사도 되고, 동사도 된다. 당신 자신이나 가족, 친구들
그리고 매스컴에서 하루에 스트레스라는 말을 얼마나 많이 쓰는지 한번
세어봐도 좋다.

사람들 모두가 스트레스를 피하려 최선을 다하고 있으며, 근래에는
스트레스가 일 관련 질병이나 심장병 등을 유발하는 '침묵의 살인자'로
불리기도 한다. 이는 스트레스의 입장에선 억울한 일이기도 한데, 스트
레스는 우리 몸의 자연스런 반응들 중 하나로 어느 정도는 이로운 면들
도 있기 때문이다.

역사적으로 우리 몸의 스트레스 반응은 생존을 위협하는 것들, 즉 우

리 자신이나 집을 공격하는 야생 동물들 같은 것들로부터 우리를 지켜주는 역할을 했다. 앞에서 언급했듯, 인간은 시상하부-뇌하수체-부신 축HPA axis이라는 시스템을 통해 스트레스에 대한 생리학적 반응을 보인다. 스트레스를 받으면 우리 몸은 생존 모드로 들어간다. 몸속에서 아드레날린과 코르티솔 같은 스트레스 관련 호르몬들이 분출되며, 에너지는 몸과 마음을 보다 빠르고 강하게 또 본능적으로 움직이게 만든다. 또 우리가 투쟁, 도피, 동결 모드로 들어가면, 잠재의식이 모든 것을 통제하면서 미리 학습된 프로그램을 끄집어낸다. 그 프로그램은 본능적인 것(불 앞에서 즉각 손을 뺌)일 수도 있고, 에너지 장의 일부(추락을 두려워함)일 수도 있으며, 아니면 트라우마를 겪은 에코나 믿음 체계(어린 시절 개에 물린 사람은 개만 보면 도망감)일 수도 있다.

이런 스트레스 반응은 호랑이에게 쫓기는 상황에서는 아주 유용하지만, 시험을 치른다거나, 취업 면접을 본다거나, 어쩔 수 없이 사이가 안 좋은 가족들과 한 방에 앉아 있다거나 하는 현대의 위기 상황에서는 그리 도움이 되지 않는다. 그런 상황에서는 잠재의식이 아닌 의식이 모든 것을 통제하며, 화가 난다거나 당혹스럽다거나 주눅이 드는 것 같은 부정적인 감정들이 스트레스 반응을 일으킬 수도 있다.

발표를 해야 한다거나 자신의 안전지대를 벗어나 뭔가 새로운 일을 해야 한다거나 할 때에도 아드레날린 분출이 심해질 수 있다. 그러나 시상하부-뇌하수체-부신 축은 물론이고 스트레스에 대한 감정적 반응들은 원시적인 '파충류 뇌'reptilian brain(인간의 본능과 욕망들을 관장하는 뇌의 부위 - 역자 주)와 관련이 있다. 큰 스트레스를 받아 우리 뇌의 그 부위가 작동되면, 우리 마음의 보다 차원 높은 기능들(공감, 논리, 보다 큰 그림을 보는 능력 등)이 제 역할을 중단하게 된다. 그래서 스트레스가 심할수록 명석하고 논리적인 사고가 어려워지는 것이다. 그러니 거기에 현기증, 얼굴 붉어짐, 가슴 벌렁거림, 전율, 구역질, 설사, 가슴 답답함, 터널 시야, 입마름, 근육 긴장, 다한증, 수족냉증 같은 다른 많은 스트레스 징후들까지 더해진다고 생각해보자. 스트레스를 받는 상황에서 명석하고 논리적인 사고가 얼마나 어려워질지 쉽게 짐작이 갈 것이다.

스트레스 스펙트럼

하루에도 여러 차례 스트레스가 쌓였다 풀렸다 하는 상황을 겪을 수 있다. 스트레스 단계를 보여주는 다음 표를 보자.

스트레스 스펙트럼

긴장이 창의력, 동기부여, 에너지, 신바람 등에 도움을 줌.		점점 더 불안해지고 부정적인 생각들을 멈추기 힘들어짐.		소외감과 긴장감을 느끼며 수면 패턴에 문제가 생기는 등 감정적·육체적인 불안 증상들이 나타나면서 패닉 상태에 빠짐.		외상 후 스트레스 장애나 우울증 증상들이 있을 경우, 계속 트라우마를 겪은 사건이나 악몽 같은 사건을 떠올리게 됨.	
1	2	3	4	5	6	7	8
	걱정과 약간의 패닉 상태를 느낌.		아주 불안하며 부정적인 생각들만 하게 되고 모든 일을 비관적으로 해석함.		몸이 지속적인 불안감의 영향들과 싸우면서 점점 지쳐가고 우울증에 빠짐.		보다 높은 차원의 뇌 기능들이 중단되는 재앙이 발생하면서, 명석함과 논리력, 공감 능력 등을 상실. 정신 이상이나 정신 분열증에 걸릴 수도 있음.

스트레스 스펙트럼

다음은 위의 스트레스 단계들이 두 사람의 삶에 어떤 식으로 영향을 주는지를 잘 보여준다. 두 사람을 편의상 사이먼Simon과 마리Marie라 하자.

1단계

32세인 사이먼의 머릿속에는 온통 새로 온 상사 앞에서 할 프레젠테이션 생각뿐이다. 그 생각만 해도 왠지 불안하고 가슴이 답답하며 손에 땀이 난다.

2단계

엄마인 마리는 둘째 아이를 임신한 상태로, 돈 문제는 물론이고 외모가 변하는 것을 걱정하기 시작한다. 남편은 계속 괜찮다고 하지만, 그녀는 계속 걱정이다. 점차 소외감을 느끼기 시작하며 잠도 잘 못자고 점점 퉁명스러워진다.

3단계

사이먼은 조만간 정리 해고가 있다는 걸 알게 되었다. 그것이 '가장 늦게 채용된 사람이 가장 먼저 해고'되는 방식으로 진행될 거라고 생각하기 시작한다. 정리 해고가 미칠 금전적인 영향을 생각하느라 밤에 잠도 못 자고, 그러면서 밤낮으로 삶이 제대로 풀리지 않았던 지난날들을 생각한다. 그는 자신이 '실패자'라는 게 두렵다.

4단계

마리는 계속 걱정만 하면서, 한때 좋아했던 일들에서 손을 뗀 채 관심도 두지 않는다. 그녀는 소파에 누워 많은 시간을 보내며, 스트레스가 심해 명석한 사고를 할 수가 없다.

5단계

사이먼은 직장에서 좋은 평가를 받고 있다 그는 중요한 프로젝트를 책임지고 있지만, 자신은 쓸모없는 인간이며 일자리를 잃게 될 거라 생각하고 있다. 심신이 지칠 대로 지친 그는 처음으로 공황 발작까지 일으켰고, 출근하는 걸 두려워하기 시작한다.

6단계

남편과 가장 친한 친구가 격려를 해주지만, 마리는 힘을 낼 수가 없다. 그녀는 일상적인 일들까지 할 수 없게 되며, 자신이 빠져나오지 못할 악몽 속에 갇혀있다고 느낀다.

7단계

사이먼은 지칠 대로 지친 데다 모든 생각이 직장 문제에 가 있어 가족과 함께 시간을 보낼 수가 없다. 그러다 직장에서 공황 발작을 일으킨 뒤 의사 진단서를 끊고 병가를 낸다. 그의 마음속은 온갖 생각들이 뒤엉킨 거센 급류와도 같다.

8단계

마리와 사이먼은 자살 생각까지 하며, 다른 사람들이 자신을 해칠 거라 생각하고, 또 자신의 극단적인 생각들이 다 사실이라고 믿는다. 극심한 불안감과 피로감으로 인해 두 사람은 더 비참해졌고, 그 누구도 그들의 부정적인 생각들을 에워싸고 있는 견고한 철창을 부술 수가 없었다.

우리는 모두 앞의 스트레스 1, 2단계를 경험한 적이 있다. 물론 스트레스 5, 6단계를 경험한 적도 있을 것이고, 스트레스 4단계에서 보다 오래 불안하게 보낸 시기들도 있다. 일반적으로 우리는 어떤 상황을 해결한 후에 평온한 상태로 되돌아간다. 문제는 이 모든 단기적 인 반응들이 만성적인 불안감으로 변하고 평상시의 명철한 생각들에까지 영향을 준다는 데 있다.

스트레스가 보다 장기화될 때 일어날 수 있는 신체적 증상들로는 불면증, 극심한 피로감, 두통, 근골격계 통증, 변비나 지속적인 설사 같은 장 문제 등을 꼽을 수 있다. 그와 더불어 나타날 수 있는 정신적 증상들로는 휴식을 취할 수 없고, 끊임없는 걱정을 하게 되고, 좌절감을 느끼고, 동기부여가 사라지고, 이전에 좋아하던 활동들에 대한 관심이 없어지고, 툭하면 감정이 격해져 눈물을 보이고, 고정관념을 갖게 되고, 집중력이 저하되고, 자긍심이 사라지고, 성충동이 없어지는 것 등을 꼽을 수 있다.

이 육체적 증상과 정신적 증상들에 유대감의 상실 같은 충족되지 않는 인간적 욕구까지 추가할 경우, 만성적인 스트레스가 그야말로 우리 삶의 거의 모든 면들에 영향을 미친다는 걸 알 수 있다. 불안감을 느끼는 게 습관처럼 되어버릴 때 어떻게 해야 할까? 스트레스로부터 잠시도 벗어나지 못한다면 어떻게 될까? 스트레스와 불안감, 그리고 우울증 사이에는 어떤 관계가 있을까?

스트레스를 주는 믿음과 초고속도로

매트릭스 리임프린팅 전문가들은 스트레스 반응을 관리해본 경험들이 있다. 트라우마를 겪고 난 뒤 어떤 에코가 생겨나서 스트레스 반응을 일으키는지, 또 어떤 믿음들이 스트레스 반응을 뒷받침하고 있는지를 알아내는 게 전문가들이 하는 일이다. 모든 패턴의 스트레스의 바탕에는 핵심 믿음이 있기 때문이다.

우리가 만일 '세상은 위험한 곳이야' 같이 아주 부정적인 믿음을 갖고 있다면, 어떻게 해서든 그 믿음이 사실이라는 것을 입증해줄 증거를 찾으려 할 것이다. 그리고 우리는 평생을 매트릭스로부터 우리의 핵심 믿음들을 끌어당기고 또 그것들을 강화하면서 보내기 때문에, 그런 증거를 곧 도처에서 보게 될 수도 있다.

이런 믿음들을 토대로 우리는 좋은 일반화도 하고 나쁜 일반화도 한다. 그리고 그 일반화 중 상당수는 유익하다. 예를 들어 우리는 열심히 일하면 성공하게 된다는 일반화를 배우는데, 어떤 면에서 이런 일반화는 우리에게 도움이 된다. 동기부여가 된 상황에서 열심히 노력하면 실제로 성공할 수도 있기 때문이다. 그런데 만일 우리가 일반화 때문에 스트레스를 받게 된다면 어떨까?

좀 더 구체적인 예로, 만일 '나는 낯선 사람들이 무서워'라는 믿음을 갖고 있다면, 처음에는 사람들이 많은 술집이나 축구장 같은 장소에 가지 않으려 할 것이다. 그러나 그 믿음이 사실이라는 걸 입증해주는 일들을 자꾸 겪다 보면, 그와 같다고 '느껴지는' 상황들에 접할 때마다 일반화된 반응을 보이게 된다. 그리고 그렇게 계속 스트레스 스펙트럼의 윗단계로 올라가면서, 우리의 불안감도 점점 더 높아져가고 우리의 믿음 역시 점점 더 일반화된다. 그래서 '사람들이 나를 안 좋게 봐' 또는 '낯선 사람들은 위험해' 같은 또 다른 믿음들을 갖게 되며, 결국 '광장 공포증' 같은 것에 빠져 아예 집밖으로 나가려 하지 않게 된다.

비행기를 타는 것에 대한 불안감 역시 같은 관점에서 볼 수 있다. 처음 비행기를 탔다가 난기류를 만날 수도 있는데, 그럴 경우 상당한 불안감을 느끼게 될 것이다. 그래서 다음에 다시 비행기를 타야 할 일이 생길 때는 초긴장 상태에 빠져 혹 안전벨트 불이 들어오지 않는지 객실 승무원들의 얼굴 표정에 별문제가 없는지 등을 살피게 될 것이고, 그 결과 그 상황과 관련해 보다 많은 양상들(보다 큰 에너지)이 다가오게 된다. 만약 이후에도 계속 비행기를 타게 될 경우 이런저런 경험들이 쌓이면서 비행과 관련된 복잡한 공포증 같은 게 생기게 되는데, 그 공포증 밑에는 우리가 통제할 수 없는 탈 것 안에서 느끼는 두려움 또는 죽음의 두려움이 깔려있다. 그 결과 그 두려움이 일반화되어, 비행기 탈 때와 비슷한 상황에서도, 그러니까 열차나 자동차, 배 등을 탈 때에도 나타날 수 있다.

우리가 뇌 속에 '스트레스 초고속도로'를 만드는 게 바로 이런 식이다. 우리가 만일 우리 뇌를 도로망으로 뒤덮인 장소라고 생각한다면, 스트레스가 쌓이는 상황은 우리를 어떤 고속도로의 분기점으로 내모는 것이라고 생각해볼 수 있다. 스트레스 반응이 들어올 경우, 우리는 그 상황을 차분하게 처리하기 위해 왼쪽으로 갈 수도 있고 아니면 오른쪽으로 돌아 다른 길로 갈 수도 있다. 그런데 만일 늘 왼쪽으로만 돈다면 어찌 될까? 그게 안전한 반응 방식이 되어버려, 오른쪽으로 돌 수도 있다는 사실마저 잊어버린 채 자동적으로 왼쪽으로만 돌게 되며, 그러면서 오른쪽 도로는 잡초가 무성해져 찾기도 어려워지게 된다. 모든 차들이 한 도로로만 다닌다면 어찌 되겠는가? 그 도로가 더 넓어지고 더 확장되면서 더 많은 도로 표지판들이 생기게 될 것이고, 결국 그게 머지않아 '스트레스 초고속도로'가 되는 것이다.

조를 만나보자. 그는 15살이었고, 만성 불안증을 앓고 있어 학교 다니는 것까지 포기해야 했다. 그는 매트릭스 리임프린팅 전문가와 함께 자신의 불안감 패턴들을 유심히 살펴보았고, 그 결과 자신의 불안감이 친구들과 함께 보낸 어린 시절의 방학 때 생겨났다는 걸 알게 됐다. 더 어린 시절의 조의 에코를 만나보니, 그는 방학을 학수고대했지만, 장애인인 엄마를 혼자 놔두고 떠나야 한다는 생각에 늘 큰 죄책감과 불안감에 시달렸다고 했다. 자기가 없을 때 엄마 혼자 어찌 지낼지 걱정도 되었다.

알고 보니 조의 불안감은 처음 학교에 들어가던 날부터 시작된 것이었다. 엄마와 떨어져 있어야 한다는 사실이 너무 두려웠던 것이다.

조와 매트릭스 리임프린팅 전문가는 1년간 이런 문제들을 깊이 파고들었으며, 학교생활이 어떻게 잠재의식 속에서 다른 에코에게 '불안감'이라는 딱지를 붙여놓았는지도 살펴보았다. 흥미롭게도, 그들은 조의 더 어린 시절로 되돌아가 이런 패턴의 뿌리가 된 3~4개의 에코들까지 만났고, 그결과 조와 자기 엄마의 안전과 관련된 교훈과 핵심 믿음을 굉장히 많이 찾아낼 수 있었다.

조가 매트릭스 리임프린팅 전문가에게 한 말에 따르면, 그는 불안감의 근원들을 찾아내 두드리기로 스트레스를 몰아내고 또 여러 가지 지속적인 노력을 기울인 끝에, 보다 행복하고 건강한 몸과 마음으로 학교로 되돌아갈 수 있었다고 한다.

스트레스가 우울증으로 진행될 때

—

여기서 잠시 앞서 소개했던 '다이애나의 이야기'로 되돌아가 '모든 게 잘 돌아가고 있는데, 내가 다 망친다'는 한 가지 믿음에 대한 그녀의 여정을 생각해보자. 여러 해에 걸쳐 그녀는 그 믿음이 사실이라는 걸 입증하며 살았고, 그러다 특별히 힘든 시기에 이르자 끊임없는 불안감에 시달리게 되었다. 그리곤 곧 우울증에 빠졌다.

우울증은 스트레스와 관련해 나타나는 경우가 많다. 우울증을 옛날에는 '신경 쇠약'이라고도 했다. 스트레스 외에도 알코올이나 약물 같은 물질에 대한 중독성이나 민감성도 우울증의 원인으로 꼽힌다. 그리고 우울증은 다른 질병들의 일부로 나타나기도 한다.

우울증은 매일매일 그 병과 싸우는 개인들의 문제일 뿐 아니라 지구 전체의 문제이기도 하다. 세계보건기구who가 내놓은 2004년도 세계 질병 부담 연구서에 따르면, 단극성 우울증(조증이 없는 우울증 - 역자 주)은 질병 부담의 큰 부분을 차지하고 있어, 전 세계적으로는 주요 질병 3위, 저소득 국가들에서는 8위, 중간 소득 및 고소득 국가들에서는 1위를 차지하고 있다. 그러니까 영국과 미국 같은 선진국들의 경우, 단극성 우울증은 가장 중요한 질병 1위로, 심지어 허혈성 심장 질환(심근 경색)이나 뇌혈관 질환(뇌졸중)보다 더 많다.

우울증의 증상은 사람에 따라 아주 다르고 복잡하지만, 대개는 지속적인 기분 저하나 슬픔, 절망감과 무력감, 자긍심 저하, 동기부여 결여 및 매사에 대한 무관심, 걱정 및 불안감, 동작과 말의 어눌함, 일과 가족, 대인관계에 대한 흥미 결여 등의 증상으로 나타난다. 이런 증상들이 앞서 말한 이런저런 스트레스 및 불안 증상들과 맞물려 일어나기도 한다.

이런 증상들이 나타나면 일상생활에 지장이 생기기 시작한다. 그리고 우울증이 심해질수록 대인관계 기피 현상도 더 심해진다. 우울증에서 벗어나려면 스트레스 상황에서 벗어나야 하는데, 고립감을 느끼면서 오히려 더 심한 우울증에 빠지게 되고, 그 결과 스트레스가 더 심해지는 악순환에 빠지게 된다.

우리 몸이 우울증을 통해 우리에게 말하고자 하는 것은 무엇일까? 아마 잠시 모든 것을 내려놓고 사회생활에서 물러나 치유를 하라는 말을 하는 것일 것이다. 스트레스의 과정과 마찬가지로, 우울증 역시 우리 심신의 단기 적응 과정에 해당한다.

우리는 모두 다양한 단계로 나뉘는 우울증의 스펙트럼 어느 곳엔가 위치해 있다. 우리는 모두 힘들고, 괴롭고, 슬픈 시절을 보낸다. 우리가 건강하다면, 한동안 심한 스트레스를 받는다 해도 별 탈 없이 회복될 것이다. 다음 장에서 보게 되겠지만, 모든 스트레스나 불안감이 우울증으로 이어지는 건 아니다. 그러나 우리 몸이 건강하지 않거나 독소에 노출되어 있거나 면역력이 떨어져 있다면, 또 여러 트라우마를 겪은 에코들로 인해 아주 부정적인 믿음들을 갖고 있다면, 머잖아 우울증에 걸리게 될 수 있다.

191쪽에 나왔던 스트레스 스펙트럼을 다시 한 번 들여다보자. 사이먼과 마리는 스트레스 1단계부터 4단계까지는 그럭저럭 불안감에 대처하고 있지만, 스트레스 5단계에 이르자 드디어 공황 발작을 일으키게 되고 또 삶에 대해 끝없이 두려운 생각들에 빠져들게 된다. 우리의 몸과 마음은 그 정도의 스트레스 단계에서는 제 기능을 발휘할 수 없어 곧 우울증에 빠지게 되는 것이다.

여기에 어떤 문제로 주변 사람들로부터 사랑이나 동정 또는 관심을 받고 있다거나 정부 보조금을 받고 있어 그 문제가 해결될 때 잃게 될 '부수적인 이득들'이나 다른 원인들까지 감안한다면, 어떤 사람들의 경우 그 문제에서 벗어나는 게 특히 더 어려울 수 있다.

우울증과 수면 주기

우리는 EFT 및 매트릭스 리임프린팅 전문가이자 문제 해결 중심의 정신 요법 치료사인 질 우튼 Jill Wootton과 손잡고 연구를 했으며, 그 결과 수면 주기와 불안감이 생물학적 관점에서 우울증을 이해하는 데 어떤 역할을 하는지에 대해 알게 되었다.

우리가 만일 계속 스트레스를 받고 있고 삶에 대해 불안감을 느끼고 있는데, 그 불안감을 떨쳐버릴 방법을 찾지 못해 벗어나지 못한다면, 우리의 뇌는 뭔가 안 좋은 일이 일어날 거라는 감정적 기대를 하게 된다. 문제는 감정적 기대가 우리의 일상생활에서 대단히 큰 역할을 한다는 것이다. 감정적 기대는 가짜 약이 그렇게 강력한 효과를 발휘하는 이유들 중 하나이기도 하다. 우리의 믿음 체계에 작업할 때와 마찬가지로, 플라시보 효과가 감정적 기대에 영향을 주기 때문이다.

우리 인간의 놀라운 몸은 급속 안구 운동 REM: Rapid Eye Movement 수면이라고 알려진 꿈꾸기 과정을 통해 감정적 기대의 관리에 도움을 준다. 수면 연구가들은 오래전부터 우울증을 앓는 사람들은 그렇지 않은 사람들에 비해 더 깊고 긴 꿈을 꾼다는 사실을 알아왔다.

그래서 우리가 만일 해결되지 않은 큰 걱정거리나 스트레스, 불안감 같은 걸 갖고 있다면, REM 수면이 더 강화되어 다음과 같은 두 가지 결과에 이르게 된다.

1.수면 중에 너무 수면이 얕아지는 상태를 보이면 숙면을 취하지 못한 피로감을 느끼게 된다.
2.꿈을 꾸는 동안 우리 몸 안에서 일어나는 여러 가지 반응들 때문에 세로토닌 수치가 낮아지게 된다.

여기서 특히 두 번째 결과가 아주 중요한데, 과도한 꿈을 꾸면 '충족감'의 신경전달물질인 세로토닌이 줄어든다는 것을 이해하는 것이 불안감과 스트레스와 우울증 치료의 열쇠이기 때문이다.

세로토닌에 대한 짤막한 설명

세로토닌은 우리에게 만족감을 주며, 치유가 필요한 서파 수면slow-wave sleep(REM 수면의 반대)을 취하게 만든다. 또한 세로토닌은 감정 수준을 조절하는 데도 도움을 준다. 예를 들어 누군가 발등을 밟을 경우, 세로토닌은 우리가 화를 벌컥 내지 않게 브레이크를 걸어준다. 세로토닌은 또 사회생활에서 자신감을 갖게 해주고, 식욕과 통증 반응을 조정하고, 동기부여를 통해 몸을 움직이게 만든다. 세로토닌을 분출하게 하는 가장 빠른 방법은 운동을 하는 것이며, 운동이야말로 몸과 마음을 연결해주는 역할을 한다.

꿈을 꿀 때 세로토닌 수치가 줄어드는 것은 자연이 우리를 일시적으로 마비, 즉 '강경증'(몸이 갑자기 뻣뻣해지면서 순간적으로 감각이 없어지는 상태 – 역자 주) 상태로 만들기 때문이다. 왜일까? 물론 강경증의 원인은 이보다는 더 복잡하긴 하지만, 우리가 그것을 필요로 하는 이유는 이렇다. 만일 꿈을 꿀 때 몸을 움직이는 쪽으로 동기부여가 된다면, 우리는 슈퍼맨처럼 자다 말고 갑자기 창문 밖으로 몸을 날리려 하거나, 침대 옆에서 자고 있는 배우자를 꿈속에 나타난 곰이라 믿고 공격하려 할 것이다. 그래서 꿈을 꾸는 동안에는 세로토닌 수치를 떨어뜨리는 것이다. 그런데 꿈을 너무 많이 꾸면, 깨어났는데도 이 필수 호르몬인 세로토닌 수치가 훨씬 낮은 상태가 된다.

수면 주기 단계들의 열쇠

1. 어떤 일, 상황, 사람들, 과거, 현재 또는 미래에 대해 걱정한다. 흑백논리에 지배되며, 생각들이 해결되지 않은 채 계속 머릿속에 맴돌게 된다. 이로 인해 감정 상태가 흥분되며, 몸속에서 코르티솔과 아드레날린 같은 화학물질들이 방출되게 된다.

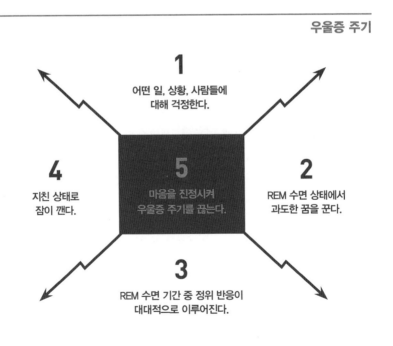

우울증 주기

1 어떤 일, 상황, 사람들에 대해 걱정한다.

5 마음을 진정시켜 우울증 주기를 끊는다.

2 REM 수면 상태에서 과도한 꿈을 꾼다.

3 REM 수면 기간 중 정위 반응이 대대적으로 이루어진다.

4 지친 상태로 잠이 깬다.

2. REM 수면 상태에서 과도한 꿈을 꾸며 감정적 흥분 상태를 해결하려 한다. 그 결과 서파 수면을 방해해, 우리 몸에서 복원 신경전달물질인 세로토닌과 도파민을 소모한다.

3. REM 수면 기간 중 정위 반응orientation response(신경생리학에서 쓰이는 용어로 새로운 자극에 대한 주의 반응을 말함 – 역자 주)이 대대적으로 이루어진다. 우울증을 앓는 사람들은 그렇지 않은 사람보다 세 배나 많은 꿈을 꾸게 된다.

4. 관심도 동기부여도 없이 지친 상태로 깨게 된다. 그 결과 피로감이 심하고 감정적인 뇌에 지배되며 걱정스런 생각들이 꼬리에 꼬리를 문다.

5. 마음을 차분히 가라앉혀 우울증 주기를 끊는다. 이제 당신은 왜 우울증이 일어나는지를 알기 때문에, 그 주기를 끊는 방법도 알 수 있다. 부정적인 생각들을 가라앉히는 데 도움이 되는 치료를 통해 과도한 REM 수면을 중단하고 서파 수면을 늘리면, 아침에 잠이 깨는 순간 더 큰 에너지와 동기부여를 갖게 된다. EFT와 매트릭스 리임프린팅, 최면, 명상 등을 비롯해 혈당을 안정시키고 기본적으로 필요한 사항들을 충족시키는 일 등도 모두 마음을 진정시키는 데 도움이 된다.

마음 진정시키기

—

만성적인 불안감과 우울증을 치유하는 일은 마치 모든 문제와 믿음들이 서로 뒤엉켜 있어 어디서부터 손을 대야 좋을지 알 수 없는 실타래를 푸는 일과 같다. 기본적인 것들로부터 시작하도록 하자.

인간의 기본 욕구의 점검

모든 인간은 태어날 때부터 공기, 물, 음식, 수면 같이 기본적으로 꼭 필요로 하는 것들이 있다. 그런 게 없다면 우리는 곧 죽을 것이다. 치료 방법과 관행에 대한 각종 정보를 수집하고 연구해 발표하는 단체인 유럽치료연구소ETSI는 성별과 인종, 위치를 초월한 10년간의 연구를 통해 '인간이 살아가는 데 꼭 필요한 것들의 목록'을 만들었다. 사실 우리의 모든 행동은 그런 것들을 추구하려는 데서 비롯된다.

유럽치료연구소는 뛰어난 인간 모델로 여겨지는 사람들을 연구한 끝에, 그들이 인간이 살아가는 데 꼭 필요한 것들을 아주 잘 충족시킨 사람들이라는 것을 밝혀냈다. 또한 꼭 필요한 것들 가운데 계속 한 가지 이상을 충족시키지 못할 경우, 다음 네 가지 일 가운데 한 가지 일이 생긴다는 것도 발견했다. 그런 사람은 어떤 사고를 당하거나(완전히 무작위적인 사고로 보이긴 하지만), 육체적인 병에 걸리거나, 정신 건강에 문제가 생기거나, 알코올이나 약물, 도박, 섹스 등에 중독된 것이다. 만일 인간이 살아가는 데 꼭 필요한 것들을 건강한 방법으로 충족시키지 못할 경우, 우리는 결국 건강하지 않은 방법에 의존하게 되면서 중독성에 빠지는 것이다.

이런 연구들은 결국 인간 본성 연구소Human Givens Institute의 설립으로 이어졌고, 정신 치료 전문가들의 기틀을 마련하는 데 토대가 되었다. 우리는 이런 것을 샐리-앤 소울스비의 소개로 처음 알게 됐는데, 그녀는 노련한 정신 치료 전문가로 전통적인 치료 요법과 매트릭스 리임프린팅 기법 사이에 다리를 놓는 데 큰 기여를 하기도 했다.

이런 이유로 인간이 살아가는 데 꼭 필요한 것들이 무언지 정확히 알 필요가 있으며, 그걸 모를 경우 마치 바로 앞도 안 보이는 짙은 안개 속에서 축구를 하는 것과 같다. 골대가 보이지 않으면, 골대 안에 골을 넣을 수 없는 것이다. 게다가 믿음 체계에 대한 이해와 인간이 살아가는 데 필요한 것들을 잘 결합할 수 있다면, 우리는 우리 자신과 고객들에게 불안감과 우울증을 벗어던지고 행복하게 살아갈 수 있는 가장 좋은 기회를 줄 수 있게 된다.

아래에 인간이 살아가는 데 꼭 필요한 것들의 명단이 나와있다. 절대적인 명단은 아니지만, 고객들에게 이런 명단을 작성해보라고 함으로써 서로 더 친밀해질 수 있을 뿐 아니라 고객의 가정생활 전반을 그려볼 수도 있다.

믿음 체크리스트

인간이 살아가는 데 꼭 필요한 것들	예시	이런 필요성이 현재 얼마나 충족되고 있나 1부터 10까지 점수를 매겨보라. (1= 전혀 충족 안 됨, 10 = 완전히 충족됨)	앞으로는 어떻게 이런 필요성을 더 잘 충족시킬 것인가?
이해받고 서로 연결된다는 느낌	다른 사람들과 아이디어와 감정, 꿈을 공유하기		
서로 관심을 주고받기	다른 사람들과의 규칙적인 연결		
몸과 마음의 관계에 대한 고려	운동, 영양 섭취, 수면		

▶▶▶

통제감을 갖기	삶에서의 적절한 통제와 통제에서 놓아주기		
창의성과 자극의 필요성	새로운 도전 과제들, 배움, 사고의 지평 넓히기		
목적과 목표들의 필요성	미래의 계획 짜기 또는 목적의식 갖기		
우리 자신보다 더 큰 그 무엇과의 연결감	종교, 공동체 집단, 자원 봉사. 자신 이외 의 다른 것들에 대한 관심		

학교 교사인 린다는 업무 때문에 스트레스를 받고 있었다. 매트릭스 리임프린팅 전문가는 그녀에게 기쁨을 주는 활동들이 어떤 것인지 물었고, 그녀는 케이크 만드는 걸 좋아했었다고 말했다. 그래서 두 사람은 주말에 시간이 날 때 다시 케이크를 만들어보자는 재미있는 목표를 세웠다.

머지않아 린다는 훨씬 더 기분이 좋아졌고 삶에 대해서도 더 균형 잡힌 감각을 갖게 됐다. 린다는 이렇게 말했다. "케이크 만드는 일 하나로 생긴 변화가 믿기지 않아요. 내가 이 일을 얼마나 좋아했는지 절감하게 됐죠. 이젠 직업적으로 하고 싶을 정도예요."

사람들은 시간을 내 뭔가 자신만의 창의적인 일을 하거나 어떤 목표를 추구한다는 게 실현 불가능한 사치스런 일이라고 생각하는 경우가 많다. 그러나 그것이 건강한 마음을 유지하고 균형 잡힌 삶을 사는 한 방법이라는 걸 감안한다면, 당연히 우리 자신에게 그런 시간을 허용해야 한다.

우울증이나 불안감의 경우, 몸과 마음의 관계를 고려해 꼭 필요한 일들, 그러니까 '운동, 영양 섭취, 수면' 같은 것들을 충족시키는 것이 말할 수 없이 중요하다. 따라서 우리는 운동, 영양 섭취, 수면 같은 변수들, 그리고 그런 변수들이 우리의 감정적·육체적·정신적 상태에 미치는 영향에 대한 언급 없이 우울증이나 불안감에 대해 논할 수는 없다.

우리는 몸의 건강을 위해서는 올바른 영양 섭취가 반드시 필요하다는 것을 잘 알고 있다. 또한 탄수화물 위주의 식품이나 단 음식 같은 일부 음식들은 혈당 수치를 높이고 감정 기복을 심하게 만들며, 그것이 불안감과 우울증을 앓는 사람들에게는 아주 나쁘다는 사실도 잘 안다. 당분 함유량이 높은 음식을 섭취하면 더 단 음식을 먹고 싶어지고, 그런 악순환에 빠지게 된다. 그래서 우리는 우울증이나 불안감을 앓고 있는 모든 사람에게 영양 섭취에 대해 또 현재의 식단을 어떻게 개선할 것인지에 대해 연구를 해야 한다고 조언한다.

만성 스트레스와 불안감 극복하기

불안감과 우울증의 패턴들을 살펴보면, 그 스트레스 주기를 끊는 길은 마음을 진정시키는 데 있다는 걸 알 수 있다. 그러면 불안감이 사라지고, 그 결과 REM 수면이 줄어들게 되며, 곧 에너지 수준이 정상으로 돌아오게 된다.

트라우마를 겪은 에코들로 가득한 마음은 스트레스가 많아지게 되며, 그래서 전형적 매트릭스 리임프린팅 기법을 활용해 문제의 에코들을 찾아 그것이 갖고 있는 트라우마를 없애주어야 한다.

고통지수suDs와 생존의 기본 욕구의 목록을 이용하는 것이 만성적인 스트레스와 불안감을 해결하는 데 좋은 출발점이 될 수 있지만, 불안감과 관련된 에너지는 늘 우리를 특정한 기억들로 데려간다.

잘 알겠지만, 살다보면 어느 시점에선가는 늘 스트레스 스펙트럼 상에 위치하게 된다. 그건 어떤 사건이나 믿음 때문일 수도 있고, 아니면 어떤 믿음이 일반화되면서 삶의 모든 영역에서 불안감과 걱정을 느끼게 된 것일 수도 있다. 현재의 어떤 상황이나 인간관계에 대해 불안해하는 것과 허구한 날 일과 자식 문제, 건강 문제, 인간관계 등에 대해 걱정하는 것은 분명 다르다.

에이미는 두 아이의 엄마이다. 첫 매트릭스 리임프린팅 상담에서 그녀는 매트릭스 리임프린팅 전문가에게 그녀는 늘 약간의 슬픔과 심신을 좀 먹는 우울증에 시달리고 있다고 말했다. 이후 4개월간 두 사람은 매트릭스 리임프린팅을 했고, 그 과정에서 '감정을 내보이는 건 좋은 일이 아니며, 따라서 뭐가 문제인지 사람들에게 절대 말해선 안 된다'는 그녀의 핵심 믿음을 찾아냈다. 그 핵심 믿음은 아무리 기분이 안 좋아도 아무 일 없다는 듯 참고 넘겨야 한다는 생각 때문에 더 강화됐다.

에이미는 '에너지 따라가기' 기법을 활용했다. 그녀는 여동생을 출산하고 병원에 있던 엄마를 방문한 뒤 자신이 사랑받고 있지 못하다는 느낌에 사로잡혀 의기소침해져 있는 어린 에이미를 만났다. 매트릭스 임프린팅 전문가의 도움을 받아, 그녀는 그 트라우마를 지운 뒤 새로운 영상을 리임프린팅시켰다.

첫 번째 상담이 끝날 무렵, 에이미는 쉬운 일은 아니겠지만 자신의 남편에게 양육 책임을 좀 더 맡아달라고 하겠다고 말했다. 두 사람은 그 기억을 되찾아가 에이미 남편의 에코를 만났는데, 그 에코는 기꺼이 양육 책임을 더 맡아주겠다고 했다.

그들이 발견한 가장 중요한 기억은 십대 시절 방학을 맞아 에이미가 자기 여동생과 함께 스페인의 한 소도시를 찾았을 때의 기억으로, 당시 에이미의 여동생은 심한 천식을 앓고 있었다. 관광객들을 혐오하는 한 무리의 남자애들이 거리에서 계속 두 사람을 쫓아다니기 시작했다. 그렇게 계속 쫓겨다니다 여동생이 천식 발작을 일으키는 것을 막으려고, 에이미는 그 남자애들을 자신 쪽으로 유인했다. 에이미는 여동생이 천식 발작을 일으킬까봐 너무 겁이 났던 것인데, 사실 그 여동생은 가까스로 남자애들을 따돌리고 도망가 어른들에게 얘기했고, 그 덕에 그 어른들이 아빠를 데리고 와 에이미를 구할 수 있었다. 결국 아빠가 남자애들을 혼내 내쫓았지만, 이미 남자애들에게 얻어맞은 에이미는 너무 아팠고 제정신이 아니었다. 다른 어른들이 다 가버리자, 에이미의 아빠는 다 너의 잘못이라며 에이미를 때리기 시작했다.

에이미는 과거의 기억 속으로 되돌아가 바로 그 순간의 어린 에이미를 데리고 그 상황에서 벗어났다. 에이미는 조용한 해변으로 가서 자신의 어린 에코에게 두드리기를 해주었다. 어린 에코는 에이미에게 안아달라면서 자신에겐 잘못이 없다고 말해달라고 했다. 5분 정도 지나자 어린 에코는 점차 마음이 진정됐고, 다른 사람이 아빠와 얘기를 나눠 왜 자신을 때렸는지 그 이유를 알아내자는 제안을 받아들이게 되었다.

그렇게 해서 에이미 남편의 에코가 들어오게 했고 해변의 다른 한쪽에서 에이미 아빠의 에코와 얘기를 나누었다. 에이미의 에코는 아주 부드럽고 친절한 자기 아빠의 모습을 보았다. 아빠는 에이미 남편의 어깨에 다정히 손을 올린 채 말없이 얘기를 듣고 있었다. 그녀의 아빠는 미안하다고 말하며 의기소침해졌다. 아빠에게 필요한 것은 자신을 위로해줄 자기 엄마였다. 그래서 에이미와 아빠는 할머니의 영혼을 불러들였는데, 그녀는 인자하고 따뜻한 분으로, 예전에는 아들에게 해주지 못한 일을 이제는 해줄 수 있을 것 같다고 말했다.

그들은 슬픔에 빠져 의기소침해진 아빠를 두드려주었고, 마침내 에이미의 에코는 아빠에게 다가가도 좋을 만큼 안전하다고 느끼게 되었다. 아빠는 어린 에이미에게 자신은 절대 다른 사람 앞에서 눈물을 보일 수 없었고, 그래서 어린 에이미가 우는 걸 볼 때마다 완전히 공황상태에 빠져 때려서라도 울음을 그치게 만들려 했던 거라고 말했다. 모든 얘기를 들은 어린 에이미는, 아빠의 심정을 이해할 수 있었고 아빠를 용서해줄 수 있었다. 결국 어린 에이미는 아빠 무릎에 앉아 그렇게 원했던 아빠의 포옹을 받을 수 있었다. 자신을 감싸주는 아빠의 강한 두 팔 안에서 행복을 느낄 수 있었다.

여러 차례 함께 매트릭스 리임프린팅을 하면서, 그들은 병원에 갔을 때와 혼자 있을 때의 에이미의 기억들을 만날 수 있었다. 에이미의 에코가 자기 아빠에게 매를 맞은 일은 몇 번 더 있었다.

모든 일들을 겪으면서 어린 에이미가 갖게 된 믿음은 '뭐가 문제인지 사람들에게 절대 말해선 안 된다'는 것이었다. 그러나 일정 기간 계속 매트릭스 리임프린팅을 반복하면서, 그녀는 자신의 감정을 주변 사람들에게 얘기해도 안전하다는 강한 믿음을 구축하게 되었다. 그 덕에 이제 그녀는 자기 남편과 애들에게 자신이 느껴온 슬픔과 걱정에 대해 터놓고 얘기할 수 있게 되었고, 그러면서 마음이 한결 가벼워졌다. 그리고 급기야는 자신이 얼마나 많은 사랑을 받고 있는지를 깨닫게 되었다. 예전에는 전혀 보지도 느끼지도 못했던 일들이었다.

넉 달 정도가 지난 뒤에, 에이미는 자신의 매트릭스 리임프린팅 전문가에게 이렇게 말했다. "이제 모든 것이 제대로 풀리는 것 같아요. 그리고 정말 긍정적인 기분이 들어요. 이젠 다른 사람들의 그 어떤 도전에도 대응할 수 있어요. 예전 같으면 상상도 할 수 없던 일이에요."

또 다른 긍정적인 결과는 그녀가 자신의 양육 방식에 보다 강한 자신감을 갖게 됐고 또 자기 아이들의 문제에 보다 초연하게 대처할 수 있게 됐다는 것이다.

그 어떤 스트레스와 불안감이 당신의 삶에 침투해오든, 당신의(또는 당신 내담자들의) 발전과정을 점검하는 데 활용할 수 있는 통찰력 있는 질문들과 처방들이 있다. 그것들을 소개하자면 다음과 같다.

스트레스와 불안감

통찰력 있는 질문들

1. 스트레스가 당신의 삶에 얼마나 많은 영향을 주고 있는가?

스트레스와 불안감이 당신의 삶에 미치는 영향은 100퍼센트 중에 몇 퍼센트 정도인가? ('완전히 지배한다'는 100퍼센트, '아주 작은 문제일 뿐이다'는 10퍼센트)

2. 그 증상들은 어떤 것인가?

'구체적인 생리학적 증상들은 무엇이며, 각 증상은 100퍼센트 중에 몇 퍼센트 정도 강한가?'

만일 증상이 많다면, 예를 들어 심장 두근거림 75퍼센트, 공포감 60퍼센트 식으로 각 증상별로 백분율을 따로 적어라. 그 백분율을 보고 문제 해결 정도를 알 수 있을 뿐 아니라, '에너지 따라가기' 기법으로 매트릭스 내의 각 기억에 접근하는 데 도움이 된다.

(만일 내담자와 함께 매트릭스 리임프린팅을 하는 경우라면, 이 두 질문을 가지고 일련의 과정에서 문제가 얼마나 해결됐는지를 점검해보는 것이 중요하다.)

3. 그런 조건이 언제 유발되는가?

'어떤 문제, 생각, 도전, 상황, 언급 등이 그런 조건을 유발하는가?'

그런 걸 분명히 하고 메모를 하라. 그 시간들은 매트릭스로 되돌아가 관련 기억들을 찾는 데 활용할 수 있다.

4. '이런 조건이 갖춰졌을 때 어떤 결과가 나오는가?'

'어떤 회의나 사교 모임에 참석하지 않는다거나 전화로 결근 통지를 하는 등, 불안감의 결과로 당신의 삶에 실제 어떤 일들이 일어나고 있는가?'

이를 통해 어떤 주제나 이차적 이득에 관심이 집중되게 되고, 또 문제가 얼마나 해결됐는지를 검토할 수 있게 된다.

처방들

• 증상들의 목록을 적고 그 증상들이 언제 유발되는지 메모해두면, 한 증상의 에너지에 또는 그 상황에서 어떻게 느끼는지에 대해 관심을 집중할 수 있다.

• 그런 다음 클래식 매트릭스 리임프린팅 기법을 활용해 문제의 반응을 유발하는 에코까지 되돌아간다.

한동안은 특정한 한 가지 증상의 해결에 집중해 부정적인 반응 뒤에 숨은 믿음이나 뿌리를 완전히 뽑아낸 뒤 그다음 증상으로 나가는 것이 가장 좋다. 100퍼센트 완벽한 해결까지 기대하지는 말되, 한 증상이 눈에 띌 정도로 해결된 뒤에 그다음 증상으로 나가라는 것이다.

물론 중요한 사건들로 곧장 접근할 수도 있다. 만일 당신의 삶에서 생각만 해도 스트레스와 불안감을 느끼는 그런 사건이 있다면, 그 사건은 당신의 잠재의식 속에, 그리고 당신의 매트릭스 속 에코 안에 아직도 살아 숨 쉬고 있는 사건이라는 뜻이다. 그런 그런 것들이야말로 곧장 제거해야 할 트라우마들이다.

미래 작업

—

긍정적인 믿음 임프린팅

제미마 임스 Jemima Eames 는 불안감 및 스트레스 관리를 도와주는 일을 주로 해온 경험 많은 매트릭스 리임프린팅 전문가이다. 그녀는 내담자들을 상대로 한 '스트레스 해소 작업'에서 가장 중요한 것들 중 하나는 스트레스 부분을 완전히 변화시켜 조금이라도 더 가벼운 발길로 사무실 문을 나갈 수 있게 해주는 것이라는 걸 잘 안다.

그것을 가능하게 해주는 방법 중 하나가 긍정적인 믿음 임프린팅 기법을 활용하는 것이다. 우리는 미래의 자신에게 가기에 앞서 먼저 여러 가지 트라우마와 갇혀 있는 부정적인 에너지를 상당 부분 제거하고 싶어 하지만, 모든 작업을 끝낼 때 고객이 좋은 느낌을 임프린팅하는 것을 도와줌으로써 당신은 새로운 신경 연결 회로를 구축하게 된다.

앞서 언급했던 스트레스 초고속도로를 상기해보라. 미래의 이미지를 리임프린팅하는 것은 지도에 어떤 장소를 정한 뒤 위성 내비게이션 장치를 활용해 그 장소를 찾는 작업과 비슷하다. 제미마 임스는 그녀의 내담자들에게 미래의 자기 자신의 색을 띤 스카프나 보석 또는 사진틀을 사서 항상 눈에 띄는 곳에 놓아두고 미래의 에너지를 집어넣으라고 권하기도 한다.

마음을 진정시키기: 스트레스 해소용 연장통

사람들은 자신의 스트레스나 불안감을 관리하고 완화해줄 새로운 방법을 찾기 위해 매트릭스 리임프린팅 전문가의 사무실을 찾아오는 경우가 많다. 그들은 이미 EFT에 대한 책을 읽고 효과를 봤을 수도 있지만, 어쨌든 자신이 안고 있는 문제들의 핵심에 도달하고 싶어 한다. 증상들과 믿음들에 고통지수를 매기고, 생존의 기본 욕구들의 목록을 점검함으로써, 우리는 우리 삶에 얼마나 많은 스트레스와 불안감 또는 우울증이 있는지 그림을 짜맞출 수가 있다.

매트릭스 리임프린팅 전문가로서 우리가 할 일은 사람들이 매트릭스 리임프린팅을 할 때 또는 그 이후에 스트레스 수준을 조절할 수 있게 도와주는 것이다. 스트레스 및 우울증 관리 분야에서는 매트릭스 리임프린팅 상담 사이에 숙제를 내주는 것이 아주 중요하다. 스트레스 반응들이 이미 '초고속도로' 수준이 되어 있는 데다 강한 에너지 장을 갖고 있어, 그걸 제대로 정리하려면 지속적인 노력이 필요하기 때문이다.

고양이가 밝은 핑크빛 털실 공을 가지고 놀면서 다 헝클어뜨렸다고 상상해보라. 그러나 당신이 입을 멋진 스웨터를 위해 그 털실이 꼭 필요하고, 그래서 헝클어진 털실을 조심스레 차근차근 풀기 시작한다고 가정해보라.

특히 믿음들의 체크리스트와 감정적인 목록을 사용할 경우, 우리의 삶에는 다른 문제들보다 더 빨리 개선될 수 있는 문제들이 있다는 걸 잊지 말라. 그 나머지는 어떨까?

당신 자신의 필요에 맞춘 스트레스 해소용 연장통을 만들어놓을 경우, 다른 사람들의 조언을 듣는 것보다 10배는 더 효과가 있다. 그것은 스스로 통제하는 느낌을 주며, 그래서 굳이 도움을 청할 다른 누군가를 기다릴 필요도 없다. 언제 어디서건 당신이 필요할 때 쓸 수 있는 당신만의 연장이나 기법들이 있다면 훨씬 더 효과가 있을 것이다. 설사 하루에 20번을 쓴다 해도, 그것들은 늘 효과가 있어, 당신은 스스로 당신 자신을 진정시키고 또 당신 자신의 삶에 대한 통제력을 되찾을 수 있다. 그 연장통 안에는 이런 것들을 준비해 놓으면 좋을 것이다.

• 일상적인 스트레스 해소용 연장통으로 두드리기를 한다. 이는 스트레스 반응을 관리하는 데 도움이 될 뿐 아니라, 명료하고 균형 잡힌 감각을 가져다준다. 에너지에 초점을 맞추고, 그 에너지를 두드려서 몸에서 빠져나가게 하라. 그것을 통해 뇌 훈련이 시작될 것이다.

그리고 뇌는 곧바로 스트레스 반응에 맞추는 것 외에 다른 옵션들도 갖고 있다는 것이 드러날 것이다.

- 명상, 자기 최면, 시각화 등은 모두 마음을 진정시키는 데 도움이 되는 도구들이다. 그러나 가뜩이나 스트레스가 많은 사람에게 명상을 취하며 말없이 앉아 있으라고 말한다면, 사태가 더 악화될 수도 있다. 늘 고객의 눈높이에 맞게 시작하자. 짧은 명상과 수면에 도움을 주는 스마트폰 어플리케이션 사용, 창의적인 시각화, 휴식 등을 고려해보자.
- 하루에 5분씩 심장 호흡을 해보자.(115쪽 참조)
- 매트릭스 리임프린팅을 여러 차례 할 때 그 사이에 임프린팅 부분과 시각화 부분을 기록해둘 수도 있다.
- 생존의 기본 욕구를 계속 점검하고 몸과 마음의 관계에 등급을 매기도록 하자. 운동과 영양 섭취가 절대적으로 중요하다.
- 일부 매트릭스 리임프린팅 전문가들은 내담자들에게 자신의 불안한 감정들을 일기장에 적어 넣으라고 권하기도 한다. 그러면 깨어 있는 동안 응어리진 감정들을 표현할 수 있고, 그래야 굳이 밤에 그 감정들을 꿈꾸지 않아도 되기 때문이다. 내담자들에게 자신의 일기를 다시 읽으며 두드리기를 하라고 권할 수도 있다.

얼마나 오래 걸릴 것인가?

불안감과 우울증을 해결하는 일은 시간이 걸릴 수 있다. 앞서도 말했듯, 스트레스 스펙트럼이라는 것이 있다. 물론 어떤 행동의 원인이 단 한 가지 사건이나 믿음 때문이라면, 아주 빨리 해결이 될 수도 있을 것이다. 그러나 우울증은 생각보다 아주 심할 수 있으며, 그래서 우리는 심한 우울증에 걸린 사람들은 관련 기술이나 경험이 있는 매트릭스 리임프린팅 전문가의 도움을 받아야 한다고 생각한다.

피터를 만나보자. 그는 현재 62세로, 12세 무렵에 늘 자신은 모든 사람들로부터 동떨어져 있으며 아무도 자신에게 관심이 없다고 느꼈다. 그런 느낌은 대학에 들어간 10대 후반까지도 계속되어 결국 신경쇠약으로 이어졌고, 20대 시절에는 내내 항우울제를 복용했다.

이후 40년간 피터는 네 차례 이상 정신과 입원 치료를 받아야 했다. 그 시기에 결혼이 파경에 이르렀고, 여러 가지 처방약들을 섞어 복용해야 했다.

피터는 50대에 들어 한 여성을 만나 운명적인 사랑을 했고 그녀와의 사이에 아이도 하나 낳았다. 몇 년 동안은 우울증이 가셨으나, 얼마 지나지 않아 다시 찾아왔다.

그러나 그는 매트릭스 리임프린팅 전문가와 함께 우울증이 처음 시작된 자신의 어린 에코를 찾아냈고, 덕분에 심한 우울증은 단 세 차례의 매트릭스 리임프린팅으로 치유됐다.

당시 10살 정도 됐던 피터는 지방 기숙학교에 다니고 있었고, 그래서 주말에만 집에 갈 수 있었다. 그의 엄마가 자신을 학교 정문 앞에 데려다 놓을 때마다, 그가 들을 수 있었던 소리라고는 자신에게서 멀어져가는 엄마의 발자국 소리뿐이었다. 그는 그 기억을 떠올릴 때 가장 큰 스트레스를 받았다. 피터의 어린 에코는 엄마가 남동생을 더 좋아해서 자신을 원하지 않고 그래서 멀리 떨어진 학교로 보낸다고 믿고 있었다. 자신은 사랑받지도 못하고 그럴 자격도 없다고 느낀 것이다. 매주 일요일 밤에 가족을 떠나야 한다는 트라우마와 그에 따른 불안감은 이후 그의 삶 전반에 스며들었다. 어린 에코는 그 얘기를 하면서 부르르 몸을 떨었다.

생활에 관한 한 그리 큰 트라우마가 없었지만, 예민한 피터의 어린 에코는 가족과 떨어져 있어야 한다는 사실에 엄청 큰 트라우마를 갖고 있었다.

피터는 그 이후의 삶을 늘 사람들로부터 관심과 사랑을 받으려 애쓰며 보냈다. '사람들은 나를 좋아하지 않는다'는 믿음에서 오는 불안감이 그의 직장생활과 인간관계, 결혼생활 등 그의 삶 전반에 영향을 미쳤고, 그래서 새로운 상황과 변화에 직면할 때마다 그는 만성적인 불안감과 우울증에 시달려야 했다.

자신의 그런 믿음을 이해하고 문제가 있는 에코들을 치유하면서, 그는 마침내 만성적인 불안감과 우울증에서 벗어날 수 있었다. 그는 또 그런 에코들에 사로잡혀 있던 모든 에너지를 풀어놓았고, 삶에서 앞으로 나아가는 데 도움이 될 더 강한 믿음들을 갖게 되었다. 매트릭스 리임프린팅 전문가는 살아가는 데 꼭 필요한 것들의 목록을 중심으로 그의 에코 치유에 나섰고, 그 결과 피터는 요리에 대한 자신의 사랑을 재발견하게 되었다.

네 번째 매트릭스 리임프린팅을 앞두고, 피터는 매트릭스 리임프린팅 전문가에게 전화를 해 이렇게 말하며 매트릭스 리임프린팅 상담을 취소했다. "만나 뵙고는 싶지만, 모든 게 나날이 좋아져, 굳이 매트릭스 리임프린팅을 할 필요는 없을 거 같습니다. 지금 너무 행복하고 또 모든 것에 만족합니다."

이 장에서 소개한 여러 사례 연구들에서 볼 수 있듯이, 불안감과 우울증을 예방하는 열쇠는 우리의 믿음들과 관련해 스트레스 수준과 감정적 웰빙을 어떻게 관리하는지를 이해하는 것이다.

우리가 스트레스 수준을 좀 더 잘 관리하게 된다면 어찌 될까? 스트레스와 불안감이 높아지는 것을 우리 자신에 대해 더 많은 것을 아는 방법으로 본다면 어떨까? 우리가 이런 반응들을 그대로 받아들이고, 그것들을 우리의 내면 풍경으로 들어가는 한 방법으로 본다면 어찌 될까? 스트레스를 이용해 핵심 믿음들을 찾아내고 그 믿음들을 도움이 되는 믿음으로 변화시킨다면 어떨까?

우리 삶에서 스트레스와 불안감을 잘 헤쳐나갈 수 있다면, 우울증을 비롯한 그 어떤 것도 헤쳐나갈 수 있게 된다. 매트릭스 리임프린팅과 EFT는 마음을 진정시키고 뇌 속에서 새로운 길들을 찾아내는 데 도움을 준다. 다 같이 금요일 오후의 혼잡한 고속도로를 벗어나 시골 풍경이 펼쳐지는 교외의 한적한 도로로 가자.

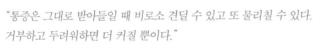

10
매트릭스 안에서
통증 관리하기

"통증은 그대로 받아들일 때 비로소 견딜 수 있고 또 물리칠 수 있다.
거부하고 두려워하면 더 커질 뿐이다."
– 딘 쿤츠Dean Koontz

우리 모두 삶의 어느 시점에선가는 육체적인 통증을 경험하게 된다. 그런데 왜 사람들이 느끼는 통증의 크기는 제각기 다른 것일까? 통증은 주관적인 것이며, 그래서 두 사람이 똑같은 상황에서 겪는 통증도 전혀 다른 것이다. 교통사고로 목뼈 손상을 입은 두 사람을 예로 들어보자. 한 사람은 6주 만에 완전히 치유되어 통증에서 벗어났지만, 다른 한 사람은 평생 만성적인 통증에 시달릴 수도 있다. 어째서 그럴까? 이 두 사람이 생물학적으로 다른 존재는 아닐 것이다. 생물학적으로 다른 사람은 없다. 우리는 모두 똑같은 세포 수십 조 개를 갖고 있고, 우리의 주요 장기들은 정확히 똑같은 방식으로 움직인다. 그런데도 치유되는 방식이 다 다르다. 왜일까?

그 차이는 뇌에서 나오고 들어가는 각종 신호와 메시지의 흐름에 있다. 우리의 몸과 또 우리의 생각, 느낌, 감정, 그리고 믿음을 에워싸고 흐르는 에너지야말로 신호와 메시지인 것이다. 그래서 매트릭스 리임프린팅 기법으로 각종 신호와 에너지를 손본다면, 마치 스위치를 꺼버린 것처럼 통증의 흐름을 차단하게 된다.

이 장에서 우리는 통찰력 있는 질문들과 유용한 조언들, 그리고 클래식 매트릭스 리임프린팅 기법을 활용해 어떻게 여러 종류의 통증을 치유하는지를 간단히 소개하고자 한다. 그 외에 '메타-헬스'Meta-Health는 물론, 근골격계 통증을 완화시키는 진단 방식에 대해서도 알아본다.

어떻게 클래식 매트릭스 리임프린팅 기법으로 고통을 치유할까?

—

어떤 고통을 안고 있는 사람이 문을 열고 들어온다면, 그 사람과 믿음에 대해 얘기를 나눠야 한다고 생각하는가? 아니면 그 사람의 인생 이야기 전부에 대해? 아니면 모든 통증은 뇌에서 오는 신호라는 얘기에 대해? 아니다! 무엇보다 먼저 그 사람의 통증을 덜어주는 것이 매트릭스 리임프린팅 전문가가 할 일이다. 우리가 만일 누군가의 통증을 덜어줄 수 있다면, 그의 마음속에 있는 다른 가능성들로 들어가는 문을 연 것이나 마찬가지이다. 사람들에게 우리가 어떻게 그들의 몸속 에너지를 움직이는지를 보여줄 수 있는 아주 좋은 기회이기도 하다.

당신이나 당신 고객의 통증을 분류하기 위해, 다음과 같은 질문들을 이용할 수도 있다. 다음 질문들이 당신이나 내담자의 통증이 어떤 문제와 연관 있는지 알 수 있는 단서를 제공해주기 때문이다.

통찰력 있는 질문들

1. "그 통증이 언제 시작되었는가?"
2. "약은 복용하고 있는가?"
3. "통증 완화와 관련해 가지고 있는 전반적인 목표는 무엇인가?"
4. "'통증이 전혀 없음'은 0, '가장 큰 고통'을 100이라 할 때, 당신이 매일 느끼는 통증의 강도는 1부터 100까지 가운데 어느 정도 되는가?"
5. "하루 중에 통증이 더 심해지거나 아니면 갑자기 사라지거나 누그러드는 때가 있는가?"
6. "통증을 촉발시키는 특정한 상황이 있는가? 만일 그렇다면, 좀 더 자세히 설명해보라."
7. "당신이 느끼는 그 통증은 어떤 트라우마의 결과인가?"
8. "당신의 그 통증 때문에 의사를 찾아가본 적이 있는가? 만일 그렇다면, 그 당시 드러난 문제는 무엇이었나?"
9. "지금 어떤 증상들이 있는가?"

기본적인 두드리기

통증은 무슨 난해한 개념도 아니고 몸에서 바로 느끼는 것이기 때문에, 사람들이 그 통증에 관심을 집중한 채 그 느낌이 어떤지 설명하는 게 어렵지 않다.

- 기본적인 EFT 기법을 활용해 통증을 완화시키도록 하라. 색깔과 질감을 나타내는 등 통증을 자세히 묘사하도록 하라. 화끈거리는가? 쿡쿡 쑤시는가? 예를 들어 '어깨를 쿡쿡 쑤시는 빨간색 분노의 통증' 식의 묘사 또는 설명을 하는 것이다.

- 그런 다음 몇 차례의 두드리기를 통해 통증의 강도를 떨어뜨려라. 그 과정에서 몸 전체를 면밀히 살펴볼 필요가 있을 것이다. 예를 들어 '어깨를 쿡쿡 쑤시는 빨간색 분노의 통증'은 물론 '등을 타고 내려가는 핑크빛 진흙 같은 통증'도 살펴보는 것이다.

- 당신은 이런 질문을 할 수도 있다. "이 통증의 반대는 무엇인가?" 아마 그것은 '평화' 또는 '휴식'일 것이다. EFT 과정에서 인식의 재구성을 하는 데 이를 활용하라. 누군가 어떤 만성적이거나 장기적인 통증을 겪고 있을 경우, 그 사람에게 일찍이 기본적인 EFT를 가르쳐주는 것이 매트릭스 리임프린팅 상담 후 다음 상담을 기다리는 기간에 그 통증을 관리하는 데 도움이 된다. 강한 에너지 장이 형성된 만성적이거나 장기적인 통증은 치유하는 데 더 오랜 시간이 걸릴 것이다. '이차적 이득'이라는 것까지 고려할 경우 특히 더 그렇다.

에코 흐름을 타고 가라

- 일단 통증에 대한 표현이 만들어지면, '등을 쿡쿡 쑤시는' 같은 핵심 표현을 듣고 이렇게 물어보라. "만일 누군가가 또는 무언가가 등을 쿡쿡 쑤시고 있다면, 그건 누구 또는 무엇이겠는가?" 고객에게 대답할 시간을 주어라. 그래서 그 사람이 특정한 기억에 도달하면, 그때 전형적 매트릭스 리임프린팅 기법의 1단계로 들어가라.

- 또 다른 핵심 질문은 "그 통증을 처음 느낀 것이 언제인가?"이다. 이 질문을 통해 통증이 시작된 트라우마를 찾을 수 있고, 그 당시의 기억으로 되돌아가 에코의 트라우마를 제거할 수 있다.

- 이때 통증에 대한 감정이 중요하다. "그 통증에 어떤 감정이 깃들어 있다면, 그건 어떤 감정이겠는가?"라는 질문을 던져보라. "만일 당신이 화를 내고 있는 누군가가 또는 무언가가 있다면, 그건 누구 또는 무엇이겠는가?" 또는 "만일 당신이 죄책감을 느끼는 누군가가 또는 무언가가 있다면, 그건 누구 또는 무엇이겠는가?" 식으로 통증에 대한 감정과 관련된 질문을 던지는 것이다. 그러면 당신은 무엇이 통증을 느끼는 고객 몸 부위에 영향을 주고 있는 일의 그림을 그려볼 수 있게 된다. 그 일은 최근의 일일 수도 있다. 거기서부터 시작해 먼저 그 에너지를 제거하도록 하라.

- 통증을 의인화해서 이런 식으로 물어보라. "당신의 통증이 뭔가 전하려는 메시지를 갖고 있다면, 어떤 메시지일 것 같은가?" 또는 "만일 그 통증이 누군가를 또는 무언가를 생각나게 한다면, 그건 누구 또는 무엇이겠는가?" 또는 "만일 그 통증이 정체성을 갖고 있다면, 그건 어떤 정체성이겠는가?"
이런 질문들을 던지고 필요한 정보를 모으다보면, 당신은 곧 어떤 사건이나 기억을 찾아내게 될 것이다. 어쩌면 그 통증을 의인화해서 에코에게처럼 두드리기를 하면 내담자가 집착하던 부정적인 감정들을 쉽게 털어버릴 수도 있다.
이렇게 모은 정보를 통해 당신은 고객의 삶에 어떤 일이 일어났는지 또 그 통증의 원인이 무엇인지를 파악할 수 있다.

통증의 유형

육체적인 통증을 완화시키려 할 때, 현재 나타나는 통증들을 유형별로 분류하면 도움이 될 수 있다.

1) 트라우마에서 비롯된 통증(실제적이든 상상 속에서든)

육체적인 통증이든 정신적인 통증이든, 모든 통증은 트라우마의 결과이다. 그러나 좀 더 구체적으로 말해, 어쩌면 우리는 정확히 어떤 트라우마가 통증을 유발했는지 알아낼 수도 있다.

어쩌면 이 유형의 통증은 가장 해결하기 쉬운 통증인 경우가 많다. 곧바로 문제가 되는 기억을 찾아가, 해당 에코로부터 에너지를 제거하면 되기 때문이다. 이때 에너지는 에코에 묶여 있을 것이므로, 단지 한 기억을 다루는 것만으로도 제거될 수 있다.

게리를 만나보자. 그는 52세이며 허리 통증에 시달리고 있다. 매트릭스 리임프린팅 전문가가 그 통증이 언제 시작됐느냐고 물었는데, 그는 2년 전쯤 직업을 바꿨을 때 통증이 시작되었다는 사실을 깨달았다. 전직 우편배달부였던 그는 활동적인 직업이 건강을 잘 유지하게 해주었다고 믿었다. 그러다가 이후 임시직 배송 기사로 일하면서부터는 정적인 업무 때문에 건강을 해쳤다고 믿고 있었다. 그러나 기본적인 EFT 기법을 쓰고 난 뒤, 그는 자신의 통증과 결부시킨 감정들이 좌절감과 슬픔이라는 걸 알게 됐다. 그는 처음엔 좀 긴가민가했지만, 이런저런 질문 끝에 자신이 더 이상 우편집배원 일을 할 수 없게 됐다는 생각에 좌절감을 느꼈던 순간의 기억까지 찾아갈 수 있었다.

게리는 매트릭스 리임프린팅 전문가와 함께 송별회 파티에서 슬픔과 외로움을 느끼고 있는 자신의 에코를 만났다. 15년간 몸담았던 직장을 떠나면서 이제 자신이 '퇴물'이 됐다는 믿음을 갖게 됐던 것이다.

그는 자신의 에코를 두드려서 모든 부정적인 감정들을 몰아냈고, 새로 시작한 배송 기사 일이 더없이 멋진 일이며 삶도 더 나아질 거라고 스스로를 위안했다. 그 결과 그의 에코는 자신의 새로운 일에 자부심을 갖게 되었고, 또한 그 일을 삶의 다음 단계로 나아가고 더 많은 급여를 받고 원할 때 커피도 한 잔 할 수 있는 멋진 일로 받아들이게 되었다.

게리는 매트릭스 리임프린팅 덕에 허리 통증을 극복했을 뿐 아니라, 새로운 '삶의 기쁨'을 느끼기 시작했고 늘 꿈꿔왔던 세계여행까지 계획하게 되었다.

2) 육체적 손상의 결과 생긴 통증

트라우마가 아니라면 무엇이 육체적 손상일까? 그런데도 왜 어떤 사람들은 다른 사람들보다 더 빨리 치유되는 걸까? 매트릭스 리임프린팅을 활용하면 우리는 그런 사건을 찾아내고 에코가 트라우마를 안전하게 겪고 지나가게 하고, 몸이 스스로 치유되게 해줄 수 있다. 육체적 손상과 관련된 기억을 재방문할 때는 에코에서 트라우마의 모든 양상을 제거하되, 특히 리임프린팅 단계에서 트라우마가 모두 제거되었다는 것에 집중하는 것이 중요하다.

이 장의 뒷부분에서 더 자세히 논의하겠지만, 몸을 진단하듯이 문제에 접근하면, 왜 몸의 특정 부위가 스트레스에 노출되고 더 약한지를 이해할 수 있게 된다.

3) 복잡하고 심각한 질병의 통증

심각한 질병을 치유하려 할 경우, 여러 시기에 발생한 여러 증상들을 접하게 되고 증상과 관련된 많은 믿음과 트라우마들도 접하게 된다. 통증을 구체적인 부위별로 또는 증상별로 분류해, 한 번에 하나씩 통증과 연관이 있는 에너지 흐름을 제거하는 것이 좋다.

매트릭스 리임프린팅은 육체적인 것이든 정신적인 것이든 심각한 질병으로부터 회복되는 데 효과적이다. 몸이 내보내는 메시지들에 대한 분석을 하면서 동시에 매트릭스 리임프린팅을 할 경우 특히 더 도움이 된다. 그러나 심각한 질병으로부터 회복되는 길은 멀고 복잡한 길이 될 수도 있다. 내담자들은 영양 섭취와 자기애 같은 요소들에 대한 안내도 필요하지만, 그 무엇보다 상담실 밖에서도 스스로 문제 해결을 위해 노력하는 것이 중요하다.

물론 우리는 핵심 문제와 믿음들로 다가가기를 원하지만, 그에 앞서 먼저 통증 수준을 관리하는 등 증상들을 완화시키는 일부터 시작하는 것이 좋다. 이를 통해 내담자는 자신의 에너지 시스템을 관리하는 데 도움을 받을 수 있을 뿐 아니라, 미래에 대한 희망도 갖게 된다.

매트릭스 리임프린팅에 대한 첫 번째 책《매트릭스 리임프린팅》에서는 심각한 질병을 치유하는 법을 집중적으로 다루고 있다.

4) 일차적 이득이나 이차적 이득으로서의 통증

일차적 이득과 이차적 이득은 어떤 사람이 자신의 통증에 매달리는 이유들이다. 다른 사람으로부터 사랑과 관심을 끌기 위한 방법이 될 수도 있고, 삶에서 제대로 기능할 필요가 없는 구실이 될 수도 있다. 또한 다른 누군가에 대한 분노를 표현하는 방법일 수도 있다. 예를 들어, 사람들은 자기에게 통증을 가지게 만들었다고 믿는 사람을 용서하고 싶어 하지 않는 것이다.

이것은 내담자에게 질문을 던지기 전에 조심스레 생각해봐야 할 민감한 부분으로, 만성적인 고통이나 심각한 질병을 치유하려 할 때 특히 더 그렇다.

일차적 이득

일차적 이득은 통증이 삶의 목적 같은 역할을 하는 것이며, 그래서 몸은 그 목적에 맞추기 위해 계속 아픈 상태를 유지하게 된다. 그러니 내담자를 상대할 때 통증이 있어서 좋은 점이나 긍정적인 면에 대해 여러 가지 질문을 해보도록 하라. 대개 통증이 보호 기능을 하고 있기 때문에 이런 질문을 할 때는 아주 조심해야 한다는 것이 상식이다. 다른 사람들로부터 관심과 사랑을 받는 것, 자신이 원하는 일들을 하는 데 더 많은 시간을 보내는 것이 가능한 것이 일차적 이득일 수도 있다. 이것은 아주 조심스럽게 접근해야 할 분야이다. 사람들이 스스로 자신의 통증에 더 집착하는 어쩔 수 없는 속사정이 있을 수도 있기 때문이다.

메타-헬스Master Meta-Health의 마스터 트레이너인 롭 반 오버브루겐Rob van Overbruggen은 어깨 통증이 있는 메리와 함께 매트릭스 리임프린팅을 하고 있었다. 메리는 그에게 이런 말을 했다. "제 경우 집에 있을 때면 청소를 하든, 쓰레기를 갖다 버리든, 뭔가를 고치든, 요리를 하든, 늘 뭔가 집안일을 해야 해요. 단 5분이라도 가만히 앉아 커피 한 잔 하는 게 용납 안 되는 거예요."

그래서 롭 반 오버브루겐은 메리에게 매일 15분씩은 일을 하지 말고 그녀의 방에 앉아 명상을 하라고 했다. 그는 그녀의 가족들에게 그녀는 반드시 그래야 한다는 짧은 편지를 써주기까지 했다. 그런데 그렇게 일주일간 하루에 15분씩 자신을 위한 시간을 낸 뒤, 메리는 어깨 통증이 거짓말처럼 사라지는 것을 경험했다. 어깨 통증이 지속될 이유가 사라져버렸던 것이다.

이차적 이득

어떤 고통이나 통증이 몸이 아픈 주요 원인까지는 아니더라도 어떤 목적을 달성하는 데 도움이 되는 경우, 그것을 '이차적 이득'(어떤 신체적, 정신적 장애로부터 야기될 수 있는 이득. 관심의 대상이 된다거나, 어떤 책임이 면제된다거나, 장애인연금 지급 대상이 될 수 있다는 것 등이 그 예다. - 역자 주)이라 한다. 그런데 매트릭스 리임프린팅으로 스트레스나 두려움 등을 치유할 때, 종종 몸속에 통증을 유지시키는 그런 잠재의식적인 이차적 이득들을 떨쳐버릴 수 있게 된다.

또한 만성적인 고통과 무기력증이 악순환하는 경우도 있는데, 예를 들어 자신이 주변 사람들을 실망시키고 있다거나 가족에게 아무 도움도 못 된다고 느낄 때 그런 현상이 나타날 수 있다. 그런 생각과 느낌들은 곧 자존감의 상실로 이어지게 되고, 그 결과 더 큰 통증을 느끼게 된다.

이런 문제는 매트릭스 리임프린팅 전문가의 입장에서 거론하기가 쉽지 않은 아주 민감한 문제이다. 따라서 내담자와 한동안 함께 상담해서 친밀감이 조성되고 어느 정도 안전하다고 느껴질 때에 한해 거론하는 것이 좋다. 이차적 이득은 잠재의식적인 것이며, 다른 사람들로부터 사랑 받고 싶다거나 다른 사람들과 연결되고 싶다는 욕구 때문에 생겨나는 경우가 많다는 걸 잊지 말자.

이득 분석하기

—

어떤 통증을 호소하는 사람에게 일차적 이득이나 이차적 이득이 있는
지를 알아내려면, 비판적이거나 비난하는 태도로 상대를 움츠러들게 할
것이 아니라, 가볍게 물어보는 태도를 취하는 것이 가장 중요하다. 통증
이 어떻게 내담자의 삶에 영향을 주며, 그 결과 스스로에 대해 어떻게
느끼고 있는지를 알아내면서 좋은 관계를 유지함으로써 통찰력 있는 질
문들을 늘려갈 수 있다.

다음과 같은 질문들이 일차적 이득이나 이차적 이득이 있는지 알아내
는 데 도움이 된다.

- "이 통증을 계속 유지하려 하는 중요한 이유가 있다면, 그것이 무엇
  인가?"
- "이 통증이 어떤 목적에 도움이 되는가?"
- "만일 이 통증이 내일 사라진다면, 하고 싶지 않은데 하게 될 일이
  무엇인가?"
- "지금 다른 누군가의 이득을 위해 통증을 계속 유지하려 하는 것인
  가?"

사람이 몸이 아프면, 평상시의 자기 역할을 중단하는 경우가 많다. 그
러니까 혼자 있을 때보다는 가족의 일원이거나 배우자가 있을 때 건강
한 쪽의 부담이 더 커지는 경우가 많다. 이런 것을 설명해주고 다음과
같은 질문을 해보라. "당신이 만일 그런 경우라면 어떻겠는가?"

장기적이고 만성적인 통증 완화시키기

젬마를 만나보자. 그녀는 30대 중반으로, 10년 가까이 복합부위 통증 증후군 RSD: Reflex Sympathetic Dystrophy과 만성 복합부위 통증 증후군 CRPS: Chronic Regional Pain Syndrome을 앓고 있었다. 그녀의 말을 들어보자.

지난 9년간 뭔가가 왼쪽 팔이나 팔뚝을 살짝 건드렸다는 생각만 해도 몸이 오싹하면서 아프다는 느낌이 들었다. 반사교감 신경 이상증과 복합부위 통증 증후군 진단을 받고난 이후로는 그야말로 허구한 날 참을 수 없는 통증을 느끼고, 뭔가 몸에 닿으면 극도로 예민하게 반응하고, 몸이 떨리고 경련이 일어나고, 불안감과 공황 발작, 우울증, 불면증 등에 시달려야 했다.

2년 정도 차도가 있어 통증은 좀 완화됐지만 접촉에 민감한 것은 여전했다. 그러다 2009년에 아들 에디를 낳은 뒤 이런저런 증상들이 예전보다 더 악화됐고, 반사교감 신경 이상증과 복합부위 통증 증후군이 왼쪽 얼굴과 왼쪽 눈까지 퍼지더니, 급기야 몸의 왼쪽 전체가 누가 살짝 건드리거나 안기만 해도 아주 민감하게 반응했다. 잠깐씩 의식을 잃고 쓰러지기 시작했고(최근에 현기증 진단을 받았지만), 왼쪽 다리와 발이 내 마음대로 움직여주지 않아 오래 걸을 수가 없었고, 결국 지팡이를 이용해야 했다. 그러다가 에디를 혼자 돌보는 게 불가능해지면서 더 이상 물러서선 안 되겠다고 생각했고, 어떻게든 건강을 되찾고 반사교감 신경 이상증과 복합부위 통증 증후군에서 벗어나야겠다고 마음먹기에 이르렀다.

그러나 이제 신경 차단 주사도 물리 치료도 침술도 다 소용 없었고, 내가 의지할 수 있는 거라곤 약물 치료밖에 없는 듯했다. 의사들은 그저 계속 이런 약, 저런 약을 추가했고, 결국 모든 약을 최대 용량까지 늘려야 했다. 게다가 내가 건강을 되찾아야겠다고 굳게 마음을 먹으면 먹을수록, 의사들은 오히려 상태가 더 나빠질 걸 예상해야 한다고 말했다. 한 치료사는 내가 자신의 상태를 있는 그대로 인정하지 못하기 때문에 절대 더 좋아지기 힘들 거라는 말까지 했다. 그 말에 나는 속으로 이렇게 외쳤다. '계속 이렇게 끔찍한 통증을 어떻게 더 견뎌야 한단 말이야?' 어떤 친구는 내게 이런 말도 했다. "이제 삶이 예전과 다르다는 걸 받아들여요. 다시는 일을 할 수도 없고, 옛날의 젬마는 사라졌어요. 이제 반사교감 신경 이상증과 복합 부위 통증 증후군 환자라는 새로운 삶에 적응해야 해요." 하지만 나는 속으로 외쳤다. '안돼!'

젬마는 매트릭스 고통 전문가인 캐리 만Carey Mann에게 도움을 요청했고, 그는 그녀의 병세가 더 악화된 때, 그러니까 에디가 태어났을 때로 그녀를 이끌고 갔다. 거기서 젬마는 자신의 에코와 연결됐고 그 에코의 모든 통증과 두려움에 대해 두드렸다.

두드리기가 끝난 뒤, 자기 에코의 두려움을 덜어주기 위해 젬마는 모든 것이 잘될 거라고, 아들 문제도 잘 풀릴 거라고 말해주었다. 그리고 에디를 낳은 곳이 스페인이었기 때문에, 그녀는 사람들로 하여금 영어로 말하게 함으로써 에코의 마음을 더 편하게 만들어주었다.

알고 보니 젬마의 에코는 자신이 약해서 모든 걸 제대로 해낼 수가 없기 때문에 아이를 낳아 가정을 꾸리는 것에 대해 부정적인 생각을 가지고 있었다. 자신이 가정을 꾸리면 모든 것이 잘못될 거라고 믿고 있었던 것이다. 그래서 젬마는 자신의 에코에게 그녀는 모든 걸 잘해낼 것이고, 그녀의 아들도 괜찮을 것이며, 멋진 가정을 이룰 것이고, 모든 것이 잘 풀리리라고 말해주었고, 마침내 에코는 보다 강해져 모든 것을 감당할 수 있게 되었다. 또한 자기 에코의 자신감을 높여주기 위해 젬마는 자신이 캘리포니아에서 살던 시절, 그러니까 자신감과 자존감이 높았던 시절을 상기시켜주었고, 그 자신감과 자존감을 임프린팅했다.

매트릭스 리임프린팅이 끝났을 때(캐리 만과 함께 일한 것도, EFT 기법을 경험한 것도 그때가 처음이었는데), 놀랍게도 젬마는 자신의 손과 팔뚝에서 통증과 민감성이 완전히 사라졌다고 말했다. 그리고 얼마 지나지 않아 두 번째 매트릭스 리임프린팅을 할 때, 젬마는 캐리 만에게 참고를 하라며 다음과 같이 말했다.

> 그날 열차를 타고 집에 갈 때까지도 나는 EFT 기법이 얼마나 효과가 있는지를 몰랐어요. 정말 충격이었어요. 당시 왼손엔 결혼반지를 끼고 왼쪽 팔목엔 손목시계를 찼는데, 글쎄 아무렇지도 않은 거예요. 2004년 이후 반지를 낀다거나 손목시계를 차는 건 상상도 못했거든요. 남편도 믿지 못하더군요. 우린 너무 놀라 멍하니 손과 팔목만 쳐다봤어요.

젬마는 이후 캐리 만과 함께 10여 차례 더 매트릭스 리임프린팅을 했다. 그녀는 이제 혼자 EFT 기법을 쓸 수 있게 되었고, 이런저런 믿음과 몸과 마음의 관계 등을 잘 알게 되었다. 몇 개월 후 그녀는 이런 증언을 했다.

캐리를 만나고 나는 약을 완전히 끊었고 예전보다 훨씬 더 밝고 행복해졌다. 첫 번째 매트릭스 리임프린팅을 마친 뒤에는 걷는 것도 자연스러워져 지팡이를 쓰지 않아도 되게 되었다. 게다가 건강을 위해 걷기를 시작해, 지난달에는 무려 10킬로미터 가까이를 걸었다. 그러나 무엇보다 좋은 건, 수업 마치고 나올 때 학교 앞에서 기다리는 나를 보고 환해지는 아들 얼굴을 보는 것이다. 그렇게 아이와 단 둘이 집까지 걸어올 때의 그 기분이란 말로 표현할 수가 없다.

아직도 얼굴에 반사교감신경이상증과 복합부위 통증 증후군 증상이 남아 있고 가끔씩 현기증이 나긴 하지만, 이제 그런 증상들도 어느 정도 통제 가능하다. 고통 지수가 늘 8 정도 됐고 컨디션이 안 좋은 날엔 10까지도 올랐지만, 지금은 보통 4 정도 되고 컨디션이 안 좋은 경우 6 정도 된다. 그야말로 장족의 발전이 아닐 수 없다.

통증 관리를 위한 조언

만성적인 통증

만성적인 통증에 실망하지 말라. 그것은 에너지일 뿐이다. 메타-헬스 마스터 트레이너인 롭 반 오버브루겐은 다음과 같이 말한다.

통증을 더 심하게 만드는 믿음은 '아무도 내게 관심이 없다'거나 '나는 완전히 혼자다'라는 믿음이다. 어떤 통증을 유발하는 충격적인 사건을 겪으면서 그런 믿음을 갖게 되면, 우리 몸이 많은 물을 붙잡게 되면서 손과 얼굴이 퉁퉁 부어오르는 심한 부종 등이 나타나게 되고, 근육과 힘줄 통증이 심해져 진통주사를 맞지 않을 수 없게 된다. 따라서 그런 믿음을 제거할 경우, 몸에서 더 많은 물이 분비되면서 통증 또한 줄어들게 된다.

일단 내담자와 친밀감을 쌓게 되면, 그런 부정적인 믿음을 인지하고 있는지를 물어봐도 좋다. 그래서 만일 그렇다고 대답한다면, 즉시 그 믿음 체계를 다루어, 에코 흐름을 타고 기억들을 거슬러 올라가 그 믿음이 어디서 시작됐는지를 알아내야 한다.

내담자에게 주는 과제

통증 관리에 반드시 필요한 것들은 다음과 같다.

1. 상담실 밖에서 통증 관리를 위한 기본적인 EFT

두드리기를 하고 있는 부위에서 통증이 더 심해지는 경우가 있다. 그럴 때는 '치유의 손'이 부드럽게 두드려주는 상상을 하거나, 타점들을 천천히 부드럽게 만지며 심호흡을 하는 등 대체 방법들을 찾아내도록 하라.

2. 통증 일기 작성하기

내담자에게 일기를 쓰도록 하고, 그날그날 '주관적인 고통지수'SUDS 점수는 물론 통증이 사라지는 시간도 기록하게 한다. 이를 통해 자신이 늘 통증을 느끼는 것은 아니라는 것을 깨달을 수 있게 된다. 그러니까 '나는 항상 끔찍한 통증을 느끼고 있다'는 믿음에서 '나는 심한 통증을 느끼고 있지만, 특히 아침에 가장 심하다' 식의 믿음으로 큰 변화를 가지게 된다. 만성적인 통증을 느끼는 사람들은 대개 통증이 끊임없이 일어난다고 믿지만, 실은 통증이 덜 심하거나 완전히 사라지는 시간들도 있는 것이다. 이런 사실을 알고 나면, 그 통증을 일으키는 것이 무엇인지 단서를 찾는 데 도움이 된다.

육체적인 통증은 사람들로 하여금 EFT와 매트릭스 리임프린팅을 찾게 만드는 한 요소가 될 수도 있다. 그럴 때 우리가 통증을 제대로 관리할 수 있게 도와줄 수 있다면, 그들은 곧 마음의 문을 열고 에너지 시스템도 관리할 수 있다는 사실을 더욱 쉽게 받아들이게 될 것이다. 또한 EFT와 매트릭스 리임프린팅의 효과는 마치 스위치를 올린 것처럼 즉각 나타나는 경우가 많기 때문에, 두드리기는 통증을 진정시켜주는 탁월한 진통제로 받아들여지게 될 것이다.

통증에 대한 진단적 접근방식

복합부위 통증 증후군CRPS이나 사라진 팔다리에서 통증을 느낀다고 착각하는 '환상지통' 등에 대해 자세히 살펴보면, 뇌와 마음의 관계가 통증 신호들을 관리하고 있다는 것을 확인할 수 있다. 복합부위 통증 증후군은 대증요법을 적용하기 어려운 질병으로, 아주 미묘하면서도 인지하기도 어려워 종종 '자살 질병'이라 불리기도 한다. 뼈나 조직에 손상도 없고 몸에서 전혀 어떤 이상을 발견하지 못하는 경우도 많다. 이 질병은 어떤 상처(대부분의 경우 경미한 상처)를 입은 뒤에 발생하는 경우가 많지만, 그 통증은 상상할 수 없을 정도로 크다. 또한 그 통증은 몸의 어느 부위에도 영향을 줄 수 있고, 그 통증 강도는 환자들이 여성들의 분만 고통보다 더 심하다고 얘기할 정도로 엄청나다.

환상지통 역시 대단하다. 사지가 절단된 사람들의 거의 60~80퍼센트가 이미 잘려져 나간 팔다리에 가짜 감각을 느끼고 있으며, 그 감각은 대부분 통증이다. 이 경우 뇌가 감각을 연결해주는 일을 한다. 그러니까 뇌가 팔다리의 원래 형태장에 주파수를 맞추는 것이다. 모든 인체 부위가 뇌 속에 가상의 인체 부위를 갖고 있다고 보면 된다.

이는 진단적 접근방식이 질병의 근본 원인 또는 근본 믿음을 찾아내는 데 어떻게 도움이 될 수 있는지를 보여주는 열쇠나 다름없다.

그리고 이런 연결은 새로운 것도 아니다. 마음의 힘 또는 트라우마가 인체의 특정 부위에 미치는 영향력은 역사상 그간 샤머니즘 같은 전통이나 여러 문화권에서 많이 다루어진 주제이다.

루이스 헤이는 삶에 대한 우리의 마음자세와 사용하는 언어가 몸의 특정 부위에서 질병이나 통증을 유발할 수 있다는 것을 직감적으로 알아낸 선구자들 중 한 사람이었다.

지난 40년간 여러 과학 분야(발생학, 신경과학, 후성유전학, 해부학, 생리학, 병리학 등)에서 실시된 조사들에 따르면, 어떤 사람이 충격을 경험할 경우, 투쟁 또는 도피 모드로 들어가게 될 뿐 아니라 그 충격 에너지가 특정 장기를 관장하는 뇌의 특정 부위를 때린다고 한다. 실제로 뇌에서 일어난 충격이 몸의 특정 부위와 관련이 있다는 것을 보여주는(MRI를 통한 뇌 스캔으로) 경험적 증거와 과학적 데이터들은 얼마든지 많다.

그렇게 되면 사람의 몸은 그 충격에 맞춰 적응을 하게 된다. 이는 물론 단기적인 적응이지만, 그 과정에서 통증과 질병이 발생하게 되는 것이다.

이 같은 연구 결과로, 우리는 우리 몸은 실수를 하지 않으며, 늘 문제를 해결하고 또 어떤 믿음이나 인식에 적응하려 애쓴다는 것을 알 수 있다.

우리는 '충격'은 결국 인식의 문제이며 중요한 것은 '믿음'이라는 것을 이해할 필요가 있다.

메타-헬스나 독일 신의학German New Medicine 같은 연구 분야들은 원래 제대로 설명하자면 상당히 많은 시간이 필요한 분야들이지만, 여기에서는 통증 관리를 위한 진단 도구와 관련해 간단히 설명하고자 한다. 자, 이제 통증의 95퍼센트가 발생하는 근골격계(뼈, 근육, 인대, 관절)의 통증에 대해 살펴보도록 하자.

치유 과정의 일부로서의 통증

통증이 실제로는 치유의 일부라는 인식의 전환을 할 수 있다면, 그 과정 중 어디에 우리가 위치해 있는 것인지, 또 통증을 덜기 위해 필요한 트라우마 해결책이 무엇인지를 알 수 있게 된다.

치유의 두 단계

우리 몸은 여러 단계를 거쳐 스스로를 치유해나가지만, 여기서는 그 여러 단계 가운데 두 단계, 즉 스트레스 단계와 재생 단계만 다루도록 하겠다.

- 스트레스 단계에서는 우리 몸이 스트레스(진짜일 수도 있고 상상일 수도 있음)를 받고 있으며 상황에 맞춰 적응을 하게 된다.
- 그 뒤에 이어지는 재생 단계는 당사자가 문제를 해결하고 몸이 치유 과정으로 들어가는 단계이다.

우리 몸은 아무 문제가 없을 때에도 매일 이런 치유 단계들을 거친다. 그러다가 에너지가 고착되어 이 단계들을 통과하지 못한 채 제자리를 맴돌 때, 또는 트라우마가 워낙 심하거나 오래 지속될 때, 그때 비로소 관리를 필요로 하는 통증이 된다.

헬스클럽에서 운동 중인 보디빌더를 상상해보자. 뭔가를 들어 올릴 때 그는 쉽게 들어올리기 힘든 무거운 것을 들어 올린다. 물론 근력, 즉 근육의 힘을 기르기 위해서이다. 이것이 바로 스트레스 단계이다. 그 다음에 보디빌더는 해당 근육을 쉽게 해주어야 하는데, 그래야 그 근육들이 회복되어 이전보다 더 강해질 수 있기 때문이다. 근육이 회복되는 기간 중에 세포 조직 팽창 및 부종이 일어나며, 마침내 근육이 정상으로 되돌아가기 시작하는 과정에서 통증과 경련이 발생하게 된다. 이것이 바로 재생 단계이며, 보디빌더가 통증을 느끼게 되는 시점이 바로 이 단계이다. 근육은 재생 단계 이후에 더 강해지며, 같은 무게를 이전보다 더 쉽게 들어 올릴 수 있게 된다.

이는 육체적인 단계들이고, 심리적인 단계나 '믿음'과 관련된 단계들도 있다. 보디빌더가 어떤 역기를 들어 올리지 못할 경우, 그는 자신이 역기를 들어 올릴 만큼 강하지 않다는 메시지를 자신의 근육들에 보낼 것이다. 그런 다음 다시 스트레스 단계를 거치라는 신호를 보내고, 그 뒤에 다시 재생 단계를 지나면서 근육이 더 강해지게 된다. 결국 보디빌더는 이번에 들어 올리지 못했던 역기를 다음에는 들어 올릴 수 있게 되는 것이다.

근골격계의 통증의 경우 다음과 같은 과정을 거치게 된다.

1. 먼저 '살아남으려면 강해질 필요가 있다'는 핵심 믿음이 있어야 한

다. 그런 믿음에는 우리 대부분이 공감할 수 있을 것이다.

2. 그런 다음 강력한 충격이나 트라우마 같은 유발 요인, 즉 우리 스스로 살아남을 수 있을 만큼 강하지 못하다고 느끼는 상황이 있어야 한다. 그 상황은 실제일 수도 있고 상상일 수도 있다.

3. 그 다음은 스트레스 단계, 즉 '충분히 강하지 못하다'는 믿음 때문에 스트레스를 느끼는 몸의 특정 부위에서 2번 상황에 대한 반응, 즉 예를 들어 근육이 줄어들어 몸이 약해진다든가 하는 일이 발생하는 것이다.

4. 마지막으로 재생 단계이다. 이 단계에서는 몸이 충분히 강하다고 느끼며 재생 단계로 들어간다. 근육의 경우는 어찌 될까? 근섬유들이 파열되고 몸이 보다 많은 수분을 취하면서, 근육은 조금 불어나게 된다. 우리가 특정 부위에서 통증을 경험하는 것이 바로 이 단계이다.

인체 부위가 가진 단서들

인체의 각 부위는 전담 기능들을 가지고 있기 때문에, 통증이 느껴지는 인체 부위를 면밀히 살펴본다면, 그 통증 속에 어떤 메시지가 담겨 있는지를 알 수 있다. 루이스 헤이는 인체의 특정 기관과 관절들에 어떤 메시지가 담겨 있는지를 분석했다. 예를 들어 그녀는 무릎 문제는 완고한 에고와 자부심으로 보고 있다. 구부리지 못하므로 융통성이 없고, 그래서 타협하지 않으려 한다.

그래서 인체 부위는 일종의 단서가 된다. 몸의 그 부위는 무슨 일을 하는가? 무엇이 당신의 그 부위를 아프게 만드는가? 만일 어떤 다섯 명이 전부 완전히 똑같은 방식으로 넘어진다 할 경우, 몸의 어떤 기관이나 부위가 스트레스 단계에 있었고 그래서 더 약해졌는가에 따라, 다섯 명 모두 다른 상처를 갖게 된다. 책임감에 관심이 많은 사람이라면 어깨뼈를 다칠 수 있다. 또는 자신의 삶에서 한 발자국 더 앞으로 나가는 것에 스트레스를 받고 있다면, 발목을 다칠 수도 있다.

사고는 그저 사고일 뿐이다. 그러나 만일 어떤 부위에 통증을 느낀다면 우리는 그 부위가 약하다는 것을 알 수 있고, 따라서 그 부위가 왜 스트레스 단계에 있는지, 또 무엇이 그 부위를 복구 단계로 들어가게 만드는지, 또는 왜 그 부위가 통증을 느끼고 있는지 등에 대해 여러 가지 질문들을 던질 수 있다. 만일 복구 단계로 들어가지 않는다면, 우리는 계속 심한 스트레스를 느끼게 될 것이고, 그 부위가 점점 더 약해져 결국 그 부위에 어떤 문제가 생기게 될 것이다.

다음에 나오는 인체의 골격과 사례 연구들을 보자. 그러면 통증을 느끼는 부위가 '갈등' 및 믿음 체계와 어떤 식으로 관련을 맺고 있는지를 알 수 있을 것이다. (우리는 이 '갈등'들을 메타-헬스 연구로부터 가져왔다.)

두개골

지적(知的)인 갈등

제임스James는 여러 해째 정수리에 통증을 느끼고 있었다. 학교 교사인 그는 자신이 동료 교사들에 비해 교사 자격도 없고 지식도 부족하다고 느꼈다. 그는 또 다른 교사들이 자신이 잘 모르는 주제에 대해 얘기할 때마다 늘 자기는 역시 교사로 적절치 못하다고 느꼈다. 이는 늘 그를 업신여기며 멍청한 놈이라고 말한 아버지 때문에 생긴 문제였다.

목과 경추

도덕적인 자기비하 갈등

키아Kia는 계속 목에 통증을 느꼈다. 그는 자신이 직장에서 부당한 대우를 받고 있다고 믿었다. 또 한 동료가 부당하게 자기보다 먼저 승진이 되었다고 믿었다.

어깨와 팔

부모/배우자/자식 비하 갈등

샤론Sharon은 20년 넘게 만성적인 어깨 통증에 시달렸다. 이 문제는 자신의 늙은 부모들을 어깨에 짊어져야 한다는, 즉 책임져야 한다는 생각에서 비롯됐다. 그녀는 자신이 그런 책임을 질만큼 강하지 못하다고 느꼈던 것이다.

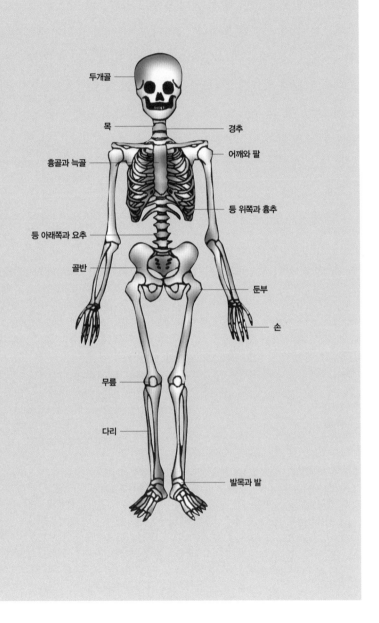

인체 골격과 통증 부위

- 두개골
- 목
- 경추
- 어깨와 팔
- 흉골과 늑골
- 등 위쪽과 흉추
- 등 아래쪽과 요추
- 골반
- 둔부
- 손
- 무릎
- 다리
- 발목과 발

흉골과 늑골

남성/여성 정체성 갈등

마이크Mike는 20년간 군 복무를 했다. 그러다 전역을 하게 되면서 그는 정체성의 혼란을 겪게 됐다. 그래서 가슴과 늑골 부위에 통증을 느끼게 되었다.

등 위쪽과 흉추

중심 성격 자기비하 갈등

존John은 자신의 상사가 자신을 부당하게 대한다고 믿고 있었다. 상사가 계속 자신에게 일을 제대로 안하고 동료 직원들처럼 많은 시간을 일에 전념하지도 않는다며 부당한 비난을 했던 것이다. 게다가 상사는 그가 이룬 성과들에 대해 전혀 인정해주지도 않았다.

등 아래쪽과 요추

중심 성격/핵심 성격/개인적 균형

제임스James는 수줍음이 많고 말을 부드럽게 하는 15살 난 아이였다. 그 애는 학교에서도 집에서도 아무도 자기 말에 귀 기울여주지 않는다고 느꼈다. 친구들과 부모들이 자신을 무시한다는 느낌이 강해질수록, 아이의 말수가 점점 더 줄어들게 되었다.

골반

성적인 자기비하 갈등

줄리아Julia는 자신이 침실에서 남편을 만족시켜주지 못한다고 믿었고, 그래서 이런저런 이유로 계속 부부관계를 할 수 없다는 핑계를 대기 시작했다. 그러면서 또 한편으로는 남편이 밖에서 다른 여자를 찾지 않을까 두려웠다.

고관절

어떤 상황에 전념하거나 견뎌내기 어려움

플로렌스Florence는 직장에서 자신의 가치를 입증해 보이려고 부단한 노력을 기울였지만, 단 한 번도 자기 자신이 현재의 직장이나 현재 하는 일에 어울린다는 생각이 들지를 않았다.

손

어떤 사람이나 상황을 잡거나 놓지 못함

맥신Maxine은 13년간 만성적인 관절염에 시달려왔고, 그 때문에 자기 아이들 중 하나를 일주일 넘게 양육 시설에 보내야 했다. 그녀는 자신이 애들 하나 제대로 돌볼 수 없는 무능력한 엄마라고 느꼈다.

무릎

발로 차거나 도망가지 못함. 스포츠와 관련되거나 유연성의 갈등

축구선수인 제롬Jerome은 한 시즌에 좋은 경기력을 보이지 못해 벤치에 앉아 쉬는 경우가 많았다. 그는 그 일로 자신이 팀에 필요할 만큼 강한 선수가 못된다고 느끼게 됐고, 곧 무릎 부상을 입었다.

다리

도주할 수 있는 힘에 대한 갈등

질리언Gillian은 심한 다리 통증이 있는데, 십대 시절에 자신을 폭행한 사람으로부터 달아날 수 있었어야 한다는 믿음 때문이다.

발목과 발

유연성, 자기비하 갈등

사이먼Simon은 인간관계와 관련해 심한 스트레스를 받고 있다. 그리고 자신이 덫에 걸린 듯 꼼짝할 수 없으며 앞으로 나갈 만큼 강하지도 못하다고 느끼고 있다. 결국 차가 고장 나서 차를 뒤에서 밀다가 발목을 삐끗해 아킬레스건을 다쳤다.

진단 접근방식에 사용되는 질문들

통증의 근본적인 원인을 진단하는 접근방식을 알고 싶다면, 다음 질문들을 이용해 에코 흐름을 찾는 데 도움이 될 통증 유발점과 패턴들을 알아내도록 하라.

1. "몸의 이 부위는 어떤 일을 하는가?"

팔은 무언가를 꽉 잡거나 보호하는 일을 하며, 무언가를 가까이 끌어 당기거나 밀어내는 일도 한다. 통증을 유발하는 동작에 대해 보다 구체적으로 알아내면 알아낼수록, 더 쉽게 그 행동을 규정할 수 있고, 그래서 당신이 무엇에 충분히 강하지 못한지를 알아낼 수 있다.

2. "당신은 자신이 충분히 강하지 못하다고 느끼는 순간들이 있었는 가?"
3. "통증이 시작될 무렵인데, 이제 뭔가를 할 수 있겠다거나 당신 자신이 충분히 강하다고 느낀 것은 언제인가?"
4. "당신은 어떤 것을 해결한 뒤에 당신 자신이 충분히 강하다고 느끼게 되었나?"

이것이 모든 것이 더 나아지는 '한숨'의 순간이다. 그러나 이 순간에는 아무 에너지도 없는데, 이 상황이 대체 과거에 스트레스를 주었던 어떤 일을 해결해 준 것일까? 스트레스를 주었던 상황을 발견하면, 그 즉시 클래식 매트릭스 리임프린팅 기법을 활용해 과거의 기억들로 되돌아가 문제가 되는 에코를 치유해주도록 하라.

진단적 접근방식과 매트릭스 리임프린팅 기법을 활용한 치유의 장점은, 몸의 부위와 특별히 연결된 트라우마나 해결 상황을 찾으면, 통증과 관련된 에코 흐름을 찾기도 아주 쉬워진 다는 것이다.

캐서린Catherine을 만나보자. 판매 사원인 그녀는 한쪽 고관절에 통증이 있었다. 그래서 한쪽으로 누워 자는 것이 힘들고, 필라테스(특수 장비를 써서 신체 유연성과 근력을 기르는 운동법 – 역자 주) 강의를 듣는 것도 고역이었다. 매트릭스 리임프린팅 전문가의 조언에 따라, 그녀는 매일 통증 일기를 썼고, 그 결과 가족과 접촉한 뒤에 통증이 더 심해진다는 것을 발견하게 됐다.

매트릭스 리임프린팅 전문가는 그녀가 고관절 통증을 느끼는 것은 어떤 상황에 전념하거나 견뎌내지 못하는 주제와 관련이 있을 거라는 것을 알았다. 가족 관계에 대한 부드러운 질문 끝에, 그녀는 자기 형제들에게서 거리감을 느낀다는 것을 인정했다. 지난 몇 년간 형제들은 전부 자기 가정을 꾸렸는데 그녀는 아직 독신이었고, 그래서 형제들에 비해 자신만 뒤처진다고 느낀 것이다.

그것은 스트레스 단계였고, 그녀가 가족들과 따뜻한 접촉을 할 때마다 모든 문제가 해결되는 듯했다. 말하자면 재생 단계로, 결국 그녀는 그 같은 치유 주기에 갇혀 있었던 것이다.

캐서린은 매트릭스 리임프린팅 전문가와 함께 그런 에너지 및 믿음과 관련된 최근 에코들을 방문했다. 때는 가족 세례식이었는데, 그 자리에서 캐서린의 엄마가 농담 삼아 그녀에게 이런 말을 했다. "어서 결혼을 해 내게 더 많은 손주들을 안겨주렴."

두 사람은 에코 흐름을 따라 '내 형제들과 보조를 맞춰야 한다'는 믿음을 따라갔다. 거기에는 다섯 살 난 어린 캐서린의 에코가 있었는데, 그 애는 체조 경기에서 금메달을 딴 언니를 쳐다보며 자기는 절대 언니처럼 될 수 없을 거라고 느끼고 있었다. 두 사람은 그 에코를 두드리고 치유했으며 "너도 메달을 딸 수 있어"라며 용기를 주었다. 또한 언니를 불러들여 "넌 날 때부터 뛰어난 아이였어"라며 격려해주었다.

매트릭스 리임프린팅이 끝난 뒤, 캐서린은 자신의 고관절 통증이 그런 문제와 관련이 있으리라곤 상상도 못했다고 말했다. 그러면서 자신이 평생 언니와 경쟁하려 애쓰면서도 늘 그게 불가능한 일이라고 느껴왔다는 걸 깨달았다.

그런 믿음과 관련된 다른 기억들도 여럿 있었는데, 몇 차례 더 매트릭스 리임프린팅을 한 뒤 캐서린의 고관절 통증은 완전히 사라졌다.

운동 부상으로 인한 통증 완화

운동선수들은 부상을 입는 일이 많을 수밖에 없다. 첫째, 운동선수들은 대부분의 일반인들에 비해 몸을 많이 쓴다. 둘째, 워낙 경쟁이 심해 '나는 충분히 잘하지 못해'라는 믿음과 '나는 충분히 강하지 못해'라는 믿음을 모두 갖는 경우가 많다. 이 두 가지 이유만 보아도, 매트릭스 리임프린팅 기법과 근본 원인을 진단하는 접근방식이 어떻게 운동선수들의 빠른 회복을 돕는지 알 수 있다.

이 두 가지 이유가 합쳐져 나타나는 통증의 좋은 예가 테니스 선수들에게 흔히 나타나는 일명 '테니스 엘보'tennis elbow이다. 만일 어떤 테니스 선수가 시합에서 지게 되면, '나는 충분히 강하지 못해' 또는 '내 팔꿈치는 충분히 유연하지 못해'라고 생각하는 트라우마가 생기게 된다. 그러면 스트레스 단계가 시작되고, 팔꿈치 안의 근육들이 약화되면서 더 가늘어진다. 그리고 2~3주 후 그 선수가 갑자기 시합에서 이기게 되면, '나는 충분히 강해'라는 느낌을 갖게 된다. 그러면 부종 과정을 거치면서 팔꿈치가 스스로 회복되기 시작하며, 바로 그때 팔꿈치에 통증을 느끼게 된다. 문제가 해결되고 통증이 되살아나는 게 바로 선수가 시합에서 이길 때인 것이다. 그리고 문제가 해결되지도 않고 몸이 제대로 적응하지도 못하는 것이 바로 이겼다가 져서 스트레스 단계가 다시 시작되는 때이다. 이때 매트릭스 리임프린팅을 활용하면 '나는 충분히 강하지 못해'라는 믿음이 시작된 때로 되돌아갈 수 있고, 그 과정에서 에코를 변화시켜 통증을 사라지게 할 수 있다.

의학적 진단

매트릭스 리임프린팅 및 메타-헬스 전문가들은 의학계에 맞서는 게 아니라 협조하는 입장을 취한다. 언젠가는 보다 많은 의사들이 이미 이 기법을 활용 중인 많은 의사들의 대열에 합류하는 것이 우리의 꿈이다.

당신이나 어떤 고객이 만성적인 통증이나 반복되는 통증을 겪고 있는 중이라면, 완전한 의학적 진단을 받아보라고 권하고 싶다. 이는 그 통증이 근육이나 뼈의 통증이 아닐 경우 특히 중요하다. 그럴 경우 다른 주제나 믿음과 관련 있을 것이기 때문이다.

메타-헬스에 대해 좀 더 자세히 알고 싶다면, 샘 소프Sam Thorpe의 책 《몸이 보내는 메타 메시지 Meta Message from Your Body》를 읽어보기 바란다.

아는 것은 힘이 아니다.

적어도 이 경우에는 그렇다. 당신이 만일 고객에게 이런저런 질문들을 한다면, 그 고객이 어떤 갈등을 갖고 있는지 알 수 있겠지만, 그렇다고 해서 그 고객에게 어떤 일이 일어날지 말해도 좋다는 뜻은 아니다. 그런 정보는 올바른 장소에서 빛을 비춰줄 때 또는 사람들을 초대해 자신이 무얼 찾았는지 보라고 할 때 활용해야 한다.

고통 탓을 말라

우리는 우리의 삶에 어떤 사건이나 고통 또는 질병을 끌어당기는 것과 관련해 혼란을 느낄 때가 있다. 우리는 아무것도 안하고 가만히 앉아서 모든 긁히고 넘어지고 멍이 든 것에서 어떤 의미를 찾을 수도 있지만, 가끔은 그냥 굴러떨어질 수도 있다. 우리 탓이 아니라는 걸 잊지 말로. 우리는 늘 주어진 정보를 가지고 할 수 있는 최선을 다하고 있다.

우리 모두는 어느 시점에선가는 고통을 느끼게 된다. 이는 피할 수 없는 일이다. 문제는 얼마나 빨리 그 고통을 치유하느냐 하는 것이다.

만일 어떤 고통이 악순환처럼 계속되는 것도 아니고 단 한 가지 트라우마에서 기인하는 것이라면, 그 고통은 놀랄 만큼 빨리 치유될 수 있다. 또한 어떤 고통이 생리적인 증상이 없는 고통이라면, 우리는 신속한 변화를 볼 수도 있다. 젬마의 경우 복합부위 통증 증후군이 몸의 한 부위에서 갑자기 완전히 사라졌던 것처럼(고통이 특정한 한 트라우마나 믿음과 연결되어 있어), 고통은 순식간에 치유될 수도 있다.

그러나 신경이 손상되거나 뼈 또는 힘줄이 악화되어 있을 경우, 몸이 스스로 회복되는 데는 시간이 걸릴 수 있다. 몸이 균형 잡힌 상태와 흐름으로 되돌아가는 것은 시계추가 한쪽으로 높이 올라가면 반대쪽으로도 똑같이 높이 올라가야 하는 것과 같다. 그래야 균형이 맞춰지는 것이다. 만일 고통이 사방에 퍼져 있거나 만성적이라면, 치유해야 할 트라우마가 많을 수 있으며, 세포 조직들이 갱생되는 데도 많은 시간이 걸릴 것이다.

매트릭스 리임프린팅 기법과 진단 접근방식을 통해, 우리는 '고통 없이는 이득도 없다'는 옛말을 새롭게 해석할 수 있다. 몸 안에서 어떤 고통이나 질병을 경험할 때, 우리는 '이득'을 찾아내 그것을 잘 활용할 수가 있다. 즉 그 고통이나 질병을 야기한 원인을 찾아낼 수 있고, 우리 몸의 그 부위가 왜 스트레스 단계에 놓여 있는지는 물론 그 고통이나 질병을 야기한 믿음이나 트라우마가 무언지도 찾아낼 수 있는 것이다. 결국 고통은 우리의 잠재의식 속에 어떤 핵심 믿음들이 존재하는지를 알아내는 또 다른 수단인 것이다.

11
학대로부터의
회복

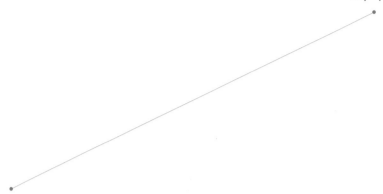

"다른 사람들이 당신에게 한 일로 당신 자신을 판단하지 말라."
- C. 케네디C. Kennedy, 《오모르피Omorphi》.

학대. 추악하고, 입에 올리기도 싫은 단어이다. 그러나 학대는 모든 순간 전 세계 곳곳에서 일어난다. 또한 우리 아이들의 놀이터, 우리의 직장, 우리의 병원, 우리의 가정에서 일어난다. 직장에서 어떤 직원을 괴롭히는 사람, 딸을 성적으로 학대하는 아버지, 아들을 때리는 엄마, 아내를 폭행하는 남편, 학생을 잔인하게 조롱하는 교사, 그리고 학급 친구에 대해 악의적인 낙서를 하는 십대들 등등, 학대는 그 형태도 다양하다. 학대는 어떤 한 가지 행동일 수도 있고 반복된 행동일 수도 있으며, 어떤 인간관계에서도 일어날 수 있다. 그리고 모든 연령대의 남녀 모두에게 영향을 미친다.

모든 형태의 학대가 갖고 있는 한 가지 공통점을 꼽으라면, 그것은 희생자를 무기력하게 만들고 또 희생자에게 트라우마를 안겨준다는 것이다. 매트릭스 리임프린팅 과정에서 여러 유형의 추악한 학대 사례를 접하게 되는 것도 전혀 놀랄 일이 아니다.

학대에서 나오는 믿음들
—

피학대자는 자기 자신에 대한 트라우마를 겪게 되고 부정적인 믿음을 갖게 되므로, 학대를 당하고 나서 강한 믿음 체계가 형성된다. 예를 들어 학대를 당해온 아이는 가해자보다 오히려 자신을 비난하고 탓하는 경우가 많은 것이다.

태어나서 처음 6년 사이에 학대를 경험한 사람의 경우 그 트라우마를 지우는 것이 너무도 중요하다. 앞서도 말했듯, 그 시기의 아이들은 아직 의식이 완전히 형성되지 않은 상태여서, 학대로 인해 믿음 체계에 극심한 손상을 입을 수 있기 때문이다. 학대는 아이의 안전 경계 발전에도 영향을 미친다. 그리고 어린 시절에 적절한 안전 경계 인식이 발전되지 못할 경우, 어른이 된 뒤에도 유사한 문제들이 생기는 경우가 많다.

그간 학대가 아이들의 육체와 행동과 사회성, 심리 등에 미치는 장기적인 영향에 대해 많은 연구가 이루어졌다. 그 결과에 따르면, 아동 방치와 학대는 뇌의 주요 부위들을 제대로 형성되거나 자라지 못하게 해 뇌 발달 장애가 발생한다고 한다. 그리고 이 같은 뇌 발달 장애는 장기적으로 인지 및 언어, 학습 능력에 영향을 주며, 정신 건강 장애를 초래하게 된다.

문제가 있는 에코들을 치유함으로써, 우리는 고객을 에코로부터 안전하게 분리해 가장 심각한 학대 문제를 해결할 수 있다. 에코는 잠재의식 속에 학대의 트라우마를 붙잡고 있으며, 그런 상태에서 우리는 정상적인 삶을 살 수가 없다는 것을 잊지 말라.

학대는 선뜻 입에 올리기가 쉽지 않은 주제이다. 많은 대화 요법이 학대를 똑바로 직시하게 도와줄 수는 있지만, 그 요법을 끝내도 믿음 체계는 그 상태 그대로인 경우가 많다.

우리가 학대를 당할 때 흔히 갖게 되는 믿음들은 다음과 같다.

- '나는 무력해.'
- '나는 더러워.'
- '나는 나빠/못됐어.'
- '그건 내 잘못이었어.'
- '나는 약해.'
- '나는 그 일과 관련해 아무 짓도 안했어.'
- '누군가에게 비밀을 털어놓는 건 위험해.'
- '특별한 관심을 받았던 거야.'
- '나는 그게 나쁜 짓인지 알면서도 즐겼던 거야. 난 나쁜 사람이야.'

문제가 해결되지 않고 또 트라우마를 둘러싼 에너지가 제거되지 않을 경우, 우리는 계속 이런 믿음이 옳다는 걸 입증할 상황들을 끌어당기게 된다. 예를 들어, 우리 자신을 '나쁜 사람'이라고 믿으면, 계속 자신이 나쁘다는 걸 입증할 상황들을 만들어내게 되는 것이다.

33세의 조시 Josie는 한동안 인터넷 전화를 통해 한 매트릭스 리임프린팅 전문가와 매트릭스 리임프린팅을 진행했다. 결혼생활 5년간 계속 자신을 육체적·정신적으로 학대해온 남편과 이혼한 뒤 도움이 필요했던 것이다.

두 사람은 '에코에서 에코로' 기법을 통해 조시가 당한 학대 패턴을 알아냈고, 또 그녀가 평생 가져온 '모든 게 다 내 탓이야'라는 믿음도 찾아냈다.

그리고 두 사람은 조시의 기억들 따라가 다음과 같은 두 가지 그림을 찾았다.

- 여덟 살쯤 된 조시가 언니에게 혼나고 있는데, 언니는 지금 이 일은 잊어야 하고 다시는 입에 올려선 안 된다고 말한다.
- 조시는 여덟 살이고, 아주 어린 남자 조카가 조시의 배 위에 누워 있다. 둘 다 흰 방 안에서 발가벗고 있다.

조시는 늘 어린 시절에 학대 행위가 있었다고 의심해왔지만, 그런 행위가 정확히 누구에 의해 어디서 어떻게 행해졌는지 알 수가 없었다. 그러나 위의 두 그림을 차분히 살펴본 끝에, 그녀는 자기 조카의 아버지가 자신과 조카를 동시에 또는 따로따로 학대했다는 걸 알게 됐다.

여덟 살 난 조시의 에코는 아주 방어적이었고 자기 몸에 손을 대거나 태평하는 걸 원치 않았다. 어린 조시의 애완견이 마음을 진정시키는 데 도움이 됐지만, 그래도 아이는 여전히 큰 적개심을 갖고 있어 안전한 장소로 데려갈 필요가 있었다. 그래서 태양이 눈부시게 쨍쨍한 바닷가 옆의 푸른 잔디밭으로 자리를 옮겼고, 옆에는 애완견도 있었다. 처음에 조시의 어린 에코는 물속으로 사라지고 싶어 했지만, 매트릭스 리임프린팅 전문가가 부드럽게 그 애를 이끌어 불안감을 떨치고 편히 쉴 수 있게 해주었다. 마침내 조시의 어린 에코는 다음 매트릭스 리임프린팅 때까지 거기 머물 수 있을 거라며 마음을 열었다.

다음 매트릭스 리임프린팅 세션에서 두 사람은 조시의 어린 에코가 갖고 있는 죄책감과 수치심, 무력감 등을 치유하기 시작했으며, 그 에코를 격려해 자신에 대해 긍정적인 생각을 갖게 했다.

그 다음 세션에서 두 사람은 조시가 자기 전남편과 함께 사는 동안 받았던 정신적·육체적 학대를 자세히 살펴봤는데, 그때 조시는 이런 말을 했다. "지금 보니, 제가 힘들어 한 느낌들을 느끼게 해줄 그런 남편을 고른 거 같네요."

매트릭스 안에서, 조시의 에코는 전남편의 사진을 한 장 집어 들어 조그만 상자 안에 넣고 바다에 던져버렸다.

세션 이후 조시는 기쁨의 눈물을 흘렸고, 그러면서 훨씬 마음이 가벼워지고 행복해졌다.

부정적인 믿음의 정체가 드러나면서, 그녀는 그런 믿음이 자신의 삶과 인간관계 전반에 얼마나 큰 영향을 미쳤는지를 깨닫기 시작했다. 조시는 이렇게 말했다.

"십대 시절에 나는 늘 내 자신이 남자들의 먹이라고 느꼈어요. 남자들과는 단 한 차례도 정상적인 인간관계를 맺은 적이 없어요. 남자 친구를 만든다는 게 정말 힘들더라구요. 그들은 늘 더 많은 걸 원하는 듯했고, 심지어 오래 만나온 여자가 있거나 결혼을 했음에도 불구하고 내게 반했다고 했어요. 나는 늘 그들의 애인이나 아내에게 위협적인 존재인 것 같았고, 그게 다 내가 너무 다정다감하고 솔직한 탓이란 말도 많이 들었어요."

조시는 이렇게 말을 이었다.

"모든 트라우마들을 해결하자 예전 같으면 꿈도 꿀 수 없었던 믿음직스럽고 배려심 많은 남자도 만나게 되었어요. 아직도 가끔 지난 일들 떠올리면 소름 돋을 만큼 무섭지만, 그래도 이제는 현재의 내 자신에 자부심을 느끼고 있으며, 아주 큰 트라우마를 극복해야 하는 사람들에게 도움의 손길을 내밀기도 합니다."

사람이 일정 기간 학대를 당하게 되면, 대개 자신이 학대당하고 있다는 걸 잘 알며, 그 끔찍한 경험을 치유하기 위해 평생 힘든 여정에 나서게 될 수도 있다. 그러나 피학대자가 자신이 학대당하고 있다는 사실조차 깨닫지 못하는 경우도 많다. 특정한 상태에서 성장하게 될 경우, 그 사람에겐 그런 상태가 '정상적인' 상태가 되고 또 당연한 자기 행동의 장의 일부가 된다. 매트릭스 리임프린팅 기법의 경우, 학대가 일어나고 있다는 걸 부인하지는 않지만, 피학대자가 마음의 평화를 찾고 가해자를 다른 관점에서 보는 걸 가능하게 해준다. 피학대자들은 학대로 인한 트라우마를 여러 해 동안 십자가처럼 지고 살아가는 경우가 많기 때문에, 트라우마를 제거하게 되면 곧 마음의 평화를 찾게 되는 것이다. 일단 문제가 되는 에코에 두드리기를 함으로써 트라우마가 제거되면 새로운 인식들이 가능해지게 되며, 그에 따라 믿음의 변화도 가능해진다. 학대 행위로 인해 형성된 부정적인 믿음에 변화가 생기게 되는 것이다. 조시의 경우 모든 게 자신의 탓이라는 부정적인 믿음을 제거하자 자신이 겪은 경험들을 이미 지나간 일로 볼 수 있게 되었을 뿐 아니라, 그 모든 일을 극복해낸 현재의 자기 자신에 대해 자부심까지 느끼게 되었다.

성적 학대 문제는 어떻게 다룰 것인가

매트릭스 리임프린팅 전문가에게 필요한 사전 작업

서둘러 단정내리지 않는 것이 가장 중요하다. 설사 고객의 과거에 학대 행위가 있었다고 생각되더라도(당신의 직감이 그렇다고 속삭이거나 검은 에너지가 보일 것이므로), 당신이 먼저 '학대'라는 말을 입에 올려선 안 된다. 어떤 경우든 그 말은 고객의 입에서 먼저 나와야 하는 것이다. 아마 고객은 학대 받은 기억으로 되돌아갈 마음의 준비가 되어 있지 않을 것이다. 매트릭스 리임프린팅 전문가인 당신이 해야 할 일은 고객 스스로 매트릭스 내에서의 여정에 나설 수 있게 공간을 마련해주고, 고객이 맞닥뜨릴 준비가 된 트라우마들을 하나하나 제거해주는 것이다.

학대는 워낙 금기시되는 주제이기 때문에, 경력이 일천한 매트릭스 리임프린팅 전문가의 경우 폭력이나 성적 학대와 관련된 기억에 맞닥뜨릴 경우 혼비백산할 수도 있다. 그럴 경우 당신은 먼저 당신의 믿음 체계 주변의 에너지를 제거할 필요가 있다. 학대는 누군가의 이야기나 정체성의 일부가 될 수는 있을지 몰라도, 그 자체로 트라우마는 아니다. 당신이 할 일은 가서 에코를, 즉 트라우마의 잔여 에너지를 도와주는 것이며, 또 고객을 도와 그 에너지를 없애고 도움이 되는 믿음들이 형성되게 해주는 것이다.

로지는 자신이 아빠에게 학대받았다는 것에 두려움을 느꼈고, 아빠의 성기를 본 일을 기억하는 것에 대해 극도의 불안감을 느꼈다. 그녀는 아빠를 아주 사랑했지만 아빠와의 관계가 안전하고 느낄 수가 없었다. 가까운 관계가 반드시 안전함을 의미하는 것은 아니라고 믿게 되었다.

그녀는 매트릭스 리임프린팅 전문가와 함께 두 사람이 발견한 사실들을 둘러싼 두려움을 줄이기 위해 기본적인 두드리기를 여러 차례 시도했다. 두 사람은 또 로지의 기억을 거슬러 올라가 다섯 살 난 로지의 에코를 만났다. 그 아이는 우연히 목욕을 하고 있는 아빠를 보게 되었다. 그 기억 속에서 로지와 그녀의 아빠는 둘 다 얼어붙었고, 아빠는 로지에게 나쁜 계집애라며 소리를 질러댔다. 아빠는 몹시 당혹스러워 하며 엄청나게 화를 냈다.

로지는 어린 자신의 에코와 아빠를 두드리기했고, 새로운 시각을 갖게 되면서 두 사람은 그게 단순한 실수였다는 걸 깨닫게 된다. 그리고 어린 로지는 남자와 여자는 신체 구조가 다르며 그것은 자연스런 일이라는 걸 깨닫게 된다. 두려워할 이유가 전혀 없었던 것이다 그들은 어린 조시와 아빠가 서로 꼭 안은 상태에서 아빠가 자장가를 불러주는 아름다운 그림을 리임프린팅, 즉 재각인시켰다.

안전도 체크

안전한 전략을 짜는 일은 늘 중요하지만, 학대 문제와 관련해서는 특히 더 그렇다. 에코를 안전하게 다루고, 함께 작업하면서 어려움이 없도록 해야 한다. 에코가 동결되어 대화조차 나눌 수 없는 상태가 되어서도 안 된다.

클래식 매트릭스 리임프린팅(119쪽 참조)의 2단계 '안전 전략을 짠다'를 다시 읽어보기 바란다.

이때 묻게 될 질문들은 다음과 같다.

1. '방안에 누가 있는가?'
2. '우리가 가해자를 얼어붙게 만들 수 있는가?'
3. '우리가 에코를 그 환경에서 데리고 나올 필요가 있는가?'

해제 반응

만일 고객이 자기 몸의 어떤 부위에서 에너지를 느끼고 또 에코와 대화를 나눌 수 있게 되면, 먼저 우리가 클래식 매트릭스 리임프린팅 2단계에서 간략히 설명한 안전 전략을 활용하도록 하라. 그러니까 고객에게 에코로부터 떨어진 상태에서 기억 속으로 천천히 들어가라고 말하는 것이다. 그런 다음 필요하다면 EFT 기법과 심장 호흡법을 쓰도록 하라. 고객이 이미 다음 기억에 주파수를 맞추고 있는 걸 발견할 수도 있는데, 그럴 경우 고객에게 현재 어디에 있는지 또 에코가 어떤 모습을 하고 있는지를 물어서 확인하도록 하라. 그러면 고객이 혹시 이미 에코 흐름을 따라 가고 있는 건 아닌지를 알 수 있다. 만일 고객이 다음 기억에 주파수를 맞추고 있다면, 거기서 빠져나와 먼저 작업 중이던 기억의 문제를 마무리하는 게 좋다.

이는 그야말로 직감적인 판단의 문제이다. 예를 들어, 당신이 만일 왕따를 당하고 있는 열다섯 살 난 아이의 에코와 함께 문제를 해결하는 과정에서 열 살 난 에코를 발견하게 된다면, 고객과의 합의 하에 먼저 열 살 난 에코의 문제를 해결하고 그 뒤에 열다섯 살 난 에코의 문제를 해결할 수도 있다. 고객에게 어떻게 하는 게 좋겠느냐는 질문을 하는 걸 부담스러워하지 말라. 자신의 문제에 대해 가장 잘 아는 건 언제나 고객이기 때문이다.

가해자와 피학대자 외에 방안에 누가 또 있는지도 잘 알아야 한다. 예를 들면 한 형제가 같이 있을 수도 있겠다. 에코와 중요한 작업을 하고 난 뒤 에코에게 다시 이렇게 물어보도록 하라. "형(오빠, 동생)은 어때?" 그런 다음 치유 과정에서 중요한 역할을 할 수도 있으니, 그 형제도 두드리기가 필요한지 알아보도록 하라.

트라우마를 안겨준 사건이 끝난 데서 시작하라

작업은 늘 트라우마를 안겨준 사건이 끝난 데서 시작하기 때문에, 고객은 일어난 일을 하나하나 다 되살리지 않아도 된다. 고객에게 원한다면 최대한 다 말해도 좋고 아주 조금만 말해도 좋다고 말함으로써 매트릭스 리임프린팅 작업 틀을 미리 짤 수도 있다. 우리가 알려고 하는 건 결국 고객의 믿음 체계와 또 어떤 트라우마가 고객과 무슨 상관이 있는가 하는 것이다.

트라우마를 안겨준 사건이 끝난 데서 시작하는 또 다른 이유는 실제로 학대가 일어났다는 사실을 부인하고 싶지 않기 때문이다. 예를 들어, 우리가 만일 학대를 받아온 에코에게 도움을 제공하려 할 경우, 그 에코가 가장 원하는 것은 대개 "아예 이런 일이 일어나지 않았으면 좋겠어요"라는 것이다. 그렇게 되면 일이 아주 복잡해지는데, 실제로 일어난 학대 사건을 부정한다는 것 자체가 비윤리적인 일이기 때문이다. 그 대신 우리는 에코를 둘러싼 에너지를 제거하고 어떤 믿음을 찾아내 변화시키고 에코를 안전한 데로 옮겨, 더 이상 에너지 장 안에서 계속 '도피,

투쟁, 동결' 반응을 보이지 않게 할 수 있다.

> ## 트라우마를 어떻게 제거할 것인가:
> ## 에코를 작업 가능한 상태로 만들기
>
> 1. 클래식 매트릭스 리임프린팅 기법에 따라, 에코를 두드려 동결과 트라우마를 풀어주고, 그래서 그 에코를 함께 작업을 할 수 있는 상태로 만들어라.
> 2. 에코가 기분이 좋아져 반응을 할 때까지 기본적인 두드리기를 계속하라.
> 3. 필요하다고 생각된다면 안전 전략을 짜 에코를 안전한 곳으로 데려가라.

믿음 해결

일단 두드리기를 통해 트라우마를 제거하면, 그 다음에는 에코에게 이런저런 질문을 던져 학대 사건이 그 에코에게 어떤 영향을 주었는지를 발견해내도록 하라. 잘 알겠지만, 우리가 에코에게 변화와 리임프린팅을 위해 필요한 도움을 주는 것은 바로 이 같은 발견과 믿음을 통해서이다.

만일 에코가 스스로 무력하다는 믿음을 갖고 있다면, 가해자를 데리고 들어가 에코가 그 가해자에 맞설 수 있게 할 수도 있다. 아니면 보다 강한 자아를 데리고 들어가 대신 두드리기를 해 전에 왜 자신이 그렇게 행동했는지를 이해하게 해줄 수도 있다. 이런 방법을 통해 문제가 근본적으로 해결되는 경우가 많은데, 그것은 보다 강한 자아가 에코 대신 과거로 돌아가 학대를 받게 하면, 그 과정에서 알게 된 사실을 통해 트라우마를 치유하거나 아니면 가해자를 용서해줄 수도 있기 때문이다.

또 만일 어떤 에코가 스스로 더럽다는 믿음을 갖고 있다면, 그렇게 부정적인 에너지를 변화시켜줄 상징적인 천사나 몸과 마음을 정화시켜주는 폭포 같은 것들을 떠올리게 해 기분이 좀 더 가볍고 깨끗해지게 만들어줄 수도 있을 것이다.

또한 어떤 에코의 에너지가 어디 있는지를 관심 있게 찾아보도록 해야 한다. 예를 들어, 에너지가 목구멍 안에 있다면 에코가 스스로 표현하진 못한다는 뜻으로, 에코가 그게 어떤 느낌인지를 가해자에게 말해주고 싶어 할 거라고 볼 수 있다. 그런 말은 에코나 고객이 할 수 있는데, 에코는 그렇게 할 수 없다고 느낄 수도 있지만 더 나이든 자아는 그렇게 할 수도 있다. 또한 에코는 한 번도 그런 말을 할 수 있었던 적이 없을 수도 있으므로, 가족이나 친구에게 편하게 말할 수 있는 안전한 장소를 만들도록 하라.

피학대자들이 흔히 갖고 있는 또 다른 믿음은, 자신이 학대로 인해 관심을 받고 있으며 그게 나쁜 일이라는 것이다. 그럴 경우 당시 어린애에 지나지 않았기 때문에 그게 나쁜 일이라는 걸 알지 못했고, 따라서 그건 나쁜 일이 아니라는 걸 설명해주도록 하라. 고객에게 이렇게 물어볼 수도 있다. "어른의 관점에서 볼 때 그런 믿음이 옳은 걸까요?" 고객이 "아니요"라고 한다면, 자신의 에코에게 그런 믿음이 옳지 않다는 걸 자세히 설명해주라고 하라. 고객이 자신의 어린 에코에게 "그건 너의 잘못이 아니었어"라는 걸 이해시키는 순간, 어린 에코와 고객의 관점 또는 믿음이 달라지면서 모든 것이 바뀐다.

리임프린팅 과정

일단 고객의 에코가 학대 트라우마와 관련된 에너지를 모두 제거해 행복하고 안전하다고 느끼게 되면, 이런저런 질문을 던지며 리임프린팅, 즉 기억의 재각인을 시작하도록 하라. 늘 그렇듯, 믿음과 관련된 리임프린팅을 해야 한다. 고객이 얼마나 깨끗해졌다고 느끼는가? 얼마나 죄가 없다고 느끼는가? 얼마나 안전하다고 느끼는가?

이런 경우 주관적인 에너지 단위SUE 점수가 아주 유용하다. 그 점수를 보면 더 제거해야 할 에너지가 남아 있는지를 알 수 있기 때문이다. 예를 들어, 고객이 만일 자신이 보고 있는 그림에 SUE 점수 +5점을 주었다면, 이렇게 물어보는 것이다. "어떻게 하면 당신의 에코가 더 기분이 좋아질 것 같습니까?" 그런 뒤 에코의 대답을 듣고 그 상황에 맞는 도움을 주는 것이다. 제 아무리 끔찍한 학대 상황에서도 에코는 보다 더 긍정적인 믿음을 가질 수 있다. 그런 믿음, 그런 감정, 그런 기억을 리임프린팅하도록 하라.

긍정적인 그림을 리임프린팅한 뒤 다시 그 그림을 찾아가보면, 그 그림의 SUE 점수가 떨어진 경우가 있을 수 있다. 아마 다음과 같은 두 가지 이유 때문일 것이다. 1) 그 에코의 경우 아직 더 해결해야 할 문제가 있다. 2) 당신도 고객도 과거에 학대받은 상황에 대해 진정으로 긍정적인 느낌을 갖지 못한 것이다. 고객과 함께 리임프린팅을 할 경우, 그 고객의 언어를 관심 있게 들으면 믿음이나 의식에 변화가 있었는지를 알 수도 있다. 만일 고객이 결과에 만족해한다면, 굳이 SUE 점수가 +10점이 될 때까지 몰아붙일 필요는 없다.

학대는 대개 과거에 일어난 일이기 때문에, 굳이 미래의 에코까지 찾아갈 필요는 없고, 그래서 과거를 리임프린팅하는 것만으로도 충분하다. 만일 학대 행위가 여러 차례에 걸쳐 있었다면, 현재의 믿음이 변화하기 시작하기 전에 그 기억들을 모두 제거할 필요가 있다.

데미언Damien은 억울하게 성매매범으로 몰려 교도소에 수감됐다. 그의 형이 아시아 쪽에 연줄이 있어, 합법적인 성매매 일을 하고 싶어 하는 두 아시아 여성을 네덜란드에 입국시켰다. 그리고 데미언은 두 여성 중 하나와 위장 결혼을 해, 그녀가 합법적으로 네덜란드에 체류할 수 있게 해주었다. 그는 결국 그 일로 체포됐고 교도소로 보내졌다. 그러나 정작 그의 형은 체포되지도 않았다.

교도소에서 복역하게 된 트라우마를 제거하는 과정에서 데미언은 에코 흐름을 따라가 열 살 난 자신의 에코를 만났다. 그 아이는 동네 갱단에 속해 있던 형뻘 되는 청년의 강요에 못 이겨 그에게 오럴 섹스를 해주고 있었다. 그 청년은 뒤에서 어린 데미언을 조종해 범죄를 저질렀다. 결국 둘 다 경찰에 체포됐는데, 그때도 역시 데미언이 죄를 뒤집어썼다.

데미언은 매트릭스 리임프린팅 전문가와 함께 자신이 느끼는 모든 수치심과 죄책감을 씻어내려 했다. 그 과정에서 '난 늘 나는 아무 죄도 없는 섹스 관련 일로 처벌받고 있어'라는 핵심 믿음을 찾아냈다. 그 믿음은 너무도 강해서 그는 평생 그것이 사실이라는 걸 입증하는 데 보내야 했다.

트라우마와 관련해 해결해야 할 문제들이 적지는 않았다. 그러나 모든 트라우마와 관련된 공통된 핵심 믿음을 알게 되면서, 그는 마음의 평화를 얻었고 또 그 핵심 믿음을 바꾸어야겠다고 마음먹게 되었다.

다른 유형의 학대들의 경우

—

'학대'라는 말은 직장 내 따돌림으로부터 가정 내 폭력에 이르는 아주 다양한 상황들에 쓰인다. 그러다 보니 학대를 당하고 나면 심각한 트라우마부터 작은 트라우마까지 다양한 트라우마를 겪게 된다. 놀이터에서 다른 애들과 옥신각신 다투는 것과 성적인 학대를 당하는 것, 또는 성인 인간관계에서 수년간에 걸친 정신적 학대를 당하는 것 사이에는 아주 큰 차이가 있다.

늘 그렇듯, 클래식 매트릭스 리임프린팅을 활용해 안전 전략을 마련하고 트라우마를 제거하고 믿음을 찾아내도록 하라.

트라우마를 제거할 때는 늘 어떤 기억이 끝난 데서 시작하는 게 좋다. 그러나 성적인 학대가 포함되지 않은 학대 관련 기억들의 경우, 기억의 여러 측면들을 변화시키는 것이 도움이 된다. 그러니까 예를 들면 에코 스스로 강한 힘을 리임프린팅하도록 해 스스로를 지킬 수 있게 하는 것이다. 늘 믿음을 잘 살펴보면 다음에는 어디로 가야 하는지를 알 수 있다. 고객 스스로 판단하게 하라.

따돌림

집단 따돌림, 왕따 등으로도 불리는 이 행위는 아주 흔히 볼 수 있는 학대 유형으로, 비단 아이들의 놀이터나 학교에서만 발생하는 게 아니라 직장이나 가정 내에서도 발생한다. 또한 관리자나 교사 같이 권위를 가진 사람이나 직장 동료 또는 심지어 형제들이 저지르기도 한다. 매트릭스 트레이너인 캐롤라인 폴젠Caroline Paulzen은 이렇게 말한다. "나를 찾아와 스트레스와 불안감, 우울증 등을 호소하는 고객들 중에 50대나 60대도 많은데요. 그 모든 게 어느 정도 집단 따돌림에서 비롯되는 경우들이 있더군요. 집단 따돌림이 그렇게 흔합니다."

그녀는 이렇게 말을 잇는다. "누군가 직장에서 따돌림을 당할 경우, 그 사람의 에코 흐름을 따라가보면, 대개 학창 시절에 따돌림을 당한 적이 있고, 심지어 가정 내에서 따돌림을 당한 적도 있습니다. 가정에서든 학교에서든, 과거에 일종의 따돌림을 당하지 않은 경우는 거의 없었어요. 그게 성인이 되어서도 다시 따돌림의 형태로 반복되는 거예요."

캐롤라인 폴젠의 말은 전 세계적인 현상인 따돌림을 해결하는 것이 얼마나 중요한 문제인지를 잘 보여준다. 언론에 시달리는 일부터 부모들이 아이들을 양육하는 방식까지, 따돌림은 그야말로 전 세계적으로 생활 전반에 걸쳐 발생하고 있는 것이다.(어린 시절에 발생하는 트라우마는 문제를 가진 에코를 만들어내고 믿음 체계를 손상시키기 전에 제거되어야 하는데, 그 방법에 대해서는 8장을 참고하기 바란다.)

따돌림을 당한 피해자들은 무력감과 나약함, 수치심 등이 뒤섞인 믿음들을 갖는 경우가 많다. 다시 한 번 강조하지만, 이때 문제가 되는 것은 트라우마나 상황이 아니라, 그 상황에 대한 피해자의 인식이다. 예를 들어 직장 내 따돌림은 어떤 사람들에겐 별문제도 아닐 수 있지만, 또 어떤 사람들에게는 극심한 스트레스와 불안감을 유발할 수도 있다.

이 경우, 앞에서 소개한 '영화관 기법'을 활용해 따돌림에 대한 기억을 테스트해보면 따돌림을 당한 기억에 트라우마가 있는지 없는지 알아내는 데 도움이 된다.

학대 기억으로부터 회복하기

—

우리는 매트릭스 리임프린팅 기법을 활용해 학대의 트라우마를 해결하고 그 당시에 형성된 믿음들을 찾아낼 수 있다. 또한 우리는 어떤 학대 사건을 해결할 때 큰 변화가 일어나는 걸 보긴 하지만, 그 기억들은 우리가 여러 차례 되돌아가 새로운 교훈과 믿음들을 찾아내야 할 기억들인 경우가 많다.

학대 기억으로부터 회복한다는 것은 학대가 일어난 사실 자체를 부인하는 게 아니라 늘 마음의 평화를 찾는 것이다. 스스로 무력감과 두려움을 느끼고 또 망가졌다는 느낌을 받는 상황들을 해결할 경우 아주 큰 치유 효과가 있다. 우리는 그동안 고객들이 가해자들을 이해하고 용서하며 또 그런 상황으로부터 뭔가를 배우는 걸 너무도 자주 보았다. 그렇다고 피해자들이 가해자가 한 일이 옳다고 말하는 건 아니지만, 그들은 이제 모든 고통과 분노 그리고 슬픔을 떨쳐버릴 수 있게 되는 것이다.

용서의 힘은 결코 과소평가될 수 없다. "치유를 하다보면 더 이상 거부할 수 없는 순간이 다가온다. 그러니까 어느 순간엔가 우리의 경험과 그 지속적인 후유증이 그저 가만히 사라지지는 않는다는 걸 깨닫는 것이다. 그 순간이 바로 뭔가 돌파구가 열리는 순간이다. 시커먼 구름 속에서 태양이 나와 희망의 씨앗들을 따뜻하게 비쳐주고, 그 씨앗들이 자라나 긍정적인 에너지가 넘치는 풍요로운 정원이 되는 것이다.

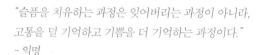

12
매트릭스 안에서 큰 슬픔과
상실감 변화시키기

"슬픔을 치유하는 과정은 잊어버리는 과정이 아니라,
고통을 덜 기억하고 기쁨을 더 기억하는 과정이다."
– 익명

아주 큰 슬픔에 부딪힌 사람들은 어찌할 바를 몰라 하며 슬픔을 극복할 길이 없다고 믿는다. 가정의 장, 문화의 장, 우주의 장이 서로 맞물려 있어, 그 슬픔을 둘러싼 에너지 장이 워낙 강력하기 때문이다. 사랑하는 사람의 죽음에서 어떤 의미나 목적을 찾아낸다는 게 가능한 일일까? 어떻게 자식을 잃은 상실감에서 회복될 수가 있단 말인가? 슬픔을 둘러싼 이런저런 질문들이 우리의 감정 깊숙한 곳을 파고들 것이다. 그런데 바로 감정 그 깊숙한 곳에 엄청난 변화의 기회가 있고 또 우리보다 더 거대한 그 무언가에 연결될 기회가 있다.

　매트릭스 리임프린팅을 통해 우리는 세상을 떠난 사랑하는 사람들과 연결될 수 있는 공간을 만들 수 있고, 말해지지 않은 것들이 말해질 수 있는 공간을 만들 수 있다. 또 용서와 에너지 제거, 변화 등 모든 게 가능한 공간을 만들 수 있다. 이는 마치 우리가 트라우마를 겪을 때 찢긴 우리의 에코가 다른 차원 안에 구멍을 내는 것 같다. 그 차원은 시간과 공간을 초월하며, 그래서 우리는 그 에코뿐 아니라 과거와 현재, 미래에서 온 모든 에코들과도 커뮤니케이션을 할 수 있다. 그리고 그 공간 안에서 일함으로써 우리가 잃어버린 사람들의 영혼과 연결될 수 있는 것이다.

유럽에서 칼Karl은 일곱 살 난 아들을 잃은 지 몇 달 안 되는 시몬Simone과 함께 매트릭스 리임프린팅을 했다. 시몬의 아들에게는 육체적·정신적으로 장애가 있었다. 아이를 키우면서 그녀는 오랜 인간관계와 직장 경력 등 모든 것을 잃었다. 그녀를 집어삼킨 슬픔은 워낙 컸고, 그녀는 그걸 어찌 극복해야 할지 몰랐다. 기쁜 일이나 웃을 일이 있을 때면 죄책감을 느꼈다.

두 사람은 매트릭스 리임프린팅으로 과거로 되돌아가 아들이 세상을 떠난 날의 시몬의 에코를 만났다. 시몬은 충격 속에 감내하기 힘든 감정들에 빠져 있는 자신의 에코를 두드리기했다. 두 사람은 또 고통 속에서 죽는 걸 두려워하고 있는 시몬의 아들도 두드리기했다.

일단 힘닿는 데까지 트라우마를 제거한 뒤, 칼은 시몬에게 혹 매트릭스 안에서 그녀가 아들과 함께 있고 싶은 데가 있냐고 물었다. 그러자 시몬은 자신이 즐겨 찾는 공원의 한 아름다운 오크 나무 아래에 아들과 같이 앉아 있고 싶다고 했다. 그래서 그녀의 아들을 그 오크 나무 아래로 불러냈다. 시몬은 이런 질문에 대한 답을 듣고 싶어 했다. "내 아들은 왜 그렇게 비극적인 7년을 살다 가야 했을까?" 그녀는 자기 아들에게 그 질문을 던졌고 이런 답을 들었다. "난 엄마에게 사랑을 가르쳐주러 온 거야. 내가 이 세상에 온 건 그 때문이야."

그 순간 시몬은 자신이 처한 상황에 대해 갖고 있던 의문이 깨끗이 풀리는 걸 느꼈다. 그녀와 그녀의 아들은 언제든 행복한 그 장소, 그 오크 나무 아래에서 만나기로 약속했다. 시몬은 초록빛으로 가득한 공원, 얼굴을 스치는 시원한 바람 등, 사랑이 넘치는 그림을 만들었고, 그 그림을 자기 몸속에 넣어 모든 세포들과 심장 속으로 보냈다.

매트릭스 리임프린팅이 끝난 뒤에도 약간의 슬픔이 아직 남아 있었다. 그러나 감당할 수 없는 슬픔은 사라졌고, 이제 매트릭스 안에 아들과 함께할 수 있는 특별한 장소가 있다는 사실에 시몬은 말할 수 없는 위안을 느꼈다.

매트릭스 안에서 죽음을 다루기

첫 번째 세션에서 미리 틀 짜기

죽음을 부정하는 것은 올바른 해결책이 아니다. 매트릭스 리임프린팅에서는 결코 누가 죽었다는 사실 자체를 부정하거나 죽은 사람을 매트릭스 안에서 되살리려 하지 않는다. 매트릭스 리임프린팅을 하기에 앞서 고객에게 먼저 그런 얘기를 해줄 필요가 있다. 고객과 미리 말을 맞추지 않은 채 매트릭스 리임프린팅을 시작하면, 당신이 트라우마를 겪은 에코에게 바라는 게 무엇이냐고 물었다가 "그 사람이 죽지 않았다면 좋겠어요"라는 곤란한 답을 들을 수도 있다. 그러니 무엇보다 먼저 고객에게 이런 사실을 잘 설명해주도록 하라. 당신이 해야 할 일은 고객이 감내하기 힘들어 하는 감정들을 극복할 수 있게 도와주고, 죽음이라는 큰 상실이 고객에게 어떤 의미가 있으며 또 그로 인해 고객이 어떤 믿음을 갖게 됐는지 알 수 있게 도와주는 것이라고 말이다.

고객과 어느 정도 친밀감을 쌓았다면, 기본적인 두드리기 방법을 가르쳐주어 다음 매트릭스 리임프린팅 세션 전에 큰 슬픔에 잠길 경우 감정적 반응을 관리할 수 있게 해줄 수도 있다.

고객에게 통찰력 있는 다음 질문들을 던져, 죽음에 대해 어떤 믿음을 갖고 있는지, 또 슬픔의 여정 중 어디쯤 와 있는지, 어떤 도움을 주어야 하는지 등을 알아내도록 하라.

- "사랑하는 사람에게 어떤 일이 있어난 것 같은가?"
- "죽음에 대한 당신의 믿음들은 어떤가?"
- "혹 사랑하는 사람이 죽기 전에 전하지 못해 아쉬운 말이나 행동이 있는가?"
- "이전에도 당신과 가까운 사람이 죽은 적이 있는가?"

정신적 충격 제거하기

미리 예상을 했든 그렇지 않든, 사랑하는 사람을 잃는 것은 큰 정신적 충격을 안겨준다. 잘 알겠지만, 정신적 충격을 받게 되면 우리 몸 안에서는 수백 가지 화학 반응이 일어난다. 물론 감정적·사회적·심리적 형향을 받는 건 말할 필요도 없다. 이런 경우 매트릭스 안에서 작업하는 것이 큰 도움이 되는데, 그건 우리가 안전하게 분리되어 있을 수 있기 때문이다.

늘 그렇듯, 먼저 에코의 정신적 충격과 트라우마를 제거하도록 하라.

상실감의 구체적인 측면들

누군가를 잃은 정신적 충격을 치유하기 위해 그 에너지를 두드려 사라지게 한 뒤에는, 고객에게 그 죽음과 관련해 특별히 해결하고 싶은 문제가 있는지를 물어봐도 좋다. 이 경우 고객에게 질문에 답할 수 있는 시간 여유를 주도록 하라.

클라라Clara를 만나보자. 30대 초반인 그녀는 남편을 암으로 잃은 상태였다. 남편이 세상을 떠나기 전에 있었던 일 하나가 두고두고 그녀를 괴롭히고 있었다. 그녀는 남편의 몸 상태가 아주 안 좋을 때 병원에서 살다시피 했는데, 하루는 자신의 부츠를 벗어서 남편의 침대 옆에 두었다. 그런데 몇 분 후 침대에서 일어난 남편이 그 부츠를 밟고 미끄러져 넘어졌다. 가뜩이나 몸 상태가 안 좋던 그녀의 남편은 그 이후 상태가 더 악화됐다.

그 일로 클라라가 갖게 된 죄책감은 말도 못하게 컸다. 그러나 그녀는 매트릭스 리임프린팅으로 곧장 그 기억으로 되돌아갈 수 있었고, 자신의 에코와의 커뮤니케이션을 통해 그 기억과 관련된 트라우마를 깨끗이 씻어낼 수 있었다.

클라라는 모든 죄책감을 털어낸 뒤 자기 남편과 얘기를 나눴다. 그는 부츠를 밟고 넘어진 일이 절대 그녀의 잘못이 아니라며 클라라를 위로해주었다. 클라라는 도무지 해결 불가능할 것 같던 문제를 해결하면서 큰 슬픔과 죄책감에서 벗어날 수 있었다.

죽은 사람과의 커뮤니케이션

대리 두드리기의 경우와 마찬가지로, 가족 또는 친구들을 기억 속으로 불러올 수 있는 것처럼 죽은 사람도 불러올 수 있다. 충격과 상실의 감정을 씻어내고 난 뒤가, 죽은 이를 불러오기 이상적인 순간이다.

모든 사례나 전문가들의 경험을 참고로 했을 때, 죽은 사람이 사랑받았든 미움받았든 간에 그들의 에코는 성숙한 자아의 모습으로 나타난다. 이 공간 안에서 우리는 죽은 사람과 지속적으로 연결될 수 있고, 그것이 트라우마의 치유에 아주 큰 도움이 될 수 있다.

샌드라Sandra는 매트릭스 전문가 캐시 아담스Kathy Adams와 함께 자기 아들 마크Mark의 죽음과 관련된 트라우마를 지우기 위한 작업에 들어갔다. 뛰어난 의사였던 마크는 40세의 나이에 교통사고로 갑작스레 세상을 떠났다.

샌드라는 매트릭스 안에서 마크를 여러 차례 만났다. 자식을 잃은 것에 대해 새삼 슬픔을 느끼기도 했지만, 자신의 에코를 두드려 부정적인 에너지를 없앴다. 마크는 반복해서 모습을 드러내며 샌드라의 마음을 따뜻한 황금빛으로 물들여주었다. 매트릭스 리임프린팅 작업이 끝나갈 무렵 샌드라는 자신이 슬픔을 완전히 놓아버리고 싶어 하지 않는다는 걸 깨달았다. 그렇게 하는 건 마크를 완전히 포기하는 것 같다는 생각이 들었던 것이다. 그녀의 에너지 장 안에는 자식을 잃고 아무렇지도 않다는 건 말도 안 된다는 강한 믿음이 있었다.

샌드라는 매트릭스 리임프린팅 기간 중에 마크와 함께 한 아름다운 폭포 밑에 서 있은 적이 있는데, 폭포 물이 남아 있던 그녀의 슬픔을 씻어가

주었다. 그때 마크가 자신은 엄마가 이제 그만 자신을 잃은 아픔에서 벗어났으면 좋겠다는 말을 했다. 그러면서 자신의 몸은 이제 더 이상 엄마와 함께할 수 없지만 마음만은 늘 함께한다고 했고, 또 자신을 잃은 아픔에서 벗어날 수 없다는 엄마의 믿음은 잘못된 거라는 말도 했다. 샌드라는 그렇게 폭포 물로 씻음을 받으며 마크의 말에 귀 기울였고 또 그의 사랑을 느꼈다. 그리고 바로 그때 마크가 그녀 쪽으로 다가오더니 그녀의 심장 속으로 들어왔고, 두 사람은 그렇게 한 몸이 되었다.

매트릭스 안에서 사랑하는 사람과 커뮤니케이션을 할 수 있는 공간을 찾게 되면, 우리는 죽음은 끝이 아니라 오히려 삶의 확장이며 아주 기쁜 경험이라는 걸 깨닫게 된다. 그리고 상실감으로 인한 아픔이 걷히면서 사람들의 얼굴에 변화가 일어나는 걸 보게 된다. 사랑하는 사람을 잃고 나면 새로운 삶을 시작하는 게 불가능해 보이지만, 매트릭스 리임프린팅을 통해 죽은 사람과 지속적으로 연결될 수 있다는 걸 알게 되면서 새로운 용기와 희망을 갖게 되는 것이다.

프랑스어 교사인 질Gilles을 만나보자. 그의 딸은 20대의 나이에 스스로 목숨을 끊었다. 딸이 죽은 지 10년이 넘었지만, 그는 아직도 그런 극단적인 선택을 한 딸을 용서할 수 없을 것 같았다.

매트릭스 안에서 자신의 에코를 만나 대화를 하고 트라우마를 없애자 그는 딸을 만날 수 있었고, 자신의 에너지 장에서 오는 충격을 제거할 수 있었다. 부정적인 에너지가 빠져나갈 때 질은 눈에 띄게 몸을 떨었다.

자신의 에코가 에너지를 내보내자, 질은 자기 딸이 자살이라는 극단적인 선택을 하게 된 이유를 알고 싶었다. 그렇게 해서 그의 딸이 매트릭스 안으로 들어왔고, 그날 왜 스스로 목숨을 끊기로 했는지를 비교적 자세히 설명해주었다. 그녀는 그게 자기 여정의 일부였다고 했다. 이 모든 일은 아주 조용히 진행됐다. 질은 딸의 마음을 이해해 그녀를 용서할 수 있었고, 또 그녀의 말에서 마음의 평화를 얻었다.

이렇게 해결책을 찾아낸 질은 매트릭스 안에서 자신이 좋아하는 장소인 해안 산책로를 따라 딸과 함께 한참을 걸었다. 그는 이같이 새로운 기억에 접근해 언제든 자기 딸과 대화를 할 수 있는 것이 트라우마 치유에 상당히 큰 도움이 된다는 걸 알게 됐다.

슬픔 이해하기
—

무엇이 우리를 슬프게 만드는가

우리는 절대 백지 상태에서 큰 슬픔에 빠지진 않는다. 큰 슬픔에 빠질 때는 살아오면서 겪은 온갖 감정적 앙금과 믿음들이 곁들여지고, 그것들은 슬픔 때문에 더 심화된다. 그리고 만일 이전에 해결 못한 어떤 상실 문제가 있고, 또 아직도 슬픔에서 벗어나지 못하고 있는 에코들이 있다면, 그 에코들이 되살아나면서 분리감과 상실감이 더 심화된다.

이 책에서 다루고 있는 다른 모든 주제와 마찬가지로, 비통한 슬픔과 관련된 우리의 믿음과 감정들은 완전히 개인적인 것들이다. 어떤 사람들은 자신의 슬픔에 갇힌 채 한발도 앞으로 나아가질 못한다. 또한 복합 슬픔장애와 상심증후군 같은 질환들을 보면 슬픔의 유형이 얼마나 다양한지를 알 수 있다. 상실의 아픔에서 벗어나지 못하는 사람들을 치유해 보면, 그들이 그 아픔을 내보낼 수 없다고 느끼고 있는 경우가 많다. 그들은 무얼 내보내려 애쓰고 있는 걸까? 그들이 만일 자신이 내보내려는 게 '사람' 그 자체가 아니라 '고통스런 감정들'이라는 걸 깨닫게 된다면, 치유에 아주 큰 도움이 될 수 있다.

그렇게 해서 죽은 사람과 산 사람 간에 영적으로 새로운 친밀감이 생겨나게 된다. 죽은 사람과 산 사람 사이에 새로운 연결이 만들어지는 것이다. 사람들이 상실의 아픔을 내보내면, 자신이 알고 있던 사람은 그대로 남게 되어 행복한 기억들을 즐길 수 있고, 또 죽은 사람과의 사랑이 사라지지 않는다는 걸 알게 된다.

우리 자신의 슬픔 치유하기

모든 매트릭스 리임프린팅의 경우에서 그렇듯, 매트릭스 전문가들은 슬픔과 죽음, 상실감을 치유할 때 반드시 한발 물러나 있어야 한다. 슬픔을 둘러싼 에너지 장은 워낙 강력하기 때문에 아주 금방 주파수를 맞출 수 있고, 그래서 굳이 슬픔을 둘러싼 우리 자신의 트라우마를 제거하지 않아도 된다. 그러나 우리가 죽음과 관련된 우리 자신의 문제를 직접 해결해보고 또 임사 체험 near-death experience(죽음에 이르렀다가 다시 살아난 체험 – 역자 주)에 대한 글들을 읽게 된다면, 우리는 고객의 심정을 제대로 이해할 수 있게 될 것이다. 그럴 경우 고객들은 우리를 통해 힘과 용기를 얻게 되는데, 그것은 매트릭스 리임프린팅 작업에 아주 큰 도움이 된다. 우리는 임사 체험 글들을 읽어보고, 다음과 같은 교환 연습도 해볼 것을 권한다.

해결 불가능한 일 해결하기: 면대면 교환

이 간단한 연습을 통해 당신은 매트릭스 안에서 사랑하는 이들과 커뮤니케이션을 한다는 게 어떤 건지 제대로 이해할 수 있게 될 것이다. 이는 정말 효과가 대단한 연습으로, 이 연습을 통해 매트릭스 안에서 다른 사람을 위한 공간을 확보하는 일도 할 수 있게 될 것이다.

1. 교환 파트너와 서로 얼굴을 마주보며 앉는다. 우리는 여기서 당신을 '두드리는 사람'이라 부르고 당신의 파트너는 '두드리기 대상'이라 부를 것이다.

2. 두드리기 대상으로 하여금 이제 이 세상 사람이 아니지만 자신이 커뮤니케이션을 하고 싶어 하는 사람, 그러니까 옛날 친구나 전 남편이나 아내 또는 부모를 고르도록 하라. 그리고 두드리기 대상은 자신이 고른 사람이 매트릭스에 들어갈 시점도 선택해야 한다. 또한 매트릭스로 들어가기 위해서는 반드시 트라우마의 한 시점을 거쳐야 하는데, 그것은 단순히 머릿속에서 누군가를 상상하는 것과 매트릭스 안에서 함께 일하는 것은 전혀 다르기 때문이다. 그래서 매트릭스 안으로 들어가는 시점은 마지막으로 그 사람을 본 순간, 그러니까 그 사람이 죽은 순간일 수도 있고 함께 트라우마를 겪은 어떤 순간일 수도 있다. 두드리기 대상은 그 기억을 순전히 자신이 원하는 사람이 매트릭스로 들어가는 시점으로 활용하는 것이기 때문에, 그 트라우마는 해결이 된 트라우마여도 좋다.

3. 커뮤니케이션을 하고 싶은 사람과 그 사람이 매트릭스로 들어갈 시점을 결정했다면, 이제 두드리기 대상으로 하여금 눈을 감게 한다.

4. 두드리는 사람은 기본적인 순서에 따라 두드리기 대상을 상대로 모든 타점을 두드리기한다.

5. 두드리기 대상은 매트릭스 안에서 자신이 원하는 사람을 만나 커뮤니케이션을 한다. 그들은 원하는 건 뭐든 얘기하면서 해결 불가능해 보이던 문제를 해결하게 될 것이다.

6. 두드리기 하는 사람은 말없이 앉아 두드리기 대상으로 하여금 자신의 페이스를 지키게 하고 혹 어느 시점에서든 도움이 필요하면 알려달라고 한다. 죽음에 대한 당신 자신의 믿음들을 면밀히 살펴보는 것도 필요하다. 당신은 사후에 어떤 일이 일어난다고 믿는가?
임사 체험과 관련된 글들을 읽어 보면 죽음을 이해하는 데 도움이 된다. 즉 죽음은 하나의 과정이라는 것, 죽어가는 상황에서 우리는 혼자가 아니라 지켜보는 이들이 있다는 것, 우리가 사랑하는 사람들의 진수 또는 영혼은 영원히 살아 있다는 것 등을 이해하게 되는 것이다. 그 결과 우리는 고객들에게도 그런 사실을 이해할 수 있게 해줄 수 있다.

피터 펜윅Peter Penwick 박사는 임사 체험에 관한 한 영국에서 알아주는 권위자로, 많은 사람들의 임사 체험 사례를 수집해 자신의 책《죽음의 기술: 훌륭한 죽음을 맞기 위해 우리는 무얼 할 수 있는가The Art of Dying: What We Can Do to Achieve a Good Death》에 실었다. 우리가 죽음과 관련된 이런 단순한 사실들을 알게 된다면, 그 지식을 활용해 매트릭스 안에서 훌륭한 죽음을 경험할 수 있게 할 수 있다. 매트릭스 안에서 사랑하는 사람의 죽음을 재현할 수 있다면 상실의 아픔을 치유하는 데 큰 도움이 된다.

엘리노어 Eleanor의 남편 제임스 James는 식도암으로 세상을 떠났는데, 그는 살아 있는 동안 극심한 종양 출혈로 고통을 호소했고, 그래서 두 사람은 많은 트라우마를 겪어야 했다. 의사는 제임스가 죽기 6개월 전에 이미 두 사람에게 그가 고통을 겪다 죽게 될 거라는 걸 얘기해주었다.

남편이 죽고 난 뒤, 엘리노어는 매트릭스 리임프린팅 전문가의 도움을 받아 여러 차례 매트릭스 안으로 들어가 두려워하고 있는 자신의 에코를 진정시키고 종양 출혈에 시달리는 제임스와 엘리노어를 도와주었다. 엘리노어의 에코는 그가 죽고 나서 괜찮은지 알고 싶어 했다. 제임스와 엘리노어가 마음의 평화를 얻는 데 도움을 준 것은 사랑하는 그녀의 할아버지와 제임스의 부모들과 할머니로, 그들은 매트릭스 안에서 제임스 부부의 에코를 두드리기하고 위로해주었다.

엘리노어가 매트릭스 안에서 만들어낸 소중한 경험들 중 하나는 제임스와 서로 사랑했던 즐거운 과거의 기억들을 되살릴 수 있었다는 것이다. 제임스가 점차 종양 출혈의 트라우마로부터 회복되자 엘리노어는 그를 안고 키스하며 쓰다듬었고, 두 사람의 사랑은 핑크빛으로 그들의 몸을 감싸며 돌았다.

함께 트라우마 치유를 끝낸 뒤, 엘리노어는 자신을 도와준 매트릭스 리임프린팅 전문가에게 이렇게 말했다. "이제 매트릭스 안에 너무도 멋진 장소를 가진 거 같아요. 그리고 이제 제임스는 늘 편안해 보여요. 여러 가지 방식으로 나와 함께한다는 걸 느끼는 거 같고요." 제임스가 죽은 지 9개월 만의 일이었다.

엘리자베스 퀴블러-로스 Elisabeth Kubler-Ross는 죽음에 대해 또 죽어가는 것에 대해 많은 책을 썼고, 그녀 스스로 자칭 '우주 의식'이라는 임사 체험을 하기도 했다. 그 경험에서 그녀는 모든 빛의 자원을 영적 에너지 안으로 통합시켰다. 그 에너지 안에서 온 우주와 함께 진동했고, 모든 잎사귀와 모든 구름, 모든 풀잎, 모든 생명체 등 삼라만상에 대한 완전한 사랑과 위대한 환희를 느꼈다.

암을 통해 임사 체험을 했던 아니타 무어자니 Anita Moorjani는《죽어서 내가 되기 Dying to Be Me》라는 책을 썼는데, 그 책에서 그녀는 자신이 자기 영혼의 진정한 가치에 눈뜬 것 같다고 썼다. 자신의 영혼이 육신의 한계를 뛰어넘어 우주 속의 모든 것, 즉 모든 인간과 동물, 식물, 벌레, 산, 바다 그리고 모든 무생물 속으로 확장되는 듯했다는 것이다. 그녀는 또 사랑과 기쁨, 환희, 경외감이 쏟아져 들어와 자신을 통째로 집어삼키는 듯했다고 썼다.

임사 체험을 한 사람들은 흔히 우리는 죽을 때 혼자가 아니라고 말한다. 그러니까 이미 세상을 떠난 사랑하는 이들이 임종의 자리까지 마중나와 저승으로 가는 길에 동행을 해준다는 것이다.

몸에 나타나는 슬픔

해결되지 않은 트라우마들은 우리 몸 안에서 고통이나 질병으로 나타난다. 누군가를 잃은 트라우마의 경우도 예외는 아니다. 누군가 가까운 사람이 죽을병에 걸리든가 죽게 될 경우, 늘 '정신적 충격'이 따르게 마련이다. 그 정신적 충격이 우리에게 어떤 의미가 있느냐에 따라, 우리 몸의 특정 부위에 영향을 주게 된다.

예를 들어, 만일 이별과 관련된 트라우마라면 피부에 영향을 주게 될 것이고, 죽음 같이 심각한 상실과 관련된 트라우마라면 난소나 고환에 영향을 주게 될 것이다. 곧 소개할 모이라Moira의 사례에서 보게 되겠지만, 정체성에 위기가 있을 경우 트라우마는 허리에 영향을 줄 수도 있다.

매트릭스 트레이너이자 슬픔 해결 전문가인 재니스 톰슨Janice Thompson을 처음 만났을 때 모이라는 60대로, 성인이 된 이후 대부분의 시간을 만성적인 허리 통증을 앓아오고 있었다. 처음 두 차례의 매트릭스 리임프린팅 기간 중에 그녀는 허리 통증이 너무 심해 앉아 있기도 힘들 지경이었다. 그녀는 그때까지 워낙 많은 전문가들을 봐왔기 때문에 첫 번째 매트릭스 리임프린팅을 할 때 불안하다면서 다음과 같은 말을 했다. "설마 벌레가 잔뜩 든 캔을 따서 나한테 처리하라고 하는 건 아니겠죠? 다른 전문가들은 다 그랬거든요." 그래서 처음 두 차례의 매트릭스 리임프린팅에서 재니스 톰슨은 그녀의 등만 두드리면서 서로 친숙해질 때를 기다렸다.

그러다가 세 번째 매트릭스 리임프린팅에서 모이라는 어린 시절의 자기 오빠와 얘기를 해보고 싶다고 했다. 그녀의 오빠는 그녀가 일곱 살쯤 됐을 때 세상을 떠났는데, 당시 그녀의 엄마는 오빠가 죽은 게 모이라 탓이라고 말했었다. 모이라는 매트릭스 전문가의 도움을 받아 매트릭스 안으로 들어갔고, 거기서 7살 난 자신의 에코를 만나 오빠를 잃은 트라우마를 씻어냈고, 또 엄마가 한 말들에 대한 느낌들과 관련된 트라우마도 씻어냈다. 어린 모이라의 에코가 갖고 있는 믿음은 자신은 착한 아이가 아니며 모든 건 자기 탓이라는 것이었다.

앞서 이미 배운 것처럼, 허리 즉, 등 아래쪽의 통증은 우리의 핵심 성격 문제들, 그러니까 우리가 우리 자신에 대해 어떻게 느끼는 문제들과 관련이 있을 수 있다. 모이라는 7살 때 오빠가 세상을 떠난 뒤 자신에 대해 좋은 믿음을 갖지 못했으나, 매트릭스 리임프린팅을 한 이후에 그녀의 허리 통증은 서서히 완화되기 시작했다. 자기 자신에 대한 그녀의 부정적인 믿음은 워낙 오랜 세월 지속됐다. 완전히 치유하자면 시간이 필요했지만, 전반적으로는 자신의 삶에 대해 훨씬 더 긍정적이 되었고 삶에 대한 통제력 또한 훨씬 더 커졌다. 모이라는 재니스 톰슨에게 평생 시달려온 심각한 우울증에서도 벗어났고 미래에 대해서도 더 밝게 생각하게 되었다는 말도 했다.

'슬픈 마음' 연습

재니스 톰슨은 여러 유형의 슬픔을 극복하게 해줄 '슬픈 마음'Heart of Grief 연습을 개발했고, 사람들이 그 연습을 매트릭스 리임프린팅과 매트릭스 리임프린팅 사이에 혼자 할 수 있게 했다. 큰 슬픔 속에는 모든 감정들이 포함되어 있다. 그래서 이 간단한 연습은 명료성을 얻고 우리의 느낌들을 확인하고 소유하며 현재의 우리 자신을 있는 그대로 받아들이고 우리가 벗어나고자 하는 것들을 확인하는 데 도움이 된다. 그리고 이 또한 중요한 것이지만, 우리는 슬픔으로 인해 워낙 큰 무력감과 상실감 그리고 단절감을 느낄 수 있는데, 이 연습을 통해 우리 자신에 대한 자신감 또는 통제력도 되찾을 수 있다.

우리는 보다 쉽게 배울 수 있게 '슬픈 마음' 연습을 단순화시켰지만, 최대한 잘 활용할 수 있게 이 연습을 스마트폰 앱으로 다운로드받기를 권한다. (보다 자세한 것은 이 책의 363쪽 참조)

연습: 슬픈 마음

1. 당신이 사랑하는 사람을 잃은 뒤 경험한 가장 일반적인 부정적인 감정 8가지를 꼽아보라.

만일 그렇게 부정적인 감정(몸의 특정 부위에 느껴지는 감정)이 8가지가 안 된다면, 그냥 생각나는 대로 적어도 좋다. 예를 들자면 분노, 짜증, 불안, 쓰라림, 혼란, 우울, 경멸, 죄책감, 패닉, 편집증, 격노, 거부감, 억울함, 슬픔 등을 적으면 된다.

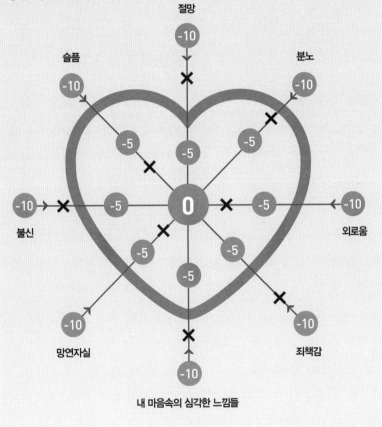

내 마음속의 심각한 느낌들

2. 위의 예에서와 보는 것처럼 '슬픈 마음' 바깥쪽에 부정적인 감정을 한 가지씩 써 넣어라.

3. 각 감정의 강도에 0부터 10까지(0은 감정의 강도가 전혀 없는 것이고, -10은 감정의 강도가 극도로 강한 것임) 점수를 매기되, 해당 점수 위치에 × 표시를 하라. 감정의 강도가 강할수록 마음(심장 그림) 바깥쪽에 × 표시가 될 것이고, 강도가 약할수록 마음 중심 가까이에 × 표시가 될 것이다.

4. 한 매트릭스 리임프린팅과 다음 번 매트릭스 리임프린팅 사이에는 과제로 한 번에 한 감정(한 부위)씩 치유하도록 하라. 각 감정을 두드리기하고, 조금씩 감정의 강도를 낮춰 조금씩 마음 안쪽(평화의 장소) 가까이 갈 수 있도록 하라. "나는 큰 슬픔으로 완전히 피폐해진 것 같지만, 그래도 내 자신을 사랑하고 받아들인다"는 식으로 변화되는 것이다.

5. 점수 결과들을 잘 남겨두고 정기적으로 연습을 하도록 하라. 매트릭스 리임프린팅을 활용해 슬픔을 해소하면, 부정적인 감정들이 줄어드는 걸 발견하게 될 것이다. 슬픈 마음 연습은 당신이 어느 정도 치유됐는지를 기록하는 데 아주 그만이다. 당신의 점수들은 점점 마음 중심으로, 보다 평화로운 중립 지대로 다가가게 될 것이다.

매트릭스 리임프린팅 전문가들이 슬픈 마음 연습을 할 때 사용할 수 있는 질문들은 다음과 같다.

• "이런 감정들이 정말로 당신에게 낯익은 감정들인가? 사랑하는 사람을 잃기 전에도 낯익었는가?"

- "당신이 아주 높은 점수(마음의 바깥쪽 점수 −10에 가까운 점수)를 매긴 감정들을 보라. 그 감정들이 어떻게 생겨난 것인지 아는가?"
- "혹 하루 가운데 어떤 특정한 시간에 어떤 특정한 감정을 느끼는가?"
- "혹 특정한 활동이나 상황 중에 어떤 특정한 감정을 느끼는가?"
- "현재 어떤 감정을 갖고 있는가? 그 감정이 슬픈 마음 위에 위치하는가? 그럴 이유가 있는가?"

누군가를 잃는다는 건 고통스러운 일이다. 누군가를 잃었을 때 느끼는 상실감은 워낙 커서 우리는 그 강력한 이별과 슬픔의 에너지 장에 금방 주파수를 맞출 수 있다. 죽음으로 인한 이별은 우리로 하여금 완전한 단절감을 느끼게 하며, 육체적·정신적·심리적으로 큰 고통을 안겨준다.

우리는 살아가면서 반드시 누군가를 잃게 되는데, 매트릭스 리임프린팅은 상실의 아픔을 치유하는 데 많은 도움이 된다. 매트릭스 안에서 그 큰 아픔과 슬픔을 치유하는 것은 대단히 멋진 치유 경험이 될 것이다. 매트릭스 리임프린팅을 통해 우리는 사랑하는 사람과 다시 연결될 수 있으며, 죽음이 우리 여정의 끝이 아니며 또 궁극적으로 우리는 모두 하나라는 사실을 깨닫게 된다.

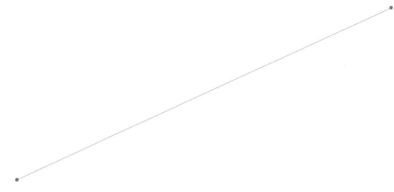

13
공포증과 알레르기
없애기

"두려움은 늑대를 실제보다 더 커 보이게 만든다."
– 독일 속담

알레르기와 공포증은 어떤 공통점이 있기에 같은 부류로 분류되어왔을
까? 알레르기의 일종인 건초열과 거미 공포증 사이에는 어떤 관계가 있
을까? 얼핏 보면 별 관계가 없는 것 같지만, 모든 알레르기와 공포증 반
응은 잠재의식 속의 두려움, 즉 무언가가 위험하고 우리의 생존에 위협
이 된다는 믿음에서 나온다. 우리의 몸은 실수를 하는 법이 없으며, 상황
을 어떻게 인식하느냐에 따라 반응이 달라지고 스스로를 위험으로부터
지키려 한다는 것을 잊지 말자.

우리가 뭔가 외적인 것을 두려워할 때(공포증이 있을 때), 우리 몸은 도
피 또는 투쟁 상태로 들어가며, 그 외적인 것으로부터 최대한 멀리 떨어
지려 한다. 반면에 내적인 반응을 보일 때(알레르기 증상을 보일 때), 우리

몸은 그 물질을 제거하려 애쓴다. 이는 우리 몸의 면역학적 메커니즘IgE, 다시 말해 방어 메커니즘에 의해 촉발되는 과민 반응이다. 세계보건기구WHO에 따르면, 전 세계 인구의 20퍼센트 이상이 알레르기성 천식, 알레르기성 결막염, 알레르기성 비염, 과민증, 아토피 피부염 같은 면학학적 메커니즘에 따른 알레르기 질환에 시달리고 있다고 한다.

눈물, 콧물처럼 비교적 약한 알레르기 반응들에 대해 생각해보라. 눈물, 콧물은 그야말로 우리 몸이 어떤 오염 물질을 씻어내려는 과정이다. 그러나 어떤 사람들의 몸은 과민성 쇼크를 일으킬 만큼 심각한 반응을 보이기도 한다. 과민성 쇼크를 일으키면 목과 입이 퉁퉁 붓고 심한 천식 발작을 하며 의식을 잃기까지 하는데, 모두 자칫 목숨을 잃을 수도 있는 위험한 증상들이다. 이는 우리 몸이 알레르겐(알레르기성 질환의 원인이 되는 항원 - 역자 주)을 차단하고 죽이려는 반응인 것이다.

그렇다면 우리는 대체 어떻게 이런 반응들을 익히게 된 걸까? 다양한 방법을 통하지만, 대개는 어떤 트라우마를 겪으면서 익히게 된다. 우리의 잠재의식 속에 어떤 외부 물체에 대한 트라우마가 저장될 경우, 그 물체에 대한 공포증을 갖게 되는 것이며, 또한 그 트라우마를 겪을 당시 우리 몸속의 무언가가 알레르기로 발전되기도 한다.

알레르기와 공포증 반응의 또 다른 공통점은 매트릭스 리임프린팅을 할 때 안전을 최우선 과제로 삼아야 한다는 것이다. 우리 몸이 워낙 심한 반응을 보이기 때문이다. 알레르기와 공포증 반응은 매트릭스 리임프린팅 기법에 안성맞춤이며 결과 또한 아주 만족스럽다. 사실 공포증에는 EFT 기법이 꽤 효과가 있고, 그 덕에 EFT가 세계적으로 널리 알려지기도 했다. 나아가 믿음이 관련된 경우 매트릭스 리임프린팅이 더 큰 효과를 보인다. 알레르기든 공포증이든 모든 극단적인 반응은 우리 몸의 이런저런 반응들의 토대가 될 뿐 아니라 우리 자신과 주변 세상에 대한 믿음의 토대도 되는 '믿음 청사진'에 대해 더 많은 걸 알아낼 절호의 기회이다.

어떤 알레르기가 어디서 어떻게 시작됐는지를 정확히 집어낼 수 있는 요법은 그리 많지 않다. 현재의 의학 기술로는 알레르기를 치유할 수 없고 그저 증상을 억제시킬 수 있을 뿐이다. 그리고 다른 모든 질병의 경우와 마찬가지로, 알레르기의 경우도 문제의 근원을 알아내는 게 중요한데, 매트릭스 리임프린팅을 활용하면 가능하다. 에코 흐름을 따라 핵심 기억을 찾아내고 그 믿음과 알레르기 반응이 어떻게 시작됐는지를 알아낼 수 있는 것이다. 이 장에서 소개되는 여러 사례 연구들에서 보게 되겠지만, 그런 알레르기 반응이 어디서 시작됐는지를 추측하는 게 불가능한 경우도 종종 있다. 정확히 알아낼 수 있는 유일한 방법은 트라우마를 겪은 에코들과의 커뮤니케이션뿐이다.

공포증

—

우리는 잠재의식적 믿음을 만드는 바로 그 6가지 방식, 즉 트라우마성 경험, 모방, 학습, 최면 후 암시, 가르침, 반복에 기초한 결론들을 통해 공포증 반응을 만들어낸다. 그리고 공포증은 이 여섯 가지 방식 중 한 가지 이상과 관련된 경우가 많다.

사람들이 자신이 두려워하는 것과 접촉하지 않으려고 자신의 삶까지 변화시켜야 할 때, 두려움은 공포증으로 변한다.

공포증은 크게 둘로 나뉘는데, 그 하나는 특정 공포증(높은 곳, 작은 동물들, 개들 따위에 공포증 반응을 보임)이고 다른 하나는 광장 공포증과 사회 공포증 같은 일반화된 공포증이다.

공포증과 에너지 장들

특정 공포증이 비교적 작은 에너지 장을 갖고 있다면, 즉 트라우마를 겪은 일이 한두 가지뿐이라면, 그 에너지 장은 제거하기 쉽다. 그러나 특정 공포증이 거대한 에너지 장이나 강력한 믿음을 갖고 있다면 보다 다양하고 깊이 있는 노력이 필요할 것이다. 예를 들어, 개구리 공포증은 극단적인 반응을 일으킬 수는 있을지 몰라도, 개구리를 피하는 일은 아주 쉽기 때문에 그 주변에 거대한 장이 형성될 가능성은 거의 없다. 그러니까 개구리 관련 에코와 기억들이 몇 안 될 거라는 얘기이다.

그러나 예를 들어 광장 공포증의 경우 이야기가 다르다. 사람들이 모이는 곳에서 느끼는 두려움은 피하기도 어렵고 뭔가 잘못될 경우 도움을 받기도 어렵다. 그 주변에 커다란 에너지 장이 형성될 가능성이 높고, 따라서 관련된 에코와 기억들도 많아지게 된다. 살다 보면 사람들을 만나고 새로운 장소로 가는 일은 피할 수 없으니 말이다.

그래서 매트릭스 리임프린팅 전문가들은 고객과 함께 미리 매트릭스 리임프린팅 틀을 짜야 하며, 고객들에게 일반화된 공포증은 제거하는 데 시간이 더 오래 걸리고 더 많은 매트릭스 리임프린팅이 필요하다는 걸 이해시켜야 한다.

공포증 치유를 위한 질문들

공포증 문제를 다룰 때는 늘 고객에게 공포증 반응을 처음 보인 게 언제인지 기억할 수 있느냐고 물어보고, 처음부터 그 기억을 가지고 치유하도록 해야 한다. 그래서 일단 그 기억이 제거되면, 에코 흐름을 따라가 보다 이전 기억들, 가장 좋기로는 6세 이전의 기억들을 찾아내도록 하라.

혹 공포증 반응을 처음 보인 게 언제인지 고객이 기억을 못할 경우, '에너지 따라가기' 기법을 활용하도록 하라. 에너지 따라가기 기법은 공포증 문제를 다룰 때 아주 요긴하다. 고객에게 이런저런 질문들을 던져 공포증과 관련된 장면들을 상상하게 하되, 모든 건 늘 고객의 뜻에 맡겨야 한다. 앞장서 끌고 가려 할 필요는 없으며(특히 심한 공포증의 경우), 그저 뭔가 단서가 될 만한 에너지에 접근할 수 있게 해주면 된다. 예를 들어 이렇게 말할 수 있을 것이다. "거미가 바닥에 기어가는 걸 상상해보세요. 어떤 느낌이 드나요?"

에너지의 존재가 파악되는 순간, 관련 질문들을 던지면서 그 모양과 색깔, 감정 등을 알아내도록 하라. 이 과정 이후에 던질 다음 질문은 늘 "처음 그걸 느낀 게 언제였나요?"이다. 그렇게 해서 관련 기억을 찾아내면, 클래식 매트릭스 리임프린팅 기법을 활용하고, 에코 흐름을 따라 이동해 공포증 반응을 제거하도록 하라.

공포증은 즐겁게 치유할 수도 있다

일단 핵심 기억에 도달하면, 늘 그렇듯 두드리기를 해 거기 저장된 에너지를 제거하도록 하라. 그런 다음 고객과 에코의 말들을 활용해 공포증에 대한 에코의 반응을 변화시키도록 하라.

고객과 함께 모든 일에 즐거운 마음으로 임할 수 있게 하라. 유머를 자극제로 사용하는 것도 인식의 변화를 일으키는 데 도움이 될 수 있다.

마리아Maria를 만나보자. 그녀는 암벽 등반 중 한 암벽 위에서 한동안 오도가도 못 하다가 구조된 적이 있는데, 그 이후 고소 공포증을 갖게 되었다.

매트릭스 리임프린팅을 하면서 당시의 에코를 만나 관련 에너지를 제거했는데, 그녀는 자신의 에코에게 마법의 우산을 든 메리 포핀스Mary Poppins처럼 분장한 채 지상으로 안전하게 내려와보라고 했다. 한 차례의 매트릭스 리임프린팅이 끝난 뒤, 마리아의 고소 공포증은 눈에 띄게 줄어들었다.

도미니크Dominique는 호주 퀸즐랜드에 살던 어린 시절 떼지어 있는 달팽이들을 본 뒤 달팽이 공포증을 갖게 되었다. 그녀는 매트릭스 리임프린팅 기간 중에 달팽이들을 모아 밴드를 만들었고, 자신의 에코로 하여금 밴드의 리드 싱어가 되어 함께 노래하며 즐거운 시간을 보내게 했다.

안전과 공포증 테스트

에코가 치유된 뒤 곧바로 새로운 그림을 에너지 장으로 보내지는 말자. 공포증 반응을 아주 조심스레 테스트한 후에 보내야 하는 것이다. 공포증의 경우 테스트해볼 수 있는 단계가 워낙 많으므로 늘 천천히 테스트해보는 것이 가장 좋으며, 특히 심한 공포증의 경우 더 그렇다.

공포증 테스트하기

1. 에코를 대상으로 공포증 치유 여부를 테스트해보라

원래 가지고 있던 두려움을 모두 제거해 에코가 긍정적인 감정을 갖게 될 경우, 공포증 반응을 야기하던 물체나 상황을 가지고 테스트해보도록 하자. 예를 들어 거미를 집어 올리게 한다거나, 비행기를 타보게 한다거나, 높은 건물 꼭대기에 서보게 한다거나, 뱀을 쥐고 있게 해보는 것이다.

만일 아직도 어떤 감정이 강하게 남아 있다면, 에코를 두드리거나 새로운 사람들을 끌어들여 남아 있는 에너지를 모두 제거하도록 하라. 이 과정을 통해 아직도 제거해야 할 관련 기억이 남아 있는지를 알 수 있게 될 것이다.

2. 고객이 매트릭스 안에 있는 동안 공포증을 테스트해보라

고객에게 매트릭스 안에서 예전에 에코가 했던 것과 똑같은 행동을 해보라고 하자. 그 행동을 하는 동안 고객의 반응이 어떤지를 테스트해보라는 것이다. 예를 들어, 개구리 공포증을 갖고 있던 에코가 이제 더 이상 개구리를 두려워하지 않는다면, 고객은 어떠한지 매트릭스 안에서 직접 테스트해보는 것이다.

3. 실제 세계에서 공포증을 테스트해보라

일단 에코 흐름에서 공포증 반응이 완전히 제거됐다면, 마지막 단계는 실제 세계에서 말과 그림 또는 실제 물체를 통해 공포증을 테스트해보는 것이다.

이 테스트는 아주 천천히 점진적으로 진행해야 하는데, 특히 공포증이 심할 경우 더 그렇다. 이를테면 먼저 공포의 대상을 떠올리게 하는 말로 테스트하고, 그다음엔 사진으로 테스트하고, 마지막에 실제 물체를 활용하는 것이다.

이 세 단계가 완료될 경우, 이제 그 기억을 일반적인 방식으로 리임프린팅해도 좋다. 리임프린팅된 일부 그림들은 재미있고 SUE 점수가 높을 수도 있지만, 그런 공포증 반응이 어디에서 오는지를 알아내는 것이므로 SUE 점수가 중간쯤일 수도 있다.

공포증 뒤에 깔린 믿음들

공포증 반응 뒤에 깔린 믿음들을 찾아내는 것은 아주 가치 있는 일로, 깊은 깨달음과 인식 변화로 이어지는 경우가 많다.

뱀 공포증을 갖고 있던 모를 기억하는가? 칼과 함께 매트릭스 리임프린팅을 하면서 만나게 된 기억은 욕실 안에 있던 13살 난 모의 에코였다. 형뻘 되는 남자애들이 욕실 안으로 뱀 한 마리를 던졌고, 그게 그가 있던 욕조 물 안으로 떨어졌었다. 그 에코는 모의 개인적인 매트릭스 안에 굳게 자리 잡은 채, 여러 해에 걸쳐 각종 대체 요법들을 써봤음에도 불구하고 뱀 공포증에서 벗어날 수 없었다. 그것은 뱀이 당시 그 상황의 상징물처럼 변해 보다 깊은 믿음이 되었기 때문이다. 그런 사실은 "뱀 자체는 별문제가 아니었어"라는 에코의 말에서도 분명히 나타난다. 모의 에코는 자기편이 없다는 심한 고립감을 느끼고 있었던 것이며, 그 고립감은 기숙학교에서 따돌림을 당한 그가 아빠가 자신을 왜 그런 데로 보냈는지 모르겠다는 생각을 한 데서 비롯된 것이었다.

그래서 아는 사람들을 동원하는 과정에서, 리비아인인 모의 아빠가 그림 안으로 들어왔고, 그가 모의 에코에게 "널 기숙학교에 보낸 건 독재자 가다피로부터 지켜주기 위해서였어"라는 설명을 해주면서 두 사람 모두 큰 치유 효과를 보게 되었다. 대화를 통해 모와 그의 에코는 아버지가 자신을 기숙학교에 보낸 건 자신을 사랑했기 때문이라는 걸 알게 된 것이다. 이는 너무도 예상치 못한 깨달음이었고, 모는 자신이 살아오면서 고립감을 느꼈던 순간들을 다 떠올리며 하나하나 치유해나갔다.

마찬가지로 린다는 비행기를 타는 일에 공포감을 갖고 있었는데, 그건 단순히 비행기 자체에 대한 공포증이 아니었다. 에너지에 주파수를 맞추자, 그녀의 기억은 9·11 테러 사건 때로 돌아갔고, 거기서 다시 에코 스트림을 따라가 여섯 살 난 자신의 에코를 만났다. 그 에코는 창가에 앉아 아빠가 병원에서 엄마를 데려오기만 목 빠지게 기다리고 있었다. 그런데 문을 열고 들어서는 아빠의 손에는 엄마의 소지품들이 들려 있었고, 아빠의 입에서는 이런 말이 나왔다. "네 엄마는 이제 천사들과 같이 있단다. 다시 돌아오지 않을 거야."

그 기억과 연결된 믿음은 사람은 예기치 않게 갑자기 죽는다는 것이었다. 린다에게 9·11 테러가 의미하는 것은, 그리고 또 비행기를 탄다는 것은 그런 의미였다. 이 두 가지 일 주변을, 여섯 살 무렵 갑자기 엄마가 세상을 떠났을 때 자신을 둘러쌌던 바로 그 에너지가 둘러싸고 있었던 것이다.

이처럼 공포증 문제를 해결하려다보면 보다 깊은 믿음과 의미들을 발견하기도 한다. 이때 그 믿음과 의미들을 변화시키면 우리는 더 이상 공포증 반응에 인질로 잡혀 있지 않아도 되며, 또 공포증 뒤에 도사린 믿음이 어떻게 이후의 우리 삶에 영향을 주는지도 알 수 있다.

알레르기들

—

전 세계적으로 약 2억 명에서 2억 5,000만 명이 입이 퉁퉁 붓거나 목숨을 잃는 등 다양한 음식 알레르기 반응을 보인다고 한다. 유제품과 밀, 글루텐, 카페인 알레르기의 주범인 식품 감수성과 몸의 반응을 유발하는 알레르기 간에는 차이가 있다. 오늘날 세계적으로 가장 흔히 볼 수 있는 알레르기들은 식품과 관련된 것들이다. 그러나 사람들은 식품 외에 먼지, 애완동물 비듬, 곰팡이, 꽃가루는 물론 드물게 물이나 맥주 심지어 햇빛에도 알레르기 반응을 보인다. 현재 전 세계적으로 학교 학생들 사이에 한 가지 이상의 공통 항원에 알레르기 반응을 보이는 비율은 40~50퍼센트에 육박하는데, 이는 그 학생들이 살아가면서 나중에 더 많은 알레르기 반응을 보이게 될 거라는 얘기가 될 수도 있다.

우리는 알레르기 반응을 일으키는 중요한 원인이 다음과 같이 세 가지라고 믿는다.

1. 생리적인 원인: 장내 세균의 감소로 인해 유제품, 밀, 글루텐 같은 물질들에 대한 음식 과민증이 유발될 수 있다.
2. 정서적인 원인: 사람의 몸은 위험하다고 인식하는 물질에 반응하기도 한다. 이는 트라우마를 겪는 시기에 피부나 음식 또는 호흡을 통해 몸속에 들어온 물질 때문이다.
3. 일반적인 원인: 이는 다양한 외부 물질들로 인해 일어나는 각종 알레르기들이 '세상은 위험한 곳이다' 같은 핵심 믿음을 갖는 것 때문에 더 악화될 수도 있다는 의미이다.

생리적 알레르기와 음식 과민증

몸이 쉽게 받아들이지 못하는 특정 음식들이 있고, 이런 음식들로 인한 문제는 나이가 들수록 더 커진다. 우리가 아직 젊고 각종 효소와 장

내 세균들 간의 균형이 적절해 면역력과 소화 기능이 좋을 때는 대부분의 영양학자들이 건강에 좋지 않다고 보는 음식들도 잘 소화할 수 있다. 그러나 나이가 들면서 우리는 몸속에 각종 항생제와 피임약, 알코올 같은 물질과 약들을 집어넣게 된다. 그런 것들이 몸에 이로운 장내 세균들을 파괴해 우리는 그런 음식들을 쉽고 효과적으로 소화할 수 없게 되고, 그 결과 각종 알레르기 반응을 일으키게 되는 것이다.

자연스럽게 생겨나는 장내 세균들이 파괴되면, 우리는 이른바 '새는 장'leaky gut 증후군에 노출될 수도 있다. 새는 장 증후군은 칸디다균이 장벽을 파고들고 부분적으로 소화된 음식이 혈류 안으로 새들어가는 병으로, 그런 상황에 이르면 혈구들이 공격을 시작해 불편한 알레르기 반응이 일어나게 된다. 그렇게 되면 기본적으로 우리가 먹는 모든 음식에 민감한 반응을 보이게 된다.

그런 일은 섬유근육통이나 만성 피로 증후군 같은 자가면역 질환과 주변 모든 것에 대해 과다한 알레르기 반응을 보이는 환경 질환 등에 흔히 나타난다. 자가면역 질환들의 뒤에 어떤 믿음이 있을 수 있다 해도 일단은 생리적인 문제를 해결해야 하며, 그래서 우리는 고객들에게 영양학적인 조언을 해주어 장내 세균들을 정상 수준으로 되돌릴 수 있게 해줄 것을 권한다. 이에 대해 좀 더 알고 싶은 사람들에게는 도나 게이츠Donna Gates의 저서 《인체 생태학 다이어트: 당신의 건강을 회복하고 면역력을 재구축하기 The Body Ecology Diet: Recovering Your Health and Rebuilding Your Immunity》가 좋은 가이드가 되어줄 것이다.

정서적 알레르기

정서적 알레르기 또는 트라우마에 의한 알레르기는 어떤 트라우마를 겨울 때 우리 몸 안에 생긴 어떤 물질로 인해 발생하며, 그래서 우리 몸은 그 물질을 트라우마나 스트레스와 연관 지어 위험 물질로 간주해 배척하려 한다.

크리스마스 날, 온갖 음식이 가득 차 있는 커다란 식탁을 상상해보자. 식탁 한 모서리에는 가족들 사이에 한 어린 여자애가 앉아 있다. 그런데 우울증을 앓고 있던 엄마가 이 특별한 날 주방으로 들어가 스스로 칼로 손목을 그음으로써, 여자애에게 엄청난 트라우마를 안겨준다. 그 이후 아이는 그날의 트라우마로 인해 당시 먹은 모든 음식에 대해 알레르기 반응을 보이게 된다.

정서적 알레르기와 관련해 잠재의식은 '왜 이런 정서적 반응이 일어나는 거지?'라는 질문을 던지고 인체 시스템 내의 문제라는 결론을 내리게 된다. 이런 일은 나이와 관계없이 트라우마를 야기하는 모든 상황에서 일어날 수 있지만, 그걸 뒷받침하는 믿음은 대개 6세 이전에 형성된다.

일반적인 알레르기

알레르기는 일반화될 수 있으며, 그래서 한 사람이 여러 알레르기를 앓을 수도 있다. 칼 도슨과의 공저《매트릭스 리임프린팅》에서 사샤 알렌비는 EFT와 매트릭스 리임프린팅을 처음 접할 당시 20가지가 넘는 알레르기 증상을 갖고 있었다. EFT 훈련을 받는 동안 다른 훈련생들과 한 집에서 공동생활을 하지 못하고 직접 음식을 해 먹을 수 있는 아파트에서 따로 숙식을 해결해야 했다. 음식 알레르기 때문에 자신이 먹을 걸 따로 싸서 다닐 수도 없고, 그래서 다른 사람들과 함께 생활할 수가 없었던 것이다.

서로 다른 유형의 알레르기들 사이에는 종종 겹치는 부분이 있다는 걸 알 필요가 있다. 예를 들어 사샤 알렌비의 경우, 매트릭스 리임프린팅을 활용해 만성 피로 증후군 뒤에 도사린 믿음들을 변화시켜 증상이 호전됐지만, 면역 체계를 회복하기 위한 영양학적인 노력은 계속 기울여야 했다. 그녀는 지금 자유롭게 전 세계를 돌아다니며 각종 강연과 워크숍에 참여하고 있다.

알레르기 뒤에 감춰진 믿음

공포증의 경우와 마찬가지로, 우리는 트라우마로 인해 생겨나는 알레르기 반응을 통해 고객들이 자신에 대해 갖고 있는 보다 깊은 믿음을 들여다볼 수 있다. 어떤 알레르기 반응의 원인이 된 핵심 사건이 평생 갖게 될 어떤 믿음의 출발점이 될 수 있는 것이다. 따라서 이 문제를 해결하는 일은 고객과 매트릭스 리임프린팅 전문가 모두에게 무언가를 배울수 있는 더없이 좋은 기회가 될 수 있다.

그런 일은 칼이 크리스티Kristy와 함께 일할 때 일어났다. 그는 그녀와 함께한 경험을 꼭 기록으로 남기고 싶었다는 말을 몇 차례 했는데, 그만큼 크리스티의 사례는 알레르기 반응 뒤에 감춰진 복잡한 믿음의 흐름을 잘 보여준다.

크리스티는 건초열을 10년 동안 앓고 있었다. 만성적인 증상들을 완화시키기 위해 EFT와 매트릭스 리임프린팅을 활용했음에도 불구하고, 여전히 심하게 재채기를 해댔고(때론 25회 연속) 1년 중 두 달 가까이 입에 뾰루지를 달고 있었다.

칼이 크리스티에게 그녀의 증상들을 둘러싸고 있는 에너지를 찾아보라고 했더니, 그녀는 곧 목구멍 안과 명치 부분에서 에너지를 느꼈다. 그리고 언제 처음 그런 에너지를 느꼈는지 기억해보라고 했더니, 그녀는 16살 난 자신의 에코가 한 공원 안에서 순전히 대마초를 살 돈이 필요해 한 중년 남자와 성관계를 맺고 있다고 말했다. 그 공원은 그녀가 학교 수업을 빼먹고 가던 장소로, 12살 때 처음 대마초를 피웠던 곳이자 10대 시절 내내 집에 문제가 있을 때마다 달려가던 곳이기도 했다.

칼은 '에코에서 에코로ECHO to ECHO' 기법을 활용했고, 크리스티는 곧 공중전화 부스 안에서 담배를 피우고 있는 12살 난 자신의 에코를 만났다. 그녀의 에코는 그 당시 함께 몰려다니던 남자애들 몇 명과 함께 담배를 피워대고 있었다. 이 기억은 다시 그녀가 3살 무렵에 같은 나이 또래의 한 남자애와 함께 있는 기억으로 이어졌다. 그 기억 속에서 크리스티는 자신의 3살 난 에코가 남자애에게 정원에서 오줌을 누고 나뭇잎으로 몸을 닦자고 제안하고 있다고 했다. 이후 크리스티의 어린 에코는 자기 엄마에게 방금 있었던 일을 다 털어놓는데, 엄마는 딸을 혼내며 그건 나쁜 짓이라고 말한다. 그러자 어린 크리스티는 자신은 악의가 없었지만, 자기 때문에 남자 친구까지 나쁜 짓을 하게 됐고, 그래서 자신은 나쁜 여자애라고 믿게 된다.

칼과 함께 그 일을 둘러싼 에너지를 제거하는 과정에 크리스티의 엄마는 에코에게 "넌 사랑스럽고 착한 아이야"라는 말을 해주었고, 그제야 크리스티는 모든 게 이해되기 시작했다. 3살 무렵의 일 때문에 이후 그녀는 늘 자신이 남자들을 나쁜 길로 이끄는 '나쁜 여자'라는 믿음을 갖고 살게 됐던 것이다.

크리스티는 자신의 기억들 속에 늘 잎사귀라는 주제가 등장한다는 사실에도 놀랐다. 대마초, 담뱃잎, 정원의 나뭇잎 말이다. 그녀는 또 자신은 늘 자연과 분리되어 있었고 그게 왠지 두려웠다고 말했다. 어쨌든 매트릭스 리임프린팅을 통해 크리스티의 핵심 믿음을 알게 됐고, 또 크리스티가 앓고 있던 알레르기 증상들을 둘러싼 믿음들이 얼마나 깊고 복잡한지도 알게 됐다.

매트릭스 리임프린팅이 끝난 뒤, 크리스티는 한 친구와 함께 자전거를 타고 집에 가다가 잠시 한 잔디밭에 멈췄고, 거기서 잔디 위를 뒹굴며 흙냄새, 풀냄새를 깊이 들이마셨다. 1년 후 그녀는 가족들과 함께 시골로 이사를 갔는데, 더 이상 건초열 증상을 보이지 않았다.

알레르기와 에너지 장

공포증의 경우와 마찬가지로, 알레르기는 아주 강한 에너지 장을 가지고 있을 수 있다. 가볍게 시작한 알레르기도 우리가 자꾸 알레르기 반응을 보이다보면 점점 더 심해질 수 있는데, 그건 알레르기 증상을 보일 때마다 우리 마음이 몸에 특정 물질이 몸에 해롭다는 메시지들을 보내는데다가, 알레르기 반응을 자주 보일수록 관련 에너지 장 역시 더 강해지기 때문이다. 크리스티가 앓았던 건초열을 예로 들어보자. 그녀는 여름마다 이런저런 건초열 증상들로 고생했고, 그 증상들이 아주 심해지는 몇 달 동안은 그야말로 죽을 맛이었다. 에너지 장은 점점 더 강해졌고 알레르기를 일으키는 항원인 알레르겐(풀, 건초, 소나무, 꽃가루 등으로 일반화되기도 함) 앞에 무력한 에코들로 가득해졌다. 여기에 집안 행동의 에너지 장, 알레르기가 유전된다는 인식, 건초열 약들에 대한 광고 등까지 감안한다면, 이 같은 알레르기 반응의 에너지 장을 완전히 제거하는 데 상당한 노력이 필요하다는 건 지극히 당연한 일이 아닐 수 없다.

그러나 알레르기가 늘 아주 강한 에너지 장을 갖는 건 아니다. 특이한 알레르기, 그러니까 일반적으로 알레르겐을 피할 수 있는 알레르기에 맞닥뜨릴 경우, 단 한 차례의 매트릭스 리임프린팅으로 에너지 장을 제거할 수도 있다.

아보카도 알레르기가 있는 미아Mia를 만나보자. 그녀는 스무 살 때 스페인에 살면서 아보카도 샐러드를 먹고 바로 다 토했는데, 그날 이후 아보카도 알레르기가 생겼다.

그녀가 두드리기를 하면서 메스껍다고 느껴지는 에너지에 주파수를 맞추기 시작하자마자 이런저런 기억들이 떠오르기 시작했다. 젖먹이 아기인 첫 번째 에코는 문이 잠긴 지하 저장고 안에서 나오질 못하고 있었다. 두 번째 에코는 뭔가에 쫓기며 숲 속을 달리고 있었다. 마지막 에코는 스페인에서 아주 우울하게 혼자 살아가고 있었다. 그 에코는 낯선 땅에서 외톨이에 돈도 없고 안전하지 못하다고 느끼고 있었는데, 아보카도 샐러드를 먹고 다 토한 게 바로 그 무렵이었다.

미아의 세 에코 사이에는 어떤 공통점이 있었을까? 문이 잠겨 지하 저장고에서 나오지 못하고 있고, 쫓기고 있고, 외국에서 혼자라고 느끼는 등 안전하지 못하다는 느낌, 그것이 공통점이었다. 게다가 아보카도 샐러드를 먹을 때 미아가 살고 있던 아파트는 지하 저장고나 숲속처럼 눅눅하고 퀴

퀴했다. 스페인에 있을 때의 상황 역시 지하 저장고나 숲속과 같은 에너지가 느껴졌다. 그런데 미아의 몸은 이 모든 걸 아보카도(그녀의 시스템 안에 있는 물질)로 보았고, 그게 자신의 생존에 위협이 된다고 믿었다. 그래서 그녀에게 아보카도 알레르기가 생기게 됐다. 물론 그것은 아보카도가 6살 이전에 형성된 믿음, 즉 자신이 안전하지 못하다는 믿음과 연관이 있었기 때문이다.

알레르기에서의 첫 단계

- 고객에게 현재의 알레르기 증상이 얼마나 오래 됐는지, 또 그 원인이 무엇이라고 생각하는지를 물어보라. 그리고 가족 중에 그런 알레르기 증상이 있는 사람이 또 있는가?
- 만일 고객에게 여러 가지 알레르기 증상이 있을 경우, 그 증상들을 분리해 한 번에 하나씩 치유하자고 하는 것이 좋다.
- 만일 고객에게 장내 세균이 줄어들고 있다는 걸 보여주는 알레르기 증세(과민성 대장 증후군)가 있다면, 그 알레르기 증상을 완화하는 노력도 중요하지만, 영양 문제에 신경 쓰게 해 장내 세균이 줄어드는 걸 막는 조치들을 취하게 하는 것도 중요하다. 어쨌든 단순히 '장내 세균' 문제라고 생각지는 말라. 우유 알레르기가 있던 앰버Amber의 경우가 그 좋은 사례다.

칼이 매트릭스 리임프린팅을 시작하면서 앰버에게 이런저런 질문을 던졌는데, 그녀는 우유를 마시면 현기증이 나듯이 약간 어지럽다고 했다. 그것은 유제품에 대한 일반적인 과민증이 아니라, 트라우마 또는 정서적 문제에 의한 알레르기 증상이었다.

칼은 천천히 그녀의 타점들을 두드리면서 그녀에게 "나는 우유를 마시면 이런 문제가 있다"는 말을 반복하라고 했다. 그녀는 곧 에너지에 주파수를 맞추기 시작했는데, 그러자 그녀의 호흡 패턴이 달라지고 가슴이 답답해지기 시작했다. 그녀가 자신의 에코를 만나려 하며 에너지가 강해지는 걸 느끼자, 칼은 그녀에게 심장 호흡을 해보라고 했다.

그렇게 해서 제일 먼저 떠오른 기억은 아빠가 겁먹고 잔뜩 움츠린 4살 난 앰버의 에코를 내려다보며 큰소리로 야단을 치는 기억이었다. 그 방에서 아빠를 잠시 내보낸 뒤, 앰버는 자신의 에코를 두드리면서 '네 가슴 속의 이 모든 답답함'이라는 말을 되뇌며 자신이 느끼는 에너지를 제거하기 시작했다. 에너지가 모두 제거되자, 어린 앰버의 에코는 마침내 움츠렸던 몸을 펼 수 있었고 마음도 더 편해졌다.

앰버의 에코가 그날 갖게 된 믿음은, 세상은 안전하지 못하며 아빠는 자신을 사랑하지 않는다는 것이었다. 칼은 그녀에게 우유와 관련된 기억은 없냐고 물었지만, 아직 그런 기억은 찾을 수 없었다.

두 사람은 곧 아빠를 두드리기 시작했고, 그가 원래 아주 세심한 사람이었지만 2차 세계대전 당시의 충격으로 외상 후 스트레스 장애를 갖게 됐다는 걸 알게 됐다. 그를 잠시 두드리기한 뒤, 앰버의 어린 에코는 그의 무릎 위에 앉아 함께 책을 읽을 수 있게 되었다.

앰버는 칼과 함께 그 그림을 보며 +7점이라는 SUE 점수를 주었는데, 그 점수를 좀 더 높이려면 즐거운 마음으로 뭔가를 기다리는 것이 있어야 했다. 그래서 그들은 그녀가 집 근처의 공원에 가 아빠와 함께 나무들 속에서 노는 그림을 떠올렸다. 앰버와 그녀의 어린 에코 둘 다 아빠에게 뭔가를 기대하면서 기분이 한결 좋아지는 걸 느꼈다. 앰버는 그 그림의 모든 감각과 기분, 색깔들을 가져다가 리임프린팅을 했다.

앰버와 칼이 원래의 그림을 다시 테스트해보니, 이제는 남아 있는 에너지가 없었다. 그러자 칼은 앰버에게 에코 흐름을 따라가보라고 했다. 자신의 에코에게 우유와 관련해 뭔가 문제가 있었던 다른 기억이 없느냐고 물어가며 에코 흐름을 따라가보라고 한 것이다.

그다음에 떠오른 기억은 학교에서 새로운 학급 시작을 앞둔 6살 난 에코의 기억이었다. 아이는 두려움에 얼어붙어 있었는데, 새로운 선생님이 키도 큰데다가 얼굴에 수염이 덥수룩했기 때문이다. 두드리기를 해 얼어붙은 걸 풀어주자, 앰버의 어린 에코는 새로운 선생님이 싫다고 했다. 수염이 시커매 무서운데다가 왠지 꼼짝없이 갇힌 기분이라고 했다.

앰버는 '갇힌 기분'에 대해 잠시 생각을 해봤다. 그녀는 10살이 될 때까지 엄마와 아빠가 없이는 어디든 혼자 가는 게 허용되지 않았다. 그 때문에 세상은 안전하지 않으며 뭔가 새로운 걸 시도하는 건 위험할 수 있다는 믿음을 갖게 되었다. 앰버와 그녀의 에코는 함께 그런 믿음을 변화시킬 방법을 찾으려 했다.

그런데도 우유와의 연관성을 정확히 알 수 없었고, 그래서 칼은 다시 앰버와 그녀의 에코에게 이런저런 질문을 해가며 해결책을 찾으려 애썼다.

그리고 마침내 앰버의 엄마가 그림으로 들어갔고, 앰버의 어린 에코는 매트릭스 안에서 우유를 마시고도 별문제가 없었다. 좀 더 나이든 앰버는 안전하다고 느꼈고, 그래서 매트릭스 안에서 우유 한 병을 다 마셨다. 몇 차례 그런 과정을 더 거친 뒤 앰버는 +10점짜리 그림을 리임프린팅했다.

매트릭스 리임프린팅이 끝난 뒤, 칼은 우우 한 잔 마시는 걸 상상해보라면서 앰버의 반응을 테스트했다. 매트릭스 리임프린팅을 시작하면서 우유의 에너지에 주파수를 맞춰보라고 했을 때 앰버는 곧 정신적 동요를 보였었는데, 이번에 그녀는 이렇게 외쳤다. "이제 우유 말고 치즈 케이크도 좀 먹고 싶은데요."

정말 재미있는 건 앰버가 몇 개월 후 칼에게 이메일을 보내 이런 말을 했다는 것이다. "우유가 들어간 유제품을 다시 잘 먹는데요. 이젠 살이 너무 쩌 유제품에 대한 욕구를 줄이려고 두드리기를 하고 있어요."

알레르기에서 에너지 따라가기

대부분의 고객들은 알레르기가 언제 어떻게 시작됐는지 잘 기억하지 못하는데, 이 경우 믿을 수 없을 만큼 큰 효과를 발휘하는 게 바로 '에너지 따라가기' 기법이다.

- 고객을 상대로 두드리기를 하면서 계속 증상들을 따라간다. 그러다 보면 알레르기 반응의 에너지에 주파수를 맞출 수 있게 될 것이다.
- 일단 고객이 에너지를 느끼면, 그게 언제부터 시작된 것인지를 물어보라. '느린 EFT'나 '에코에서 에코로' 기법 같은 기억 되살리기

기법들을 활용하면 알레르기와 관련된 최초의 기억, 그러니까 대개 6세 이전의 기억을 찾아낼 수 있다.

- 에코를 두드려 알레르기 반응을 약화시킨 뒤, 그 에코가 알레르겐을 접촉하거나 받아들여도 더 이상 알레르기 반응을 일으키지 않는 새로운 기억을 만들어내라.

알레르기 테스트하기

공포증의 경우와 마찬가지로, 알레르기 테스트 역시 안전한 환경 속에서 할 필요가 있다. 가장 이상적인 것은 당신의 에코가 관련 알레르겐에 노출되어도 아무 일 없는 것이다. 예를 들어, 개털에 알레르기를 보였다면 직접 개를 손으로 쓰다듬어 보는 것이고, 어떤 음식에 알레르기 반응을 보였다면 직접 그 음식을 먹어보는 것이다.

- 먼저 알레르기에 대한 에코의 반응을 테스트해보고, 그런 다음 점차 말과 그림과 상상력을 통해 고객을 알레르겐, 즉 알레르기 질환의 원인이 되는 항원에 노출시켜보도록 하라. 예를 들어, 누군가 오렌지 알레르기가 있고 그 사람을 상대로 알레르기 테스트를 해보고 싶다면, 그 사람에게 접시 위에 놓인 오렌지들을 상상해보라 하고 느낌이 어떤지를 물어보는 것이다.
- 그 다음에는 오렌지 하나를 집어 들어 직접 먹어보는 상상을 해보게 하라. 고객의 반응을 보면, 아직 제거되지 않은 오렌지 알레르기 관련 에너지가 있는지를 알 수 있을 것이다. 만일 아직 그런 에너지가 있다면, 그 에너지에 주파수를 맞춰 관련 에코를 찾아내거나, 아니면 핵심 기억으로 되돌아가 아직 해결 안 된 문제를 찾아낼 수 있

을 것이다.

- 만일 상상 속에서의 알레르기 반응이 완전히 제거됐다면, 실제 현실에서 일어나는 알레르기 반응을 테스트해보도록 하라.

알레르기에 안전함

일부 사람들의 경우, 몸이 완전히 알레르겐에 맞춰져 알레르겐에 노출되는 게 아주 위험할 수도 있다. 게다가 우리의 잠재의식은 현실 속의 상황과 상상 속의 상황을 잘 구분하지 못하기 때문에, 고객에게 알레르기 반응의 에너지에 주파수를 맞추라고 하는 것이 때론 아주 위험할 수도 있다. 따라서 이 일을 할 때는 반드시 곁에 아드레날린 자동 주입기 같은 장비나 약을 사용할 줄 아는 경험 많은 매트릭스 리임프린팅 전문가가 있어야 한다.

매트릭스 리임프린팅을 활용해 알레르기를 치유하는 일은 아주 좋은 경험이 될 수 있으며, 또 집단 시연의 주제로도 좋다. 많은 보건 서비스를 통해 알레르기 테스트를 받는 방법도 있지만, 그렇게 해서 얻을 수 있는 조언이란 대개 '알레르기 유발 물질에 노출되지 않도록 하라' 식의 조언일 것이다. 그러나 매트릭스 리임프린팅을 활용할 경우, 단 한 번에 알레르기 반응을 일으킨 근본적인 원인을 찾아낼 수도 있다. 게다가 그 근본적인 원인을 뿌리뽑아버릴 수도 있다.

"몸에 대한 자신감을 잃는 것은 자기 자신에 대한 자신감을 잃는 것이다."
– 시몬 드 보부아르Simone de Beauvoir

당신은 거울에 비친 자신의 모습을 사랑하는가? 혹 얼굴은 마음에 들지만, 배나 팔 또는 엉덩이는 마음에 들지 않는 거 아닌가? 혹 너무 뚱뚱하거나 너무 마른 건 아닌가? 머리카락은 마음에 드는가? 얼굴은 좌우 대칭이 잘 되는가? 치아는 괜찮은가? 피부색은 마음에 드는가?

우리는 대개 자신의 신체 이미지를 잘 안다. 우리 자신이 세상 사람들에게 어떻게 보이는지를 잘 아는 것이다. 신체의 어떤 부위들은 마음에 들고 또 어떤 부위는 마음에 들지 않는다. 어떤 사람들은 자신의 모습을 아주 싫어하며, 그래서 거울을 들여다보는 것도 너무 싫어한다. 그러나 또 어떤 사람들은 늘 자신의 외모에 큰 신경을 쓰며, 무슨 '결점'이 없나 꼼꼼히 살펴본다.

여성을 성적 대상으로 삼고 완벽한 몸매에 대한 편견을 심는 등, 매일매일 매스컴들이 쏟아내는 신체에 대한 편견들은 또 어떤가? 우리는 그야말로 매일매일 신체 이미지와 관련된 각종 메시지에 세뇌당하고 있다. 대부분의 서점에는 미용술을 통해서건 운동을 통해서건 아니면 다이어트를 통해서건 완벽한 몸매를 만들어준다는 책들이 차고 넘친다. 우리는 우리 자신의 내부로부터 또 매스컴으로부터 끝없이 많은 신체 이미지 관련 메시지를 받고 있어, 우리 신체 이미지와 관련된 믿음의 에너지 장 문제를 해결하자면 체계적인 노력이 필요하다. 게다가 그런 정보를 담고 있는 뇌 속의 신경 연결 통로들은 워낙 그 골이 깊은 데다가 매일 또는 매시간 간격으로 우리 자신에게 반영되고 있다.

우리의 신체 이미지는 늘 우리가 갖고 있는 핵심 믿음들의 결과물이다. 따라서 이 문제를 해결하기 위해서는 에코 흐름을 따라가 모든 부정적인 생각들을 야기하는 믿음의 근원을 찾아내는 것이 좋은 방법이다. 이는 습관성 행동과도 어느 정도 연관이 있는데, 그것은 우리가 우리 자신의 몸에 큰 관심을 보이지 않는다면 식품이나 약, 알코올, 섹스, 자해 같은 각종 습관성 행동들을 통해 알게 모르게 우리 몸을 '학대'할 수도 있기 때문이다. 그러나 이 문제는 결코 우리가 먹는 식품이나 우리가 접하는 어떤 물질과 관련된 문제는 아니다. 우리가 우리 신체 이미지와 관련해 보이는 육체적·정신적 반응의 밑바닥에는 늘 트라우마를 안겨준 일과 그로 인해 갖게 된 믿음이 도사리고 있기 때문이다.

그리고 신체 이미지라는 이 포괄적인 용어 밑에는 해결이 필요한 행동과 믿음들이 있기 때문에, 신체 이미지 관련 문제를 해결하는 데 쓰이는 별도의 기법은 없다. 그런 행동과 믿음들을 찾아내기 위해, 또 그 성공 가능성을 최대한 높여줄 수단들을 제공하기 위해, 이 장을 다음과 같이 세 부분으로 나누었다.

1. 신체 이미지 인식에 대한 자각
2. 신체 이미지 변화를 위한 클래식 매트릭스 리임프린팅 기법 활용
3. 건강한 신체 이미지 구축

이론만으로는 아무것 변화시킬 수 없다는 것을 잊지 말자. 이 모든 일에서 진정한 변화를 가져다줄 것은 통찰력 있는 질문들과 두드리기, 그리고 헌신적인 노력이다.

신체 이미지 인식에 대한 자각
—

첫 번째 단계는 우리 스스로 우리 몸에 대해 어떻게 말하는지를 제대로 알아야 한다는 것이다. 신체 이미지에 대해서는 할 이야기가 많은데, 실제 어떤 일이 일어나고 있는지를 알려면 통찰력 있는 질문들을 하는 것이 무엇보다 중요하다.

물어봐야 할 통찰력 있는 질문들
- "당신은 자신의 신체 이미지/사이즈와 모양에 대해 어떻게 믿고 있는가?"
- "언제 처음으로 그렇게 믿기 시작했는가?"
- "과거의 어떤 경험들이 당신 자신에 대한 현재의 느낌과 생각에 영향을 주고 있는 것 같은가?"

- "그 믿음들은 당신 자신의 믿음들인가? 아니면 누군가로부터 영향을 받은 믿음들인가? (예를 들면 식구들로부터 "우리 집안은 대대로…"라는 식의 말을 들었다거나 주변 사람들한테 "남자는 이러이러한 여자만 좋아해" 같은 말을 들음으로써.)
- "당신은 자기 몸의 어떤 부위가 마음에 들지 않는가?" (323쪽 참조)
- "당신은 자기 몸의 어떤 부위가 마음에 드는가?" (323쪽 참조)
- "건강한 신체 이미지 및 몸매에 대한 자신감을 갖는 것에 대해 어떤 불안감이나 두려움 같은 게 있는가?"
- "당신 자신의 신체 이미지에 대한 믿음이 변화된다면, 무얼 하는 걸 중단할 것인가?"
- "무얼 하기 시작할 것인가?"
- "당신 자신의 신체 이미지를 변화시키면, 주변 사람들(질투하는 친구들, 불안정한 가족들, 소유욕이 강한 파트너 등)에게 어떤 영향을 줄 것 같은가?

음식과 관련해서는 다음과 같은 질문을 해보라.

- "당신의 '추억의 음식'은 무엇이라고 말하겠는가?"
- "살아오면서 음식이 상 또는 벌로 주어지거나 주어지지 않은 적이 있는가?"
- "계획된 식사 시간 외에 주로 언제 뭔가를 먹는가? (예를 들면 따분할 때, 외로울 때, 화가 날 때, 피곤할 때 등)

그런 질문들을 하면서, 이렇게 하도록 하자.

- '뚱뚱한' '추한' '딱지 맞은' '사랑받지 못하는' '매력 없는' '늙은' '비쩍 마른' '키가 작은' '키가 큰' 같은 키워드들에 귀 기울인다.
- 고객이 자기 자신에 대해 말하는 우스갯소리나 신체 특정 부위를 깎아내리는 말에 귀 기울인다.
- 고객과 함께 일할 때는 자신의 신체 이미지에 100점 중 몇 점 정도를 주는지 물어보자. 그 점수를 매트릭스 리임프린팅의 출발점으로 삼을 수 있을 것이다.

신체 이미지 변화를 위한 클래식 매트릭스 리임프린팅 기법 활용

자신의 신체 이미지에 대해 어떤 생각을 갖고 있는지를 알고 나면, 이제 클래식 매트릭스 리임프린팅 기법을 활용해 에코들과 연결될 수가 있다. 그리고 앞서 언급했듯, 신체 이미지 관련 문제를 해결하는 데 쓰이는 별도의 기법은 없다. 한 번에 한 가지 측면, 신체의 한 부위 또는 한 가지 믿음씩 해결해나가면 된다. 필요한 여러 정보들은 앞서 제시한 질문들을 통해 얻을 수 있을 것이다. 우리는 먼저 그 질문들에 대해 가장 감정적인 반응을 보인 대답들을 찾아 에코 흐름을 따라가길 권한다.

관리자인 토니Tony를 만나보자. 흑인인 그는 자신의 피부색 때문에 직원 관리에 문제가 있다고 느끼고 있었고, 그 때문에 힘들어하고 있었다.

매트릭스 리임프린팅 전문가의 도움 속에, 그는 자신이 언제부터 그런 느낌을 갖게 되었는지를 알아내기 위해 과거의 기억들을 더듬어갔다. 결국 그는 에코 흐름을 따라 반에서 유일한 흑인이란 이유로 집단 따돌림을 당하던 어린 시절로 되돌아갔다. 그 과정에서 토니는 자신이 피부색 때문에 인정과 존경을 못 받는다는 믿음을 갖게 되었고, 그런 믿음이 현재의 삶에 그대로 반영되고 있다는 사실을 깨닫게 되었다.

매트릭스 리임프린팅 전문가와 함께 매트릭스 리임프린팅과 각종 기법을 활용해, 그는 집단 따돌림을 당하던 기억을 제거하고 대신 자신이 인정받고 존경받는다고 느낀 순간들의 기억을 리임프린팅했다. 그러자 그는 곧 스스로를 더 유능한 관리자라고 느끼게 되었고, 팀 관리는 물론 직원들과의 일대일 미팅에도 더 큰 적극성과 자신감을 갖게 되었다. 그 결과 그는 직장에서 개인적으로 아주 큰 성과들을 거두게 되었고 그의 팀 또한 훨씬 더 역동적으로 움직이게 되었다. 그리고 그 과정에서 그는 자신의 피부색은 전혀 문제가 되지 않으며, 문제가 되는 것은 자신의 오랜 믿음과 두려움들뿐이라는 확신을 갖게 되었다.

늘 그렇듯, 열쇠를 쥐고 있는 건 에코들이다. 만일 '그때 다른 애들이 날 뚱뚱이라고 놀렸지' 또는 '나는 13살 때 보기 흉한 치열 교정기를 해야 했어' 같은 부정적인 기억을 가진 에코를 만난다면, 당신은 매트릭스 리임프린팅 기법이 필요한 기억을 갖고 있는 것이다. 이 기법을 활용하면서 '에코에서 에코로' 기법을 통해 핵심 믿음을 찾아내자. 그러면 믿음의 근원을 제거할 수 있다.

우리 자신의 몸에 대해 뿌리 깊은 믿음을 갖고 있다면, 어떤 연결감이 느껴지는 사건이 여럿 있을 것이다. 잘 알겠지만, 어떤 일로 인해 어떤 부정적인 믿음이 형성되면 우리는 계속 원치 않는 바로 그 일을 끌어당김으로써 그 믿음을 강화한다.(우리가 어떤 일이 일어날 거라는 믿음을 갖고 있을 경우, 실제 그런 일이 일어나거나 아니면 우리가 똑같은 경험을 끌어당기는 쪽으로 행동하게 되기 때문이다.) 고객에게 도움을 줄 때, 절대 모든 걸 고객 탓으로 돌리지 않게 말을 아주 조심스레 해야 한다. 그보다는 그런 믿음을 갖고 있어서 삶에 어떤 긍정적인 영향을 주고(이차적 이득의 형태로) 또 어떤 부정적인 영향도 주었는지를(믿음이 어떻게 삶의 패턴에 영향을 주어왔는지를 생각해봄으로써) 물어보도록 하자.

안젤라Angela를 만나보자. 그녀는 여러 차례 매트릭스 리임프린팅을 거치면서 자신이 비만을 자신을 보호하는 수단으로 활용했다는 걸 깨달았다. 그녀는 십대 시절에 강간을 당했고 이후로도 원치 않는 성행위를 몇 차례 해야 했다. 그 뒤엔 데이트 상대에게 또 다시 강간을 당했다. 그러면서 자신이 그렇게 원치 않는 일들을 겪게 되는 건 자신의 외모 때문이라고 믿게 되었다. 또 자신은 이미 흠집이 난 더러운 여자라는 죄책감도 느꼈다. 그녀는 가슴이 컸는데, 그게 남자들을 성적으로 자극한다고 생각했다. 그래서 과거의 악몽이 되풀이될까 두려워 사교생활을 하거나 휴가를 갈 때도 가슴이 드러나지 않는 옷들을 입으려 애썼다. 남들처럼 연애를 하고 싶다는 생각이 간절했지만, 데이트 상대로부터 강간을 당할지 모른다는 두려움이 너무 커 그럴 수가 없었다.

결국 매트릭스 리임프린팅 전문가의 도움을 받아, 안젤라는 매트릭스 안으로 들어가 과거의 기억들을 찾아나섰고, 부지불식간에 자신을 위험한 상황에 몰아넣은 가족들을 두드리기했다. 그리고 그 과정에서 '나는 다른 사람들이 원하는 대로 해야 하는데, 그 결과 원치 않는 성적 경험들만 끌어당기게 된다'는 핵심 믿음을 찾아냈다.

그런 믿음을 갖게 만든 기억들(주로 성적인 경험에 대한 기억들)을 치유한 뒤 다시 각 기억을 여러 차례 방문하면서, 안젤라는 자기 몸을 사랑하게 되었고, 몇 년 지나지 않아 정상적인 연애도 하게 되었다.

그 이후 그녀의 삶은 완전히 바뀌었다. 그녀는 집을 나와 독립했고, 성취감을 느낄 수 있는 일자리를 갖게 됐으며, 모든 면에서 더 행복해지고 몸도 더 건강해졌다.

신체 이미지와 관련된 믿음들을 정리하기 위해서는 지속적인 노력이 필요할 수도 있다. 만일 누군가가 30년 동안 자신이 뚱뚱하다거나 추하다고 믿어왔고, 또 거울을 볼 때마다 늘 속으로 자신에게 '난 뚱뚱해' 또는 '난 추해' 같은 말을 해왔다면, 한 시간 동안의 매트릭스 리임프린팅을 통해 그런 믿음을 완전히 제거할 수는 없을 것이다. 앞서 살펴본 것처럼 우리가 신체 이미지와 관련된 질문을 그렇게 많이 던지는 이유는 내적·외적인 자기혐오감을 가능한 많이 찾아내려는 데 있다.

자기 자신의 치유 목표는 고객 스스로 정하게 해야 한다. 고객이 어떤 걸 성취하고 싶어 하는지를 짐작하는 건 치료 전문가가 할 일이 아니며, 따라서 매트릭스 리임프린팅을 시작할 때 치유 목표를 명확히 설정하는 게 반드시 필요하다. 단 한 차례의 매트릭스 리임프린팅으로 끝나든 아니면 일정 기간 동안 여러 차례의 매트릭스 리임프린팅을 해야 하든, 치유는 하나의 과정이다. 또한 각 단계에서 고객이 어느 정도 치유됐는지를 평가하고 원래의 목표가 달성됐는지 아니면 새로운 목표 설정이 필요한지 등을 결정하는 것도 치료 전문가의 몫이다. 이는 신체 이미지 관련 문제에서 특히 더 그런데, 그것은 골대 위치가 계속 바뀔 수도 있기 때문이다.

그러나 일단 핵심 믿음들을 찾아내 도움이 되는 믿음들('난 멋있어' 또는 '난 내 모습이 마음에 들어' 또는 그 유명한 EFT 설정어인 '어쨌든 난 내 자신을 사랑하고 받아들여' 같은 믿음들)로 바꾸고 나면, 그야말로 근본적인 변화가 시작된다. 한 차례의 매트릭스 리임프린팅에서도 큰 변화가 일어날 수 있는데, 신체 이미지 전문가 웬디 프라이Wendy Fry는 자신의 저서《자신을 발견하고, 사랑을 발견하라Find You, Find Love》에서 이렇게 말하고 있다. "많은 고객들이 이 기법을 즐기고 있으며, 과거의 경험들과 관련된 의미와 인식을 변화시키기 위해 자신들이 하고 있는 일들을 보며 웃음 짓는다. 이 기법을 통해 고객들은 예전에는 할 수 없었던 말이나 행동을 마음껏 할 수 있는 자유를 누린다. 매트릭스 안에서 자신의 생각과 행동에 대해 말 그대로 무제한의 자유를 누리는 것이다. 이것은 정말 놀라운 경험이 아닐 수 없다."

테스트, 믿음 그리고 메타 관점

모든 매트릭스 리임프린팅 작업과 마찬가지로, 테스트 역시 아주 중요하다. 그러니 계속 에코들과 커뮤니케이션을 해 자기 신체 이미지에 대한 인식을 체크하도록 하자. 또 다른 무엇이 달라져야 하는 걸까? 고객은 왜 그런 식으로 느끼고 있는 걸까?

마가렛Margaret을 만나보자. 그녀는 몸무게를 너무도 줄이고 싶었다. 다이어트도 하고 있고 나름대로 이런저런 목표들도 세워놓고 있으며 개인 트레이너까지 두었다. 그러나 그녀는 여전히 10킬로그램 이상을 더 줄여야 하며, 가끔은 달달한 음식들을 먹어 스스로 체중 줄이는 일을 어렵게 만들고 있었다.

그녀는 매트릭스 리임프린팅 전문가의 도움을 받아 어린 시절의 자기 에코와 연결됐다. 엄마는 몸이 깡마르고 화를 잘 냈지만, 옆집 아줌마는 뚱뚱하고 부자였으며 늘 얼굴에 미소를 짓고 있었다. 그 아줌마는 또 비싼 자동차를 굴렸고 종종 마가렛의 어린 에코에게 맛있는 것들도 주었다.

그래서 어린 마가렛은 기분이 울적할 때 종종 그 이웃 아줌마를 찾았다. 그러니까 그 아줌마를 자신의 삶 속에 들어온 천사 같은 인물로 본 것이다. 따라서 어린 에코는 뚱뚱한 사람을 보면 자상하고 행복하고 부유한 사람을, 그리고 깡마른 사람을 보면 화를 잘 내고 심술궂은 사람을 떠올렸다.

이후 마가렛은 내적 갈등을 겪었다. 그녀의 잠재의식이 그녀가 깡말라 화를 잘 내고 심술궂은 사람이 되는 걸 막으려 했던 것이다. 그녀는 매트릭스 안에서 이웃 아줌마와 엄마한테 자신의 근심걱정거리들을 이야기함으로써 그 믿음을 변화시킬 수 있었다. 그리고 그 두 사람은 어린 마가렛에게 우리의 삶에서 체형은 중요한 게 아니며, 정말 중요한 것은 현재의 상황이라는 걸 설명해주었다.

이 모든 걸 통해 마가렛은 먹는 음식에 대해 다른 관점을 갖게 되고 또 음식을 훨씬 합리적인 방식으로 먹을 수 있게 됐다.

고객과 매트릭스 리임프린팅을 할 때는 적어도 두 차례 핵심 기억들을 재방문해 어떤 새로운 통찰력을 더 발견할 수 있나 알아보도록 사전 계획을 짜도록 하라. 그리고 또 이런저런 질문들을 통해 고객이 자신의 신체 이미지와 관련해 어떤 믿음들을 갖고 있나 알아봤듯이, 질문들을 계속 체크해 그 믿음들이 어떻게 변했는지를 확인하도록 하자.

핵심 믿음들

운동 및 다이어트와 관련해서도 뭔가 해결이 필요한 믿음들이 발견될 수 있다. 이에 대해서는 《두드리기 솔루션 The Tapping Solution》의 저자인 닉 오트너 Nick Ortner가 다음과 같이 말하고 있다. "당신이 먹는 음식도 두드리기를 해서 더 건강한 음식으로 만들 수 있다고 말할 수 있다면 참 좋겠다. 그러나 당신이 아무리 강력한 의식과 긍정적인 사고, 높은 진동을 갖게 된다 해도, 맥도날드 치즈버거를 몸에 좋은 영양가 있는 음식으로 바꿀 수는 없다."

당신이 과체중 상태라 사랑받을 자격이 없다고 믿는 것과 과체중이긴 하지만 여전히 아름다운 한 인간으로 사랑과 관심을 받을 자격이 있다고 믿는 건 하늘과 땅 차이다. 만일 고객이 체중을 줄이고 싶어 한다면, 당신은 그 고객과 함께 체중 감량 목표를 설정하고, 그 고객이 진전 상황을 측정하고 또 매트릭스 리임프린팅 기간에 신체 이미지 관련 핵심 믿음들을 찾을 수 있게 해주어야 한다.

신체 이미지와 관련된 일을 하는 것 역시 점진적인 과정이다. 따라서 만일 누군가가 체중과 관련해 문제가 있고 그래서 체중을 줄이고 싶어 한다면, 당신은 그 과정을 돕기 위해 15장에 나올 아이디어들을 활용할 수도 있다.

몸이 내보내는 메시지들

만일 고객이 해결하려고 애쓰는 게 신체 이미지 문제이거나 육체적인 질병 문제라면, 몸이 내보내는 메시지들을 간과해선 안 된다. 어떤 육체적 증상이 고객에게 의미하는 건 무엇일까?(226쪽 참조) 예를 들면, 여드름이나 습진, 건선 같은 피부 질환들이 몸의 어느 부위에 나타나고 있는가? 그 사람은 그 질환 때문에 무엇으로부터 안전할까? 이런 경우 중요한 것은 결코 그 질환 자체가 아니라, 고객이 그 질환에 대해 어떻게 느끼는지, 또 그 질환이 자신에게 어떤 의미가 있다고 믿는지 하는 것이다.

긍정적인 신체 이미지 구축하기
—

이 장에서 가장 중요한 것은 다음 세 가지이다. 이 세 가지 접근방식을 활용할 때 신체 이미지 문제 해결에 가장 효과가 있기 때문이다.

1. 기본적인 EFT로 마음속 부정적인 믿음들 관리하기
2. 긍정적인 에너지 장 리임프린팅
3. 신체 이미지 문제를 해결하기 위한 실전 연습

일단 신체 이미지 관련 행동의 오래된 에너지 장이 제거됐다면, 당신 자신이나 고객을 위해 긍정적인 신체 이미지를 임프린팅할 수 있는 방법은 아주 많다. 고객과 함께할 경우, 얼마나 많은 '과제'를 수행할 것인가 하는 문제 등은 고객 스스로 결정하게 하자.

여기서 중요한 것은 고객이 하고 싶은 것을 해야 한다는 것이다. 고객

은 새로운 운동이나 다이어트를 시작한다거나 흥청망청 쇼핑을 함으로 써 더 행복하다거나 더 건강해진 것처럼 느끼고 싶어 할 수도 있다. 아니면 여성의 경우 유방 확대 수술을 받겠다고 할 수도 있다. 고객이 자신의 신체 이미지 문제를 해결하기 위해 어떻게 하는 게 좋을지를 판단하는 건 매트릭스 리임프린팅 전문가의 일이 아니다. 우리가 고객의 핵심 믿음들이 어디에서 비롯되는지를 짐작할 수 없듯, 고객의 이상적인 신체 이미지가 어떤 건지도 짐작할 수 없다. 그 해답은 우리의 조언이 아닌 고객의 내면에서 나오는 것이다.

기본적인 EFT

무엇보다 먼저 마음속 소리들을 관리하기 위해 기본적인 EFT 기법을 활용하라. 이 기법은 몸에 해롭다는 걸 잘 아는 물질에 대한 욕구나 부정적인 확신을 처리하는 데 활용할 수 있으며, 하루를 건강하게 시작하기 위한 용도로도 활용할 수 있다. 거울 앞에 서서 자기 몸에 대한 생각에 귀 기울일 때 활용해도 효과가 있을 것이다. 하루에 단 5분간의 두드리기만으로도 우리 몸에 대한 부정적인 감정들을 깨끗이 제거할 수 있다.

고객과 함께 일할 대는 기본적인 EFT 기법을 가르쳐주도록 하라. 이 기법을 잘 활용하면 자기 손으로 직접 치유를 할 수 있게 된다. 그리고 다른 사람들 앞에서 정식 EFT 기법을 다 활용하는 게 신경 쓰인다면 손가락 타점들만 두드려도 좋다는 걸 알려주도록 하라.

긍정적인 에너지 장 임프린팅

다음 단계는 긍정적인 믿음들을 에너지 장 속으로 임프린팅하는 단계이다.

긍정적인 믿음 임프린팅

1단계: 미래의 자신

일단 에코가 해결책을 찾아 트라우마에서 해방되면, 원래의 문제가 해결되어 새로운 성공의 그림이 보이는 미래의 자기 모습을 향해 가라고 하라. 신체 이미지와 관련해 말하자면, 이는 곧 에코가 자신의 옷 사이즈는 물론 피부색, 몸매 등에 만족한다는 의미일 수 있다. 미래의 자신은 완전히 안전하며 연결되어 있다고 느낄 것이다.

당신 자신에게 또는 고객에게 이렇게 물어보라. "지금의 당신 몸을 쳐다보는 기분이 어때요?"

신체 이미지라는 주제와 관련해 다음과 같은 질문들을 던짐으로써, 매트릭스 리임프린팅 과정에서와 같은 감각적인 정보를 이끌어내도록 하라.

1. "당신은 무얼 입고 있는가?"
2. "사람들이 당신 외모에 대해 뭐라고 말하는가?"
3. "당신의 에코는 자기 몸에 대해 어떻게 느끼는가?"
4. "당신의 에코는 몸의 어느 부위를 정말 맘에 들어 하는가?"

당신이 처음 미래의 신체 이미지를 만들어내게 되면, 당신은 자신이 그렇게 보일 수 있을 거라 믿지 못하기 때문에 왠지 모를 의심이 생겨날 수도 있다. 그런 경우 매트릭스 리임프린팅 전문가인 당신에겐 다음과 같은 선택권이 있다.

• 되돌아가서 남아 있는 부정적인 측면들을 제거하라.
• 기본적인 EFT 기법을 써서 그 의심을 날려버려라.

• 성공할 때까지 만들어내라.

이는 그림이 100퍼센트 깨끗하지 않더라도, 우리는 종종 이미 손에 넣은 것들로 작업할 수밖에 없다는 뜻이다. 그러나 우리가 긍정적인 그림에 더 자주 집중하면 할수록, 작업은 그만큼 더 쉬워진다. 이는 고객과 함께 매트릭스 리임프린팅하는 시간이 다 끝나가고, 그래서 고객이 과제로 활용할 수 있는 긍정적인 그림으로 끝내고 싶을 때 아주 요긴하게 쓸 수 있다.

2단계: 미래의 에코와 연결짓기

미래의 자신에게로 가, 그 자신이 느끼는 모든 에너지와 안전감, 기쁨, 연결감 그리고 자신의 몸에 대한 사랑 등을 직접 느껴보라.

3단계: 리임프린팅 과정

이런 그림을 리임프린팅하기에 앞서, 미래의 자신에게 자기 몸에 대해 어떻게 느끼는가 하는 문제와 관련해 어떤 지침 같은 게 있는지를 물어볼 수도 있다. 이는 민감한 작업이므로, 고객과 함께 작업을 하는 경우 자신이 알게 된 모든 사실을 얘기해줄 용의가 있는지를 알려달라고 하라.
이 긍정적인 그림을 높은 SUE 점수를 받을 수 있는 상태로 만들어 리임프린팅하라.
고객과 함께 작업할 경우, 스마트폰 녹음 기능을 이용해 이 리임프린팅 과정을 기록하게 해 다음 단계로 나갈 준비를 할 수 있게 하라.

4단계: 21일 과정

그림 내용에 대해 잘 메모해두고 그걸 21일간 리임프린팅할 필요가 있다. 이 과정 중에 고객이 집에서 해야 할 일에 대한 지침들은 다음과 같다.

1. 아침에 잠이 깬 뒤에 바로 3~5분간, 그리고 밤에 잠자리에 들기 전에 새로운 기억을 리임프린팅하라.
2. 두 눈을 감고 모든 감각을 동원해 그 새로운 기억에 재연결해보라.
3. 앞서 말한 리임프린팅 과정을 그대로 따라해, 새로운 기억과 진동이 당신 몸 안의 모든 세포들에 전해지게 하라.

집에서의 과제

다음은 당신이 집에서 혼자 해볼 수 있는 새로운 신체 이미지 에너지장 임프린팅을 위한 실전 연습들이다.

사과 및 감사 편지를 써라

1. 편지를 두 장 써라. 첫 번째 편지는 지난 몇 년간 당신이 당신 몸에 대해 했던 모든 불쾌하고 부정적인 말들에 대해 당신 몸에게 보내는 사과 편지. (이때 당신의 감정을 자유롭게 표현하도록 하라.)
2. 그 편지를 자신에게 소리 내어 읽으면서 기본적인 두드리기를 하라.
3. 그런 다음 그간 계속 숨 쉬고 제 기능을 다 하고 말을 하고 걸을 수 있게 해준 당신 몸에게 보내는 감사 편지를 써라. 당신이 만들어내고 있는 모든 새로운 변화들도 적어 넣고, 당신이 이미 그런 상태가 되어 있는 듯 모든 건 현재형으로 써라. 그리고 새로운 버전의 당신 자신에 대해 감사하라.

거울을 이용하라

당신이 내면의 당신 자신과 대화를 할 때 거울을 이용하면 아주 큰 효과가 있다. 루이스 헤이는 자기애를 높이기 위한 거울 활용을 적극 추천해왔다.

1. 적어도 하루에 한 번, 아니 거울을 들여다볼 때마다 당신 자신에게 이렇게 말하라. "널 사랑해, [여기에 당신 이름을 넣어라]. 널 정말 사랑해."

2. 대개의 경우 이는 스스로를 고무시켜주는 일이 된다. 거울을 이용하며 자신을 사랑한다고 말하다 보면, 있는 그대로의 자신을 사랑하지 못하게 하던 모든 감정과 장애들을 털어내고 우뚝 설 수 있는 것이다. 그렇게 고무된 상태에서 어떤 일을 해야 할까? 그렇다. 두드리기를 하고 에너지를 좇고 관련 에코들을 찾아내야 한다.

3. 적어도 30일간 이런 연습을 계속하면서 어떤 변화가 일어나는지 살펴보라.

몸 윤곽 그리기

1. 당신은 당신 몸의 어떤 부위가 마음에 드는가? 또 어떤 부위가 마음에 들지 않는가?

2. 기본적인 몸의 윤곽선을 그리고 당신 마음에 들거나 들지 않는 몸의 특정 부위들에 당신 자신의 생각과 느낌을 써 넣으라.

3. 그런 다음 EFT 기법을 활용해 그 부위들에 대한 부정적인 마음속 소리를 체크하라. 당신 몸에 대한 당신 자신의 언어 패턴들을 이해하는 데 도움이 될 것이다. 또한 기억을 수면위로 떠오르게 하는 데도 도움이 된다.

4. 동시에 매트릭스 안으로 들어가 에코들과 연결하도록 하라. 그때 클래식 매트릭스 리임프린팅 기법을 통해 도움이 되는 새로운 믿음들을 임프린팅할 수 있을 것이다.

이 연습은 파트너를 정해 함께 해야 한다.

1. 당신이 좋아하고 신뢰할 만한 누군가와 10분간 자리를 함께하도록 하라. 타이머로 5분을 재든가 아니면 시계를 보고 5분을 체크한다.
2. 그 5분간 한 사람이 다른 사람을 칭찬하도록 하라.
3. 그런 다음 5분간 임무 교대를 한다.
4. 이 연습을 한 뒤 자신에 대한 느낌이 어떤지 살펴보라. 칭찬을 받으니 기분이 어떤가?

이 연습은 에너지에 주파수를 맞춰 이런 칭찬을 들을 필요가 있는 에코들을 찾아내는 데 활용할 수도 있다.

신체 이미지에 대한 우리 자신의 믿음이 변화하면, 세상에 대한 우리의 인식도 변화하게 된다. 매트릭스 리임프린팅의 최대 장점은 우리의 믿음이 형성된 시간들로 되돌아가 그 믿음들을 변화시킬 수 있다는 것.

문제는 우리가 신체적 '결함'을 가진 사람들이라는 게 아니다. 그보다는 우리의 신체 이미지에 대한 우리 자신의 인식이 문제인 것이다. 만일 누군가가 허구한 날 스스로 '나는 너무 뚱뚱해' '나는 너무 말랐어' '나는 몸매가 영 아니야' '나는 외모가 안 좋아' 이런 말을 해댄다면, 그건 무엇과 비교해 그렇다는 것일까? 패션 잡지 등에 나오는 '완벽한 몸매'나 '완벽한 외모'의 이미지들은 다 허상이다. 많은 모델과 연예인들이 교묘하게 대중적인 이미지를 조작하고 있지만, 실은 그들 역시 늘 이런 저런 불안감이나 자신감 부족에 시달리고 있는 것이다.

워낙 많은 사람들이 몸매나 외모 같은 신체 이미지에 집착하고 있어,

우리는 이 신체 이미지 문제를 제일 먼저 해결해야 하는 경우가 많다. 그러나 자신의 신체 이미지를 있는 그대로 받아들이는 걸 배우게 되면, 우리는 자신에 대해 새로운 사고방식들을 갖게 된다.

거울을 들여다보며 그 안에 있는 사람을 향해 진심으로 사랑한다고 말할 수 있다면, 세상은 변화할 것이다.

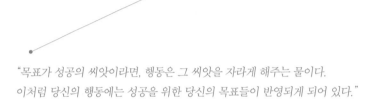

15
우리의 목표
달성하기

당신이 이 삶에서 진정 성취하고 싶어 하는 것은 무엇인가? 내적인 평화? 금전적 자유? 아주 로맨틱한 사랑? 세계 여행? 책을 쓰는 것? 아니면 이 모든 것?

만일 원하는 삶을 산다면, 우리는 더 행복해지고 더 건강해지고 더 오래 살 것이다. 이런 식으로 생각해보면 아주 간단한 사실이다. 어쨌든 비참한 삶을 살고 싶어 하는 사람이 어디 있겠는가? 그러나 만일 원치 않는 삶을 산다면, 스트레스를 받게 될 것이다.

우리 자신이나 고객의 문제들에 접근할 때, 우리가 어디에서 벗어나려 하는가가 아니라 어디로 가고 싶어 하는가를 알아내려는 관점에서 접근할 수 있다면, 우리는 기쁨과 풍요로움과 활력과 자유로 가득 찬 삶을 그려낼 수(또는 그런 삶에 다가갈 수) 있을 것이다. 그러나 시간을 내서 생각하고 계획하고 행동에 옮기지 않는다면, 대체 우리가 무얼 원하는지 어찌 알 수 있겠는가? 그래서 목표를 정하는 것이 중요하다.

목표를 정할 때, 우리는 우리의 의도를 명확히 하고 원하는 진동 주파수를 내보내게 된다. 의식적으로 또는 잠재의식적으로 우리 자신을 그 주파수에 맞춰 조정할 수 있다면, 더 빨리 그리고 더 큰 성공을 거두게 될 것이다.

제인 Jayne을 만나보자. 그녀는 새로운 연인을 만나 데이트를 하고 싶어 한다. 감사 기법, 확언 기법, 가시화 기법 등 유명한 기법들을 다 써봤지만, 여전히 자신의 '소울메이트'를 만나지 못하고 있다. 그녀는 이른바 블라인드 데이트와 스피드 데이트는 물론 인터넷 데이트도 해봤지만, 늘 자신이 마음에도 들지 않는 타입의 남자만 끌어당기고 있다는 느낌이 든다.

제인은 이런저런 의식적인 노력을 다 기울이고 있지만, '인간관계'라는 표식이 붙은 그녀의 잠재의식 서랍 속에는 다른 사람들에게 거절당한 기억과 이런저런 상처를 안고 있고 그래서 인간관계는 위험한 것이라고 믿는 믿음들이 들어 있다. 그리고 그 믿음들이 제인이 다시 상처를 받을 수 있는 상황에 노출되는 걸 막으려 총력을 다하고 있다. 그러니까 그녀의 의식적인 의도들이 잠재의식 속의 믿음들에 의해 제지당하고 있는 것이다.

· · · · · · · ·

코칭(개인이 지닌 능력을 최대한 발휘하여 목표를 이루도록 돕는 기술 - 역자 주) 일로 많은 돈을 벌고 싶어 하는 마이클Michael의 경우는 어떤가? 그는 사업 계획도 짜고 지역 상공회의소를 통해 고객들을 추천받는 등 나름대로 많은 노력을 하고 있다. 그는 일주일에 10명의 고객은 받아야 한다는 걸 잘 알지만, 6명 이상 받는 건 거의 불가능해 보인다.

그의 잠재의식 서랍 속에는 성공과 관련된 많은 믿음들이 들어 있다. 그러나 그의 에코들은 자기 부모보다 더 많은 돈을 벌어 형제들의 시샘을 받게 되는 걸 두려워하고 있다.

만일 모든 게 우리 계획대로 되지 않는다면, 우리 잠재의식 속의 믿음들을 손볼 필요가 있다. 그렇다고 확언 기법 같은 다른 기법들이 효과가 없다는 얘기는 아니다. 물론 그런 기법들도 궁극적으로는 효과가 있다. 그러나 우리의 목표들을 제대로 성취하기 위해서는 매트릭스 리임프린팅 기법을 활용해 내면 작업을 해야 한다.

그런데 우리가 우리 믿음들을 삶에 도움이 되는 믿음들로 바꾸는 일을 할 때 드림보드 기법이나 확언 기법, 시각화 기법 등을 활용하면, 작업 자체가 더 흥미진진해질 뿐 아니라 실제로 도움이 된다.

우리의 목표, 우리의 믿음
—

목표를 세우는 건 성공하기 위해 꼭 필요한 전략임에도 불구하고, 실제로 목표를 세우고 사는 사람은 전체 인구의 5퍼센트도 안 된다. 그 이유는 대부분의 사람들이 실패에 대한 두려움이나 성공에 대한 두려움을 갖고 있으며 목표를 세우고 성취하기 위해 많은 시간과 노력이 필요하기 때문이며, 한 번도 배운 적이 없어 그 방법을 모르기 때문이기도 하다.

이처럼 우리의 목표를 성취하지 못하게 방해하는 믿음이나 내면의 속삭임을 찾아내는 데 도움이 되는 것이 바로 매트릭스 리임프린팅 기법이다.

목표 설정하기

자, 이제 당신의 목표들을 알아보고 그 목표들을 달성하는 데 도움을 주는 믿음들을 탐구해보자. 깨끗한 종이 한 장을 꺼내 살아가면서 성취하고 싶은 일 30가지를 적어보라. 대부분의 사람들이 목표를 설정하고 싶어 하는 분야들은 다음과 같다.

- 식구들
- 인간관계
- 가정과 환경
- 여가와 재미있는 시간
- 영적인 문제
- 건강
- 돈
- 일과 경력
- 사교
- 창의력

이 연습은 당신의 목표 설정 능력을 십분 발휘할 수 있게 해주는 한 가지 방법이다. 첫 번째 매트릭스 리임프린팅을 앞둔 고객에게도 좋은 연습이 될 것이다. 또한 이 연습을 통해 꿈과 포부의 아이디어를 얻을 수 있고, 특히 미래의 자신과 함께 일할 경우 매트릭스 리임프린팅 기간 중 리임프린팅을 하는 데도 도움이 될 수 있다.

당신의 목표들은 크고 신나고 명확하고 모호하거나 너무 거창해 현재 당신 이 처한 상황에서는 전혀 성취 불가능해 보일 수도 있다.

그러나 어쨌든 곧 길게 나열된 목표 리스트를 갖게 될 것이고, 그 목표들을 보기만 해도 주눅이 들지도 모른다. 만일 실제 그런 경우라면, 기본적인 두드리기 기법을 활용해 그런 기분을 완화시키도록 하라.

《성공하는 사람들의 7가지 습관 The Seven Habits of Highly Effective People》의 저자인 스티븐 코비 Stephen Covey는 이렇게 말한다. "모든 성공한 사람들이 갖고 있는 공통점들 가운데 하나는 우선순위가 가장 높은 일들을 먼저 한다는 것이다." 또한 캐릴 웨스트모어 Caryl Westmore는 자신의 책《목표 성공 Goal Success》에서 다음과 같은 질문으로 자신의 생각을 잘 설명하고 있다. "만일 당신이 새해에 성취하게 된다면, 어떤 목표가 그 나머지 목표들과 당신의 삶에 가장 강력하고 긍정적인 영향을 주겠는가?"

. . . .

"일단 그 답을 듣게 되면, 그것이 당신의 '황금 목표'가 된다"고 캐릴 웨스트모어는 말한다. 그녀는 자신이 고안해낸 '매트릭스 목표 리임프린팅' 기법에서 황금 목표라는 말을 쓰고 있는데, 그녀는 자신의 매트릭스 목표 리임프린팅 기법을 활용해 고객이 자신의 꿈과 목표를 달성하고 원하는 삶을 살 수 있게 해준다.

황금 목표를 세워놓고 작업하기

파리를 방문하는 것이든 개를 한 마리 입양하는 것이든, 특정 목표를
세워놓고 작업을 할 때는 무엇보다 먼저 자신에게 이런 질문을 던져보
라. "나는 왜 이 목표를 달성하려 하는가?"

당신의 목표는 아마 파리 휴가 여행 그 자체가 아니라, 그 여행이 당신
에게 의미하는 것, 즉 휴식, 로맨스, 창의력 발휘 등일 것이다. 또 개 입
양의 목표는 아마 개와 사랑과 우정을 나누고 함께 산책하면서 자연과
커뮤니케이션을 하는 시간을 갖는 것 등일 것이다. 이는 리임프린팅 단
계에서 특히 중요한데, 그것은 직통 전화로 연결하듯 당신을 우주의 주
파수에 맞춰주는 건 당신이 발산하는 감정의 진동이기 때문이다.

레슬리 Lesley를 만나보자. 성공한 은행가인 그녀는 매트릭스 리임프린팅
트레이너인 수지 쉘머딘 Susie Shelmerdine과 매트릭스 리임프린팅을 하고 있었
다. 수지 쉘머딘은 사람들이 자신의 꿈을 깨닫게 해주는 일을 많이 한 매
트릭스 리임프린팅 전문가로, 이 장의 내용 중 상당 부분은 그녀의 도움을
받아 쓴 것이다.

레슬리는 무슨 일이 있어도 100만 파운드의 보너스를 받고 싶었다. 그
녀는 10년간 금융 분야에서 죽어라 일했지만, 승진 문제에서 여전히 남자
동료들에 비해 뒤쳐져 있었다. 100만 파운드의 보너스라면 대부분의 사람
들은 꿈도 꿀 수 없는 금액이었지만, 그건 어디까지나 관점의 차이일 뿐이

며 우리가 선택하는 분야의 차이였다. 레슬리의 직업에서 가장 큰 걸림돌은 그 무엇보다 '불공정'이었다. 그리고 직장에서 성공을 위해 전력투구를 하는 바람에 가정에서는 엄마로서 해야 할 일들을 전혀 못하고 있었다.

레슬리는 수지의 도움을 받아 '불공정'에 대한 믿음을 제거하려 했고, 결국 여러 에코들을 방문해 삶은 불공정하다는 믿음을 제거했다. 두 사람은 또 100만 파운드의 보너스가 레슬리에게 실제 어떤 의미가 있는지에 대해서도 알아내려 애썼다. 그리고 꾸준한 자기 탐구 끝에 그녀는 자신이 100만 파운드의 보너스를 받으면 그 길로 직장을 그만두고 가족들과 함께 지내고 싶어 한다는 걸 알게 됐다. 100만 파운드가 있다면 금전적으로 별 문제가 없고 또 제대로 엄마 구실을 하며 살 수 있을 것 같았던 것이다.

그리고 실제 100만 파운드짜리 수표가 든 봉투를 열어본 날 그녀는 자신의 꿈을 그대로 실행에 옮겼다. 그녀가 원한 건 돈 그 자체가 아니라, 돈이 자신과 자기 아이들에게 주는 안도감이었다. 그것은 10년간 품어온 그녀의 꿈이었고, 몇 차례의 매트릭스 리임프린팅을 하고 몇 달 지나지 않아 그 꿈을 이룬 것이다. 더 중요한 것은 따로 있다. 그녀는 자신의 잠재의식 속에는 늘 직장생활이 불공정하다는 믿음이 있었으며, 그런데도 그런 직장생활을 계속하며 매일 그 모든 불공정한 일들을 감수한 건 결국 자신의 선택이었다는 걸 깨달았다.

몇 차례의 매트릭스 리임프린팅이 끝난 뒤, 레슬리는 자신의 직장과 삶 그리고 믿음에 대해 다른 관점에서 볼 수 있게 되었고 과감한 결단으로 모든 걸 새로운 마음으로 시작할 수 있었다.

매트릭스 리임프린팅을 활용할 경우, 고객의 내적 에너지 장에 건강한 씨앗을 심어줄 수 있을 뿐 아니라, 고객이 목표(때론 아주 사적인 목표)를 세우고 달성하는 것도 도와줄 수 있고, 그 결과 고객이 우주의 에너지 장에 제대로 주파수를 맞출 수 있게 해줄 수 있다.

믿음과 목표를 방해하는 것들을 밝히기 위한 핵심 질문들

사실 우리 대부분은 풍요롭고 즐거운 삶을 사는 걸 어렵게 만드는 믿음들을 갖고 있다. 시간과 돈을 어떻게 가질 수 있을까? 부자들은 악한 사람들이 아닐까? 우리가 과연 풍요로운 삶을 살 수 있을까? 그건 다른 사람들한테나 해당되는 것이 아닌가?

당신은 자신이 왜 '황금 목표'를 가지려 하는지를 알아냈으므로, 이젠 자신의 잠재의식을 파고들어가 봐야 할 때이다. 다음 질문들에 답함으로써 당신 자신이 그 빛나는 목표에 대해 어떻게 느끼는지를 알아보라.

1. 그간 내가 이 목표를 달성하지 못하게 한 건 무엇인가?
2. 지금 이 목표에 집중하는 게 왜 중요한가?
3. 나의 삶에서 이 목표를 갖고 있는 게 어떤 면에서 긍정적인가?
4. 이 목표를 갖고 있는 게 어떤 면에서 부정적인가? 무엇이 이 목표에 대해 불안하게 만드는가?

이 질문들에 대한 답을 알아내면, 어떤 것들이 당신의 황금 목표 달성을 방해하고 있는지가 밝혀질 것이다. 그 목표가 갖고 있는 에너지에 주파수를 맞추고 그걸 따라가 관련 에코를 찾아내라.

에코, 목표, 클래식 매트릭스 리임프린팅 기법을 통해
문제 해결하기

　일단 어떤 에코를 찾아내면, 클래식 매트릭스 리임프린팅 기법을 활용하면서 에코 흐름을 따라가, 부정적인 믿음들을 도움이 되는 긍정적인 믿음들로 바꿀 수 있다. 또한 바로 앞에서 얘기한 질문들을 던져 에코와 커뮤니케이션을 하면서 목표를 통해 문제 해결을 할 수도 있다. 그러면 매트릭스 리임프린팅을 하면서 계속 목표에 집중할 수 있다.

에코를 통해 문제 해결하기

1. 일단 기억 속으로 들어가고 에코가 커뮤니케이션을 할 수 있는 상태가 되면, 그 에코에게 다음과 같이 당신이 왜 이 특별한 기억을 찾아오게 됐는지를 말해 주자. "나는 미래의 너인데, 삶에 목표를 집어넣고 싶어 널 찾아온 거야."
2. 에코가 목표와 관련된 어떤 믿음이나 에너지를 가지고 있을 수 있으므로, 그 에코를 두드려 부정적인 에너지를 제거하라. 그러고 나서, 에코에게 그림을 보여주거나 당신의 목표가 무언지를 얘기해주어라. 에코는 그 목표에 대해 어떻게 느끼는가? 어떤 믿음이나 감정을 보이지 않는가? 목표를 달성하는 것에 대해 얼마나 편하게 느끼는가? 에코에게 혹 당신에게 해줄 조언이 없나 물어보라.
3. 목표와 관련된 걱정이나 두려움이 있으면 모두 제거하고, 발목을 잡는 믿음이 보인다면 그 믿음 역시 제거하라.
4. 에코 흐름 기법을 활용해 당신의 목표에 대해 불안해하는 다른 에코들을 찾아내고, 원래의 핵심 믿음과 핵심 기억으로 되돌아가라.

5. 일단 원래의 에코가 당신의 목표를 달성하는 것에 대해 기뻐하며 좋아한다면, 리임프린팅을 시작하라. (이때 '긍정적인 믿음 임프린팅' 기법을 활용할 수 있을 것이다.)

긍정적인 믿음 임프린팅

목표들을 통해 문제 해결에 나서고 긍정적인 믿음 임프린팅 기법을 활용해 미래의 자신과 연결되면, 매트릭스 안에서 일하는 게 한결 멋진 경험이 될 것이다. 그리고 또 미래의 자신이 목표를 달성하는 걸 지켜보면, 현실 속에서 성공적인 삶을 살 가능성이 한층 더 높아지게 된다. 잘 알겠지만, 목표를 달성함으로써 얻게 될 긍정적인 느낌은 진동과 세포 면에서도 매우 중요하다.

목표들을 위한 긍정적인 믿음 임프린팅

1. 당신 목표들 중 하나와 관련해 부정적인 에너지 장을 가진 문제를 골라내라

기억 기법들 중 하나를 활용해 특정 기억들에 접근하고 클래식 매트릭스 리임프린팅 기법으로 리임프린팅 과정을 끝내도록 하라.

2. 미래의 자신에게 가보라

에코를 데리고 이미 목표가 달성되어 성공의 그림을 보여주는 미래의 자신에게 가보라. 미래의 자신은 완전히 안전하고 연결되어 있다고 느끼고 있을 것이다. 그런 미래의 그림을 보는 느낌이 어떤가? 당신은 어떤 장소에 있는가? 거기에 다른 사람은 없는가? 어떤 소리가 들리는가? 어떤 냄새가 나는가? 날씨는 어떤가?

3. 미래의 자신과 함께하기

미래의 자신에게 가서 목표를 달성한 뒤 느끼고 있을 모든 에너지를 느껴보라. 그리고 그 성공의 느낌이 당신 몸속의 모든 세포에 스며들게 하라.

4. 리임프린팅 과정

에코에게서 빠져나와 다시 그림을 보라. 그림을 더 크게 더 밝게 만들고, 리임프린팅 과정을 따르라. 그 과정에서 당신은 미래의 에코 그림을 불러들인 뒤, 그걸 당신의 가슴에서 우주 속으로 내보내게 된다.

5. 21일 과정

그림을 리임프린팅하는 데 21일이 필요할 것이다.

고객과 함께 일하고 있다면, 고객에게 그림 내용에 대해 잘 메모하게 하고, 21일간 집에서 해야 할 일에 대해 다음과 같은 지침들을 주도록 하라.

- 아침에 잠이 깬 뒤에 바로 3∼5분간, 그리고 밤에 잠자리에 들기 전에 새로운 그림 또는 기억을 리임프린팅하라.
- 새로운 그림을 기억해내기 위해서는, 매트릭스 리임프린팅 기간 중에 그림의 마지막 장면에 대해 메모한 내용들을 보는 게 도움이 될 것이다.
- 두 눈을 감고 모든 감각을 동원해 그 새로운 기억에 재연결해보라.
- 앞서 말한 리임프린팅 과정을 그대로 따라해, 새로운 기억과 진동이 당신 몸 안의 모든 세포들에 전해지게 하라.

6. 그림 바꾸기

만일 미래의 그림에서 뭔가 불안함이 느껴지기 시작한다면, 에코를 데리고 과거의 기억들로 되돌아가 미래의 그림이 다시 긍정적으로 느껴질 때까지 남아 있는 부정적인 측면들을 제거하도록 하라.

다음에 소개하는 연습들은 수지 셸머딘의 강력한 온라인 프로그램 〈EFT를 이용해 당신 꿈을 실현하라Realize Your Dreams using EFT〉와 〈돈과의 매혹적인 관계Magical Relationship with Money〉에서 가져온 것들이다. 이 연습들을 통해 이미 많은 사람들이 꿈을 가지고 앞으로 나아갈 수 있었고, 또 자신과 돈과의 관계도 변화시킬 수 있었다.

편안한 지대 Comfort Zones

목표를 방해하는 믿음들을 찾아내는 또 다른 방법은 '편안한 지대'들을 탐색해보는 것이다. 편안한 지대란 기본적으로 스트레스가 없어 우리가 안전하고 편하다고 느끼는 곳이다. 이 편안한 지대 밖으로 나온다는 것은 새로운 기술들을 배우고 각성한다는 뜻으로, 그 일은 아주 무서운 일이 될 수도 있다. 우리의 목표는 그 편안한 지대와 불편한 지대 사이에 에너지 다리를 놓아, 그 두 지대를 오가는 것이 더 편하게 느껴지게 만드는 것이다.

편안한 지대와 불편한 지대

당신 자신에게(또는 고객에게) 이런 질문들을 던져라.

- 당신의 편안한 지대는 어떤 모습인가? 이 그림에 대한 설명을 말로 최대한 자세히 하게 하라.
- 당신의 불편한 지대는 어떤 모습인가? 이 그림에 대한 설명을 말로 최대한 자세히 하게 하라.
- 당신의 목표를 생각할 때, 편안한 지대에 있는 것 같이 느껴지나 아니면 불편한 지대에 있는 것 같이 느껴지나?

만일 불편한 지대에 있는 것처럼 느껴진다면, 불편한 지대에서 목표가 어떻게 느껴지는지를 자세히 설명하자. 그 장면이 당신이 살아온 어떤 때를 생각나게 하는가?

만일 어떤 에너지가 확인된다면, 그 즉시 주파수를 맞추고 그 에너지를 따라 기억을 찾아내고, 그런 다음 클래식 매트릭스 리임프린팅 기법을 활용하자.

· · · · · · ·

편안한 지대들을 활용하는 것은 잠재의식에 주파수를 맞춰 당신이 목표에 대해 어떻게 느끼는지 또 그 목표가 달성 가능한지를 알아낼 수 있는 좋은 방법이다.

돈, 돈, 돈
—

돈 이야기를 하지 않고서는 목표 설정에 대한 내용을 마칠 수가 없다. 돈은 지구상에서 가장 강력한 에너지들 중 하나이다. 우리의 모든 믿음 체계들은 그것으로 귀결되어서, 다시 여러 가지 모습으로 우리에게 비춰진다. 당연히 사람들은 돈에 대한 가이드를 바라며, 그것을 통해 큰 기쁨을 얻기를 바란다.

다음 두 가지 질문을 던져보라.

1. 만일 돈에 정체성을 부여한다면, 어떤 모습일 것 같은가?

다니엘Daniel을 만나보자. 그는 돈을 자유로워지려고 몸부림치는 사나운 늑대로 보았다. 매트릭스 리임프린팅을 활용해 그 늑대를 개로 바꾸었다. 여러 차례의 매트릭스 리임프린팅 도중 다니엘은 개를 시각화하고 매일 밤 집에서 함께 놀아주는 숙제를 받았다.

그다음 주에 다니엘은 자신이 돈 생각을 할 때마다 장난기 많은 강아지가 보인다고 말했다. 이런 과정을 거친 뒤에 그는 마침내 2년 넘게 공을 들여온 계약을 체결할 수 있었고, 그 덕에 큰돈을 만지게 되었다. 당시 그는 이렇게 말했다. "내게 가장 큰 장애물은 바로 이 계약이었어요. 이 계약을 성사시킬 수 있으리라곤 상상도 못했어요."

돈에 정체성을 부여하게 되면, 우리가 그 돈에 어떤 에너지를 끌어당기는지를 알 수 있게 된다. 그리고 일단 어떤 정체성을 갖게 되면, 우리는 매트릭스 리임프린팅을 활용할 수 있으며, 그 정체성을 에코로 취급해 두드리기 7단계를 따를 수 있게 된다.

2. 만일 돈이 당신의 연인이라면, 그래도 여전히 섹스를 하겠는가?

당신의 돈이 당신 몰래 부정한 짓을 하면서 각종 계산서를 들이미는가? 아니면 당신의 돈이 당신 몰래 무인도에서 부유한 사람들과 섹스를 하는가? 당신의 돈은 늘 두통을 호소하는가? 당신은 당신의 돈과 친밀하게 지내고 싶은가?

이 질문을 통해 당신은 자신이 돈에 대해 어떤 믿음을 갖고 있는지를 알 수 있게 되고, 그 결과 쉽게 에너지에 주파수를 맞추고 매트릭스 리임프린팅을 활용해 떠오른 기억들의 문제를 해결할 수 있게 된다.

다음은 캐릴 웨스트모어의 저서 《목표 성공》에 나오는 사례 연구들 중 하나이다. 작가이자 사진작가인 메리앤Maryann이 매트릭스 리임프린팅 기법을 통해 어떻게 창의적인 꿈을 가로막는 장애물을 제거했는지 살펴보자.

메리앤은 글쓰기와 사진 촬영에 남다른 열정을 갖고 있었지만, 책을 쓰거나 사진 전시회를 열겠다는 자신의 목표가 달성 불가능하다고 느끼고 있었다.

처음 두드리기를 한 후에도 메리앤은 곧 특정 기억에 접근할 수 없었고, 그래서 캐릴 웨스트모어는 그녀에게 에너지에 주파수를 맞춘 뒤 또 그 에너지가 어떤 느낌을 주는지에 대해 자세히 설명해보라고 했다. 그녀는 '좌절감' '분노' '슬픔' 같은 말들을 내뱉었다. 그런 뒤 그녀는 자신의 몸을 체크해 그런 감정들이 몸의 어느 부위에서 느껴지는지 또 그 색깔이 구체적으로 어떤지를(예를 들면 퀴퀴한 회색이라는 등) 알아냈다.

몇 분도 안 돼 그녀는 기억을 따라가 12살 난 자신의 에코를 만났다. 당시 다니던 학교의 영어 교사는 그 아이가 쓴 글을 가지고 학생들 앞에서 공개적인 망신을 주었다. 그 시간은 창작 연습 시간이었다.

메리앤은 교실 밖에 있는 자신의 어린 에코를 발견했고, 미래에서 왔다고 자신을 소개하며 능력이 닿는 한 도움을 주고 싶다고 말했다. 그 에코에게 미리 귀띔을 해 충격을 최소화하려 애쓴 것이다. 그들은 문제의 영어 교사와 반 아이들을 모두 얼어붙게 만든 뒤, 메리앤의 어린 에코를 데리고 그곳을 빠져나왔다. 그러고 나서 그 에코가 안전하고 행복하다는 느낌 속에 메리앤과 대화를 할 수 있을 만한 곳으로 갔다. 거기서 메리앤은 어린 에코에게 다른 어떤 사람의 도움을 받기 원하는지를 물었다. 에코는 자신에게 늘 글도 쓰고 그림도 그리라고 용기를 준 어진 이모와 수호천사가 있었으면 좋겠다고 했다. 메리앤은 그 자리에서 에코를 두드리면서 이렇게 말했다. "큰 충격을 받았겠지만, 넌 여전히 예쁜 여자애고 아주 안전해."

"이 모든 충격… 망신을 당한 느낌… 넌 잘했다고 생각했는데…" 메리앤은 이런 말을 반복하면서 계속 두드리기를 해 어린 에코가 받은 충격을 덜어주었다.

일단 충격이 좀 가라앉자, 어린 에코는 사랑하는 사람들이 자기한테 해주는 말이 귀에 들어왔다. 그래서 자기 이모에게 자기가 쓴 글을 보여주었고, 이모로부터 상상력이 넘치는 아주 뛰어난 글이라는 칭찬을 받았다.

어린 에코가 갖고 있는 믿음은 뭐든 모든 사람의 마음에 들게 해야 한다는 것이었다. 그래서 메리앤은 에코에게 절대 그럴 필요가 없다면서, 창의적인 작가와 화가들은 대개 자신만의 독특한 작품을 만들어내는 걸 배운다고 말해주었다. 어떤 사람들은 그 작품을 좋아하고 어떤 사람들은 좋아하지 않겠지만, 삶이라는 게 다 그런 거라고 말이다.

그들은 또 누군가가 자신의 글을 읽고, 많은 사람들이(아이와 어른이 뒤섞인) 넋을 잃고 그걸 듣다가 읽기가 다 끝나자 우레 같은 박수를 치며 환호하는 장면을 만들었다.

캐릴 웨스트모어와 메리앤은 에코 흐름을 따라가 계속 몇몇 과거의 일들을 살펴봤고 또 아직 트라우마가 남아 있는 기억들을 하나하나 체크한 뒤, 미래의 자신을 향해 다가갔다.

메리앤은 미래의 자신에게 어떻게 하면 성공한 작가와 사진작가가 될 수 있는지 조언과 지혜를 달라며 이렇게 물었다. "대체 어떻게 그렇게 큰 성공을 거두었고, 그렇게 많은 책을 썼으며, 또 그렇게 뛰어난 풍경 사진작가로 인정받게 된 거예요?"

캐릴 웨스트모어가 주위를 조용하게 유지시키는 가운데 메리앤과 미래의 그녀는 대화를 나누었다. 메리앤은 미래의 자신과의 대화를 마무리하면서, 그녀가 어떻게 자신과 자신의 발목을 잡는 가까운 가족들 간의 감정적 에너지 선을 끊어버릴 수 있었는지를 설명했다. 그런 다음 캐릴 웨스트모어는 메리앤에게 미래의 자신 속으로 걸어 들어가 그녀 자신이 되어보라고 했다. "기쁜 느낌, 성공한 느낌, 창의력이 넘치는 느낌, 그 모든 느낌을 느껴봐요. 인정받는 느낌, 행복한 느낌을 맘껏 즐겨봐요. 창의력 넘치는 삶에 감사해봐요."

놀랍게도 메리앤은 그 매트릭스 리임프린팅을 끝낸 뒤, 마음의 평화와 예술적 영감에 사로잡혔고, 곧바로 여러 권의 책을 집필하고 사진 전시회도 열기 시작했다. 미래의 자신이 그녀의 속에는 이미 세상에 나올 날만 기다리는 작품들이 들어 있다고 했었는데, 그 말이 과장이 아니었던 것이다.

간절히 바라는 목표들을 하나하나 달성하며 살아가는 것, 그것은 우리 모두에게 가능한 일이다. 우리는 너 나 할 것 없이 모두 더 행복하고 더 건강한 삶을 살 수 있을 뿐 아니라, 다른 사람들에게 영감이나 자극을 주어 삶을 더 적극적으로 즐길 수 있게 해줄 수도 있다.

목표에 매진하는 것이야말로 목표를 달성하는 비결이다. 그럼 어떻게 하면 목표에 매진할 수 있는가? 목표를 방해하는 것들, 우리의 성공을 가로막는 것들 뒤에 숨은 믿음들을 찾아내야 한다.

그렇게 찾아낸 믿음들을 가장 창의적으로 또 가장 신속히 변화시킬 수 있는 방법은 무엇일까? 바로 매트릭스 리임프린팅 기법을 활용하는 것이다.

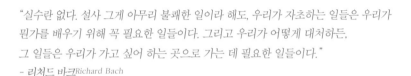

16

믿음을 뛰어넘는
삶 만들기

"실수란 없다. 설사 그게 아무리 불쾌한 일이라 해도, 우리가 자초하는 일들은 우리가 뭔가를 배우기 위해 꼭 필요한 일들이다. 그리고 우리가 어떻게 대처하든, 그 일들은 우리가 가고 싶어 하는 곳으로 가는 데 필요한 일들이다."
- 리처드 바크Richard Bach

이 책을 읽고 매트릭스 리임프린팅을 활용해 당신의 상처를 치유하고 당신의 믿음들을 변화시키고 더 행복해지려 노력하는 당신에게 고마움을 표하고 싶다. 당신이 지금 자신의 삶과 개인적인 에너지 장과 진동을 변화시킴으로써, 우리의 삶까지 변화시키고 있기 때문이다.

원리는 아주 간단하다. 한 사람이 변화하면 세상도 변화한다. 우리의 에너지 장을 변화시키면, 그 변화가 우리와 접촉하는 모든 사람들에게 영향을 주게 된다. 우리는 또 긍정적인 느낌을 주는 사람의 에너지 장 안에 있는 것과 부정적인 느낌을 주어 우리를 무력하게 만드는 사람의 에너지 장 안에 있는 것이 어떻게 다른지도 잘 안다.

게다가 우리가 두려움에서 벗어나 사랑을 하게 되면, 접촉하는 사람들에게 영향을 주게 될 뿐 아니라, 모든 인간이 엄마 배속에서 생겨난 순간부터 주파수를 맞춰온 거대한 두려움의 에너지 장을 약화시킬 수도 있다.

우리가 살아남고 또 자신에게 동기부여를 하려면, 그리고 달리는 버스 앞으로 걸어가거나 사자굴 속에 걸어 들어가지 않으려면 두려움이 필요하다고 믿는 경우가 있는데, 그것은 잘못된 믿음이다. 그러나 이것만은 분명하다. 똑똑해지는 데 두려움이 필요하진 않다.

중요한 것은 두려움을 지우거나 추가하는 게 아니라 두려움이 무엇인지를 이해하고 두려움을 변화시켜 있는 그대로의 우리 자신을 받아들이는 것이다.

연결

매트릭스 리임프린팅을 하다보면, 우리는 모든 인간이 서로 연결되어 있고 서로 영향을 준다는 사실을 깨닫게 된다. "매트릭스 리임프린팅 후에 어떤 일이 일어날지 절대 추측하지 말라." 매트릭스 리임프린팅 전문가들이 귀에 못이 박히게 듣는 말이다.

마이클Michael이라는 젊은 남자는 테드 윌몬트Ted Wilmont의 도움을 받아 매트릭스 리임프린팅을 시작하면서, 자신은 이상과 친밀하게 지내는 데 어려움이 많아 그걸 해결하려고 정말 많은 기법들을 시도해봤다고 했다. 그리고 함께 작업을 하는 과정에서 어린 시절에 겪은 아주 큰 트라우마를 찾아낼 수 있었는데, 누구에게도 말할 수 없었던 아주 은밀한 비밀이었다. 그러나 매트릭스 리임프린팅을 통해 그는 이제 비밀을 털어놓을 수 있을 만큼 안전하다고 느끼게 되었다.

함께 노력을 한 끝에 마이클은 마침내 십대 시절의 자기 에코를 만나게 되었는데, 그 에코는 자기 모습이 담긴 한 사진 때문에 놀림을 당하고 있었다. 마이클은 그 에코를 두드려 불편한 느낌이 담긴 에너지를 제거했다. 그러자 뭔가 이상한 일이 일어났다면서 이렇게 말했다. "학창 시절에 알고 지낸 한 여자애가 그림 속으로 들어와 내 에코의 팔을 잡고 밖으로 데리고 나가네요. 두 사람이 행복해 보이지만, 이상한데요. 난 학교에서 저 여자애와 데이트한 적이 전혀 없거든요."

또 다른 마이클의 에코는 한 음악 밴드에 속해 있었는데, 직접 노래 가사들을 작사했지만 동료들한테 놀림을 당하고 있었다. 또 다시 테드 윌몬트와 마이클은 두드리기를 해 어리석고 멋지지 못하고 부적절하다는 느낌이 담긴 에너지를 제거했다. 그러자 이번에도 똑같은 여자애가 나타나 마이클의 에코를 데리고 나갔는데, 이상하게도 마이클의 에코는 그 여자애와 함께 가면서 아주 행복해 했다.

다음날 마이클은 테드 윌몬트에게 전화를 해 이런 말을 했다. "아마 믿어지지 않으실 건데요. 11년 넘게 한 번도 연락한 적이 없는 그 여자애가 인터넷에서 나를 찾아내 이런 메일을 보낸 거예요. '일주일 내내 네 생각이 났고, 그래서 널 찾아내 잘 지내는지 안부 인사라도 하고 싶었어'라구요."

이는 매트릭스 리임프린팅을 통한 노력이 우리의 현실에 직접 영향을 주는 수많은 '동시 발생성'의 사례들 중 하나에 지나지 않는다. 예를 들어 엄마가 딸에게 난생 처음 "사랑해"라는 말을 했더니 아빠가 아들을 꼭 안아준다든가 아니면 책 출간 계약을 맺었더니 갑자기 오랜 친구나 원수가 나타난다든가 하는 것이 모두 동시 발생성의 사례이다. 우리가 매트릭스 안에서 작업을 할 때, 카오스 이론과 비슷한 '잔물결 효과'가 나타난다. 나비의 날갯짓처럼 조그마한 움직임이 지구 반대편 쪽에 태풍을 일으킬 수도 있다는 것이다.

매트릭스 리임프린팅 전문가인 당신은 그 나비의 날갯짓 아래 이는 바람과 같아서, 우리가 세상을 변화시키고 또 세상을 향해 우리 모두가 한 몸이라는 걸 보여주는 데 일조한다.

한 가지 믿음

—

우리는 너 나 할 것 없이 여러 가지 좋은 믿음, 나쁜 믿음, 그저 그런 믿음들을 갖고 있다. 삶 속으로 밀려들어와 우리 존재의 바위들에 부딪히는 강물 같은 믿음들. 가늘게 흐르는 한 줌의 물 같은 믿음들. 이런 믿음들은 우리의 인간관계와 자녀 양육은 물론 각종 질병에도 영향을 준다.

앞서 우리는 '나는 완벽해야 해' 또는 '세상은 위험한 곳이야' 같은 믿음들이 제대로 처리되지 못할 경우 어떻게 곧 일반화되는지를 보았다. 우리는 너 나 할 것 없이 우리의 세상을 결정짓는 한 가지 핵심 믿음을 갖게 되는데, 그것을 제대로 살리지 못할 경우 모든 빛들이 사라질 수도 있다. 반면에 그 핵심 믿음에 너무 매몰되어버릴 경우, 우리의 진정한 자아, 그러니까 배우고 진화하고 사랑하기 위해 이 땅에 온 영적인 존재를 잃고 만다.

우리가 핵심 믿음의 강도를 낮추면, 우리의 삶 역시 더 가볍고 편해지며 훨씬 더 즐거워진다. 그리고 삶이 그렇게 더 가볍고 편해지면, 우리는 좀 더 많은 시간을 우리의 목표와 우리의 몸과 우리의 창의적인 프로젝트들을 위해 쓸 수 있게 된다. 그리고 행복한 삶을 일구어나갈 수 있을 만큼 우리 자신을 사랑하게 된다.

믿음과 인간의 욕구들
—

우리는 당신에게 삶을 보다 윤택하게 만들어줄 두 가지 수단, 즉 '믿음 브레인스토밍'과 '인간이 살아가는 데 꼭 필요한 것들의 목록'을 주고 싶다.

- 이 책 53페이지로 돌아가 믿음의 목록들을 다시 읽어보라. 다른 믿음들보다 더 공감이 가는 믿음이 있는가? 그 믿음들이 나타날 때가 삶의 모든 일들을 브레인스토밍해야 할 때인가?
- 당신 발목을 잡는 믿음들을 찾아내 앞으로 죽 도움이 될 믿음들로 바꾸는 일에 전력투구하도록 하라.
- 그리고 또 이 책 205페이지에 있는 '인간이 살아가는 데 꼭 필요한 것들의 목록'을 다시 읽어보라. 어떤 것에서 점수가 낮은가? 당신의 삶에 좀 더 많은 목표나 목적의식이 필요한가? 몸과 마음의 관계는 어떤가? 당신은 잠은 충분히 자고 다른 사람들과 잘 관계 맺

고 있는가?

믿음 체계에 대한 이해와 '인간이 살아가는 데 꼭 필요한 것들의 목록'을 추가함으로써, 우리는 우리 자신과 고객들에게 보다 나은 삶을 살 수 있는 기회를 제공하려 한다. 또한 이를 통해 당신은 추가적인 도움이 필요할 때 필요한 것들을 충족시키는 데 필요한 수단을 확보할 수도 있다.

신세계

우리는 힘을 합쳐 불신과 두려움으로 가득 찬 세상을 만들어왔다. 그걸 바꿀 수는 없는 걸까? 이제 옛날 방식들이 통하지 않는다는 건 모두가 잘 안다.

우리는 지금 낡은 패러다임들이 새로운 패러다임들로 교체되는 새 시대의 여명기에 살고 있다. 그리고 지금 우리의 에너지 장이 서로 연결되어 있고, 우리가 뇌 속 신경 경로들을 바꿀 수 있으며, 감정들은 우리의 건강을 반영한다는 등 새로운 사실들이 발견됨으로써 기존의 뉴턴 과학의 권위가 흔들리고 있다.

우리는 우리가 겪어온 트라우마들을 이해하고 제거함으로써 사랑과 신뢰로 가득 찬 새로운 에너지 장을 만드는 데 일조할 수 있다. 내면 가장 깊은 곳에 도사린 두려움들은 우리의 가장 깊은 곳에 감춰둔 보물들을 지키는 무서운 용들과 같다. 트라우마들은 우리 영혼의 창인 것이다.

그러니 매트릭스 안으로 들어가 당신의 에코들과 연결하고 거기 저장되어 있는 부정적인 믿음들을 변화시켜라. 그리고 당신 스스로 사랑받

고 있으며, 가치 있고, 안전하며, 자유롭다고 느낄 수 있는 곳으로 옮겨
가라. 매트릭스 안에서 미래는 이미 하나의 가능성이다. 나아가라. 미래
를 당신의 현재로 만들어라.

부록

매트릭스 리임프린팅의 마법을
뒷받침하는 과학적 근거

– 엘리자베스 보스 박사, 안토니 스튜어트 교수

오늘날은 근거나 증거를 중시하는 이른바 '근거 기반'의 시대이며, 그래서 다른 에너지 심리학 기법들과 마찬가지로 매트릭스 리임프린팅 기법 또한 근거에 바탕을 둔 개입 기법이라는 것을 입증해보여야 한다는 압력을 받고 있다. 이런 요구는 부분적으로는 매트릭스 리임프린팅 전문가들에게서 나온다. 그들은 그만큼 자신들의 이 새로운 개입 기법의 효율성과 효과를 자신하고 있는 것이다. 그러나 의료 서비스의 적용 대상은 점점 더 국민의료보험 등의 보험 적용 범위에 의해 영향을 받는 추세이다.

단일 사례 연구들은 그 자체로는 가치가 있고 또한 많은 심리학적 개입 기법들이 사례 연구에 그 기반을 두고 있긴 하지만, 매트릭스 리임프린팅이 주류 기법으로 인정받기 위해서는 필히 이 분야에 대한 양질의 연구가 지속적으로 이루어져야 한다. 현재 매트릭스 리임프린팅 전문가는 점점 더 늘어나고 있고(전 세계적으로 2,500명 이상), 매트릭스 리임프린팅 기법이 트라우마, 섬유근육통, 알레르기, 공포증, 통증 관리, 우울증, 불안 장애, 스트레스 등 아주 다양한 문제들에 효과가 있음을 보여주는 사례 연구 또한 부지기수이다.

매트릭스 리임프린팅은 새로우면서도 계속 발전 중인 기법으로, 다른 모든 새로운 치료 기법들과 마찬가지로 아직은 그야말로 초기 연구 단계에 있다. 현재 이 분야에 대해 가장 활발한 연구 활동을 하는 이들은 영국 스태퍼드셔대학교의 엘리자베스 보스 박사와 안토니 스튜어트 교수이다. 이 연구는 최초로 매트릭스 리임프린팅이란 키워드를 사용해 간호 및 의료, 심리학 분야 전자 데이터베이스에 대한 문헌 조사가 이루어지는 매트릭스 리임프린팅 연구이기도 하다. 현재 이 연구는 샌드웰 프라이머리 케어 트러스트Sandwell Primary Care Trust와 매트릭스 리임프린팅 창시자인 칼 도슨과의 공동 작업으로 진행 중이다.

이 연구는 또 영국 국민의료보험 내 EFT/매트릭스 리임프린팅 서비스에서 의해 진료 서비스 평가서 형태로 공개되기도 했다. 연구에 참여한 사람들은 불안 장애, 우울증, 트라우마, 성적 학대, 슬픔, 분노 등 다양한 고통과 질환을 가진 사람들이었다.

연구 참여자들에 대해서는 매트릭스 리임프린팅 전과 후에 다양한 사전 평가 및 결과 평가가 이루어졌다. 결과 평가 수단으로는 CORE10 검사, 심리적 고통 검사CORE IMS 2013, 병원 불안 장애 및 우울증 검사HADS(지그몬드와 스나이스, 1893), 로젠버그 자아존중감 검사(로젠버그, 1989), 워윅-에딘버러 정신 건강 검사WEMWBS, 2013 등이 활용되었다.

각 연구 참여자에게는 먼저 대략 10분에서 15분 동안 EFT를 소개하고, 그런 다음 치유 과정에서 매트릭스 리임프린팅 기법을 활용했다. 첫 번째 매트릭스 리임프린팅은 90분 동안 지속되었고, 그 이후에는 60분 동안 지속되었다.

그 결과 연구 참여자들의 매트릭스 리임프린팅 결과 평가는 전반적으로 눈에 띄게 좋아졌다. 매트릭스 리임프린팅의 효과는 통계 수치상으로만 눈에 띄게 좋아진 게 아니라, 임상학적으로도 눈에 띄게 좋아졌다 (사전 평가에서 처음에 임상학적으로 문제가 있던 연구 참석자들이 매트릭스 리임프린팅을 마친 뒤에는 정상으로 분류되었던 것이다.)

전반적으로 개선 효과는 놀라웠다. 예를 들어 CORE10 검사의 경우, 평가 점수가 52퍼센트나 개선됐다. 자기존중감 점수는 46퍼센트 개선됐고, 불안 장애 증세는 35퍼센트 줄어들었다. 연구 결과에 따르면, 연구 참여자들은 각종 문제를 해결하기 위해 평균 8회의 매트릭스 리임프린팅을 받았고, 매트릭스 리임프린팅은 효과가 뛰어날 뿐 아니라 비용 효율성도 높았다.

두 번째 매트릭스 리임프린팅 연구서는 현재 엘리자베스 보스 박사와 안토니 스튜어트 교수, 그리고 아주 경험 많은 매트릭스 리임프린팅 전문가이자 트레이너로 특히 외상 후 스트레스 장애 분야에서 유명한 캐롤라인 롤링Caroline Rolling에 의해 집필 중이다. 이 연구서에는 매트릭스 리임프린팅 기법이 전쟁에서 살아남은 민간인들의 외상 후 스트레스 장애를 치료하는 데 얼마나 효과가 있는지를 밝히기 위해 실시된 시험 연구의 결과들이 자세히 담겨 있다. 1992년부터 1995년 사이에 있었던 보스니아-헤르체고비나 전쟁의 경우, 사상자의 90퍼센트 이상이 민간인이었고, 수천 명이 극도로 심한 트라우마를 겪었다. 그로 인해 아주 커다란 사회적·정치적 문제들이 발생할 것을 보면, 그런 트라우마를 치유해 줄 정신 건강 서비스들이 거의 전무했다는 걸 알 수 있으며, 전쟁이 끝난 지 거의 20년이나 된 지금까지도 전쟁 생존자들 사이에서는 아직도 이런저런 정신적인 문제들이 발생하고 있다.

'치유의 손 네트워크'Healing Hands Network는 보스니아-헤르체고비나 전쟁 생존자들을 돕기 위한 자선 단체로, 정신적·육체적·정서적인 전쟁 후유증을 앓고 있는 사람들에게 실질적인 치유책을 제공하고 있다. 연구 참여자들은 매트릭스 리임프린팅을 통해 트라우마를 안겨준 기억들에 접근해 그 기억들을 변화시키고 있으며, 이 시험 연구는 매트릭스 리임프린팅 기법이 전쟁에서 살아남은 민간인들의 문제에 효과적으로 개입할 수 있는지를 확인하기 위한 목적으로 행해졌다.

처음 매트릭스 리임프린팅을 시작하기 전에 그리고 마지막 매트릭스 리임프린팅을 마친 직후에, 전쟁 트라우마를 갖고 있는 생존자들은 민간인들의 외상 후 스트레스 장애 정도를 평가할 목적으로 만들어진 검사표인 '외상 후 스트레스 장애 민간인 체크리스트'PCL를 작성했다. 그 결과 PCL 점수들이 현저히 개선되어, 매트릭스 리임프린팅이 외상 후 스트레스 장애에 아주 효과가 있다는 게 입증되었다.

또한 민간인 생존자들은 연구가 끝날 무렵 인터뷰를 통해 매트릭스 리임프린팅에 대한 생각들을 털어놓았다. 다음에 소개하는 그들의 말을 들어보면, 매트릭스 리임프린팅이 그들의 정신적·육체적·정서적인 삶에 상당히 긍정적인 영향을 주었다는 걸 알 수 있다.

"과거에는 내가 겪은 전쟁 트라우마들을 절대 극복하지 못할 거라고 생각했었어요. 그런데 지금은 어깨에 메고 있던 무거운 짐을 내려놓은 기분이에요. 처음엔 어깨에 아주 무거운 짐을 메고 있는 기분이었고 내 마음은 회의적인 생각들로 가득했었는데, 단 한 차례의 세션 후에 마음이 깨끗해졌고 회의적인 생각들은 사라졌으며 더 강해진 기분이었고⋯ 여러 차례 세션을 거듭한 뒤 이젠 자신 있게 살아갈 힘이 생겼어요." (미라)

"육체적으로 또 정신적으로 아주 많은 걸 성취한 기분이에요. 지금 전 예전보다 더 밝고 더 차분하고 더 행복합니다. 치유를 받으면서 기분이 차분해지고 긍정적인 감정들 생겨나는 걸 느꼈어요. 가족들은 내가 훨씬 더 행복해지고 밝아지고 기분 좋아한다는 걸 대번에 알아보더군요." (아미나)

"이번에 받은 치료는 정말 좋았습니다. 제게 삶을 헤쳐나갈 힘을 주었어요." (하룬)

"비단 저뿐 아니라 보스니아에 살고 있는 모든 사람들에게, 이런 치료는 특히 정신 건강 면에서 정말 유용한 거 같아요." (하나)

지난 10년간 수많은 관련 책과 연구, 논문, 간행물이 쏟아져 나온 EFT 분야와 마찬가지로, 매트릭스 리임프린팅 분야에 대한 연구 열기도 계속 더 뜨거워질 전망이다. 만일 매트릭스 리임프린팅 기법이 '사이비 과학'이라는 오명을 벗어던지고 근거 기반 관행의 영역으로 들어가게 된다면, 필히 매트릭스 리임프린팅에 대한 보다 양질의 연구가 이루어지게 될 것이다.

감사의 말

자신의 말을 인용할 수 있게 허락해준 연구 참여자 모두와 번역자들에게 고마움을 전하고 싶다. 보스니아 전쟁에서 살아남은 민간인들의 치료에 큰 도움을 준 피오나 스미스에게도 고마움 전한다.

유용한 웹 링크 및 기타 자료

매트릭스 리임프린팅과 EFT 연구에 대해 좀 더 자세히 알고 싶다면 AAMET, ACEP, EFT 우주 연구 웹 페이지 등을 참고하라.

경맥 에너지 기법 발전 협회(AAMET): www.aamet.org
포괄적 에너지 심리학 협회(ACEP): www.energypsych.org
EFT 우주 연구: www.eftuniverse.com/research-and-studies/research

글쓴이들에 대하여

엘리자베스 보스 박사와 안토니 스튜어트 교수는 둘 다 영국 스태퍼드셔대학교에 몸담고 있는 학자들이다. 또한 두 사람 모두 EFT 및 매트릭스 리임프린팅 전문가이며, 영국의 EFT 및 매트릭스 리임프린팅 연구 분야에서 두각을 드러내고 있기도 하다.

엘리자베스 보스 박사: e.boath@staffs.ac.uk
안토니 스튜어트 교수: antony.stewart@staffs.ac.uk와 www.eft-therapy.org

참고 문헌

David Hamilton, *How Your Mind Can Heal Your Body*, Hay House, 2008. ; 《마음이 몸을 치료한다》(장현갑·김미옥, 불광출판사, 2012)

Bruce Lipton, *The Biology of Belief*, Hay House, 2011.

Esther and Jerry Hicks, *Ask and it is Given: Learning to Manifest the Law of Attraction*, Hay House, 2005.

Gregg Braden, *The Divine Matrix: Bridging Time, Space, Miracles and Beliefs*, Hay House, 2007.

Rupert Sheldrake, *The Presence of the Past: Morphic Resonance and the Memory of Nature*, Inner Traditions, Bear and Company, 2000.

Doc Childre, Howard Martin, *The HeartMath Solution*, HarperCollins, 1999.

Louise Hay, *You Can Heal Your Life*, Hay House, 1984. ; 《힐 유어 바디》(김문희, 슈리크리슈나다스아쉬람, 2011)

Nick Ortner, *The Tapping Solution*, Hay House, 2013.

K. Dawson, & S. Allenby, *Matrix Reimprinting using EFT*, Hay House, 2010. ; 《매트릭스 리임프린팅》(박강휘, 김영사, 2016)

Dr. Robert Scaer, *The Body Bears the Burden: Trauma, Dissociation and Disease*, Haworth Medical Press, second edition, 2007.

Dr. Laura Markham, *Peaceful Parents, Happy Kids*, Penguin Books, 2012.

Michael Mendizza, Joseph Chilton Pearce, *Magical Parent, Magical Child: The Art of Joyful Parenting*, North Atlantic Books, 2001

Sam Thorpe, Meta Messages from Your Body, The Successful Author, 2013.

Jeanne McElvaney, *Healing Insights: Effects of Abuse for Adults Abused as Children*, CreateSpace Independent Publishing Platform, 2013.

Thomas Verny, Pamela Weintraub, *Pre-Parenting: Nurturing Your Child from Conception*, Simon and Schuster, 2003.

M. Rosenberg, Society and the Adolescent Self-Image, Revised edition, Middletown, CT: Wesleyan University Press, 1989.

매트릭스 리임프린팅 전문가들을 위한 조언

우리는 당신이 매트릭스 안에 들어가 당신의 믿음을 바꾸는 일을 즐기길 바란다. 우리는 초심자들에게도 매트릭스 리임프린팅을 권하지만, 아무래도 전문가 과정을 밟으면 훨씬 더 잘 할 수 있을 것이다. 전문가 과정은 세계 곳곳에서 참가할 수 있는데, www.matrixreimprinting.com에서 자세한 정보를 얻을 수 있을 것이다. 전문가 과정에 대해 좀 더 자세히 설명하자면 다음과 같다.

1단계: EFT에 대한 지식을 쌓는다

당신은 3일 일정의 EFT 전문가 과정이나 매트릭스 리임프린팅 입문 과정에 참석해, 소정의 훈련을 통해 Level 2 수준까지 올라가거나 폭넓은 사전 EFT 경험을 쌓게 될 것이다.

EFT 활용 경험이 있어 어느 정도 자격이 있다면, 입문 과정을 거치지 않고 곧바로 2단계로 올라가, 2일 일정의 매트릭스 리임프린팅 전문가 훈련 과정을 밟게 된다.

만일 EFT Level 2 이상이라면, EFT 자격도 있고 경험도 있다고 인정된다.

혹시 개리 크레이그의 DVD 라이브러리나 골드 스탠다드 EFT 튜토리얼을 열심히 공부하고 배운 것을 직접 실습해왔다면, 역시 곧바로 2단계로 올라갈 수 있다.

2단계: 2일 일정의 매트릭스 리임프린팅 전문가 훈련 과정을 밟는다.

3단계: 등록을 한다.

2일 일정의 매트릭스 리임프린팅 전문가 훈련 과정을 밟은 훈련생들은 매트릭스 리임프린팅 웹사이트에서 등록을 해, 대략 15시간 동안 필요한 자료들을 열람할 수 있다.

4단계: 시험을 치른다.

그렇게 비디오 자료들을 공부한 훈련생들은 매트릭스 리임프린팅 전문가 자격을 취득하기 위해 온라인 매트릭스 리임프린팅 시험을 치르게 된다. 그리고 50점 만점 중 40점 이상을 획득해 그 시험을 통과할 경우, 이메일로 매트릭스 리임프린팅 전문가 자격증을 받게 된다.

기고자들

이 책은 전 세계의 많은 매트릭스 리임프린팅 전문가와 트레이너들의 협조를 받아 집필됐으며, 그런 점에서 그들은 칼과 케이트 못지않게 이 책에 많은 기여를 했다. 만일 어떤 특정 분야에 관심이 있거나 특정 장의 아이디어나 내용에 공감이 간다면, 그들의 웹사이트로 가보기 바란다. 거기서 훨씬 더 많은 정보를 얻을 수 있을 것이다.

8장 의식 있는 양육

에리카 브로드녹(Erika Brodnock) **www.karismakidz.co.uk**

에리카 브로드녹은 성공을 지향하는 행복한 아이들 키우기라는 주제에 관한 한 영국에서 가장 유명한 전문가들 중 한 사람이다. 그녀는 아이들의 정체성을 확립시켜주고, 아이들의 감정을 관리하고, 또 아이들에게 내면의 슈퍼 히어로를 끌어내는 법을 가르쳐주기 위해 카리스마 키즈Karisma Kidz라는 브랜드를 설립하기도 했다.

샤론 킹(Sharon King) www.magicalnewbeginnings.com

샤론 킹은 사람들의 출생 경험을 변화시켜주는 '매트릭스 출생 리임 프린팅' 기법을 창시했다. 그녀는 또 '의식 있는 출생' 분야에 새로운 패러다임을 적용하는 흥미진진한 책을 쓰기도 했다.

9장 스트레스, 불안, 우울증 극복하기

제미마 임스(Jemima Eames) www.jemimaeames.com

제미마 임스는 감당하기 힘든 감정들에 이허 스트레스 및 불안 행동 패턴들을 촉발하는 핵심 믿음들을 찾아내고 변화시키는 일에 전문가이다.

질 우튼(Jill Wootton) www.within-sight.com

질은 그간 우울증과 불안 장애를 가진 사람 수천 명을 도와 그런 증세를 치유해주었다. 그녀는 전통적인 심리학과 새로운 '에너지 심리학'을 잘 활용해, 코치로서 또 멘토로서 개인과 단체들이 바라는 삶을 살고 바라는 비즈니스를 할 수 있게 해주고 있다.

샐리-앤 소울스비(Sally-Ann Soulsby) www.innerwisdom.co.uk

삶을 변화시키고 완전함을 찾아내다. 샐리-앤 소울스비는 자신의 분야에서 인정받는 치료 전문가이자 트레이너로 주류 치료법들과 에너지 심리학을 통합하는 일에 앞장서고 있다. 그녀는 자신이 가르치는 것들을 사랑한다.

10장 매트릭스 안에서 통증 관리하기

캐리 만(Carey Mann) www.careymann.com

통증 완화 코치인 캐리 만은 모든 종류의 만성 질환 치료에 전문가이며, 특히 복합부위 통증 증후군과 만성 장애 치료에 관심이 많다.

롭 반 오버브루겐(Rob van Overbruggen) www.helpforhealth.com

롭은 감정과 건강 분야에서 세계적인 연사이자 저자이자 멘토이다. 그는 사람들이 정신적 · 육체적 건강을 회복하는 걸 돕고 있다. 감정과 암을 주제로 다룬 그의 저서 《영혼 치유Healing Psyche》는 전 세계의 많은 정신-육체 클리닉에 큰 영향력을 미치고 있다.

샘 소프(Sam Thorpe) www.intoalignment.com

샘은 에너지 심리학 전문가로, 질병과 관련된 스트레스와 트라우마, 인간관계 분야에서 유명하다. 그녀는 현재 메타-헬스와 EFT, EmoTrance, 그리고 기타 에너지 치료 기법들의 마스터 트레이너 겸 컨설턴트로 일하고 있다.

11장 학대로부터의 회복

캐롤라인 폴젠(Caroline Paulzen) www.efttraining.com.au

캐롤라인은 매트릭스 리임프린팅을 활용해 여성들이 각종 학대 관련 트라우마를 극복하고 치유할 수 있게 돕고 있다.

12장 매트릭스 안에서 슬픔과 상실감 변화시키기

캐시 아담스(Kathy Adams) www.kathyadamshealth.co.uk

캐시는 카운슬링과 건강 코치 및 교육, 에너지 심리학, 동종요법 등을 두루 아우르는 통합적인 접근방식을 통해, 심각한 정신적·육체적 문제를 가진 사람들을 치유하는 일을 하고 있다.

재니스 톰슨(Janice Thompson) www.janicethompson.co.uk

재니스 톰슨은 정신 건강 컨설턴트로, 현대적인 에너지 심리학 기법들을 활용해 치료를 하고 있으며, 특히 큰 슬픔 내지 상실감에 빠진 사람들을 돕는 일을 전문으로 하고 있다. 재니스가 만든 스마트폰 어플리케이션인 '슬픈 마음'Hearts of Grief를 다운로드받고 싶으면, 직접 그녀의 웹사이트를 방문해보기 바란다.

14장 우리의 신체 이미지 사랑하기

코라 클라크(Corah Clark) www.corah.me

코라 클라크는 유일무이하고 진정한 자기 자신을 발현하지 못하게 방해하는 핵심 믿음과 행동 패턴들을 찾아내 치유하는 일을 하고 있다.

웬디 프라이(Wendy Fry) www.bepositive.me.uk

웬디 프라이는 정신 건강 및 체중 관리 컨설턴트로, 여성과 아이들을 도와 정신 건강을 유지하게 해주는 일을 전문으로 하고 있다. 또한 그녀는《자신을 발견하고, 사랑을 발견하라 Find You, Find Love: Get to the Heart of Relationships using EFT》의 저자이기도 하다.

15장 우리의 목표 달성하기

수지 셸머딘(Susie Shelmerdine) **www.susieshelmerdine.com**

국제적인 트레이너인 수지 셸머딘은 사람들에게 힘과 영감을 불어넣어 삶과 일에서 꿈을 이루게 해주는 일을 전문으로 하고 있다.

캐릴 웨스트모어(Caryl Westmore) **www.breakfreefast.com** 또는 **www.goalsuccessyes.com**

캐릴 웨스트모어는 'EFT-매트릭스 리임프린팅'과 '매트릭스 목표 리임프린팅'의 저자이자 트레이너자 코치로, 속박에서 벗어나 빨리 자신의 원하는 삶을 살려고 하는 고객들을 돕는 일을 하고 있으며, 이상적인 사랑과 인생목적 같은 목표들에 관심이 많고, 킨들 도서 집필 및 마케팅 일을 하고 있다.

부록: 매트릭스 리임프린팅의 마법을 뒷받침하는 과학적 근거

엘리자베스 보스(Elizabeth Boath)

엘리자베스 보스 박사는 영국 스태퍼드셔대학교의 공중보건학 부교수이자 심리학자로, 건강 및 행복 연구를 전문으로 하고 있다.

안토니 스튜어트(Antony Stewart)

www.eft-therapy.org 또는 **www.staffs.ac.uk/staff/profiles/as23.jsp**

안토니 스튜어트는 매트릭스 리임프린팅 전문가 겸 트레이너이며, EFT 고급 과정 전문가이자 트레이너, 임상 최면요법사이기도 하다. 스태퍼드셔대학교 공중보건학 교수인 그는 또 매트릭스 리임프린팅 분야와 EFT 분야 관련 연구서를 발표하기도 했다.

다음 분들에게도 특별히 감사 드린다

사샤 알렌비(Sasha Allenby) www.sashaallenby.com

《매트릭스 리임프린팅》의 공저자인 사샤 알렌비는 현재 전문 치료사와 동기부여 강사, 영적인 기업가들이 자신의 자립 및 변화 경험을 책으로 내는 일을 돕고 있다. 그녀에 대해 좀 더 알고 싶다면 그녀의 저서 《12주 만에 당신의 자립서를 써라: 영적인 기업가들을 위한 최종 가이드Write Your Self-Help Book in 12 Weeks: The Definitive Guide for Spiritual Entrepreneurs》를 참고하고, 그녀의 웹사이트 sashaallenby.com을 방문해 무료 자료와 정보들을 얻도록 하라.

에이미 브랜튼(Amy Branton) www.freehearteft.co.uk

에이미는 당신의 발목을 잡는 부정적인 믿음들을 변화시켜 당신 내면의 무한한 가능성을 발휘하게 해주는 믿음으로 만들어준다. 그녀는 또 당신만의 독특한 지혜로 세상을 살아갈 수 있게 돕는 일도 한다.

페니 크롤(Penny Croal) www.changeahead.biz

패니 크롤은 메타-헬스 마스터 트레이너 겸 코치이자 매트릭스 리임프린팅 및 EFT 마스터 트레이너로, 심각한 질병 및 여성의 중년기 문제들을 전문적으로 다룬다. 또한 그녀는 고객들을 도와 질병의 근원을 찾아냄으로써, 건강하고 균형 잡히고 생기 넘치는 삶을 살 수 있게 해준다.

알렉사 거사이드(Alexa Garside) www.alexagarside.com

알렉사 거사이드는 영국 브라이튼 출신의 화가 겸 삽화가이다. 그녀는 만화 영화 제작자와 화가가 많은 집안에서 태어나 연필을 잡을 수 있는 어린 나이 때부터 그림을 그리기 시작했다. 알렉사는 출판 및 인쇄 분야에서 오랜 기간 활동해왔으며, 다양한 화법을 활용해 아주 다양한 장르의 책 표지와 내지 삽화 작업을 하고 있다.

베라 말바스키(Vera Malbaski) www.veraeft.com

베라는 EFT와 매트릭스 리임프린팅 트레이너로 스페인과 라틴 아메리카 일대를 두루 돌아다니며 스페인어와 영어로 강연을 하고 있다.

피아 마크(Pia Mark) www.heartfulhealing.co.uk

피아 마크는 EFT와 매트릭스 리임프린팅 전문가로, 사람들을 도와 스트레스 및 불안감과 관련된 핵심 문제들, 그러니까 일상적인 스트레스 및 기타 스트레스 관련 질환을 찾아내고 .

캐롤라인 롤링(Caroline Rolling) www.carolinerolling.com

캐롤라인 롤링은 모든 연령대의 아이들을 포함한 군인 및 참전용사 가족이 여러 가지 문제를 극복할 수 있게 돕고 있다.

테드 윌몬트(Ted Wilmont) ted@eft4life.co.uk

테드는 세계에서 가장 경험 많은 EFT 및 매트릭스 리임프린팅 전문가이자 트레이너들 중 한 사람이다. 우리 모두가 두려움 없이 의식적으로 살아가는 것이 그의 바람이다.

감사의 말

누구보다 먼저 우리 두 사람은 앞서 나온 책《매트릭스 리임프린팅》의 공저자로 이 책의 출간에 많은 도움을 준 사샤 알렌비에게 고마움을 전하고 싶습니다.

실비아 하트만과 AMT(경맥 및 에너지 요법 협회)는 전 세계를 무대로 에너지 심리학 기법들을 알리는 데 앞장서고 있으며, 우리가 SUE 점수와 '느린 EFT'Slow EFT 같은 편리한 도구들을 활용할 수 있게 된 것도 다 실비아와 AMT 덕입니다.

헤이하우스 출판사 편집자들, 특히 우리를 믿고 물심양면 도움을 준 에이미 키버드에게도 고마움 전하고 싶습니다.

찾아보기

TRANSFORM
YOUR BELIEFS
TRANSFORM
YOUR LIFE